Governança corporativa financeira
nas cooperativas de crédito

Helnon de Oliveira Crúzio

Governança corporativa financeira
nas cooperativas de crédito

ISBN — 978-85-225-0759-7

Copyright © 2009 Helnon de Oliveira Crúzio

Apoio: **COOESP** — Cooperativa de Ensino, Pesquisa e Empreendedorismo Ltda.

Direitos desta edição reservados à
EDITORA FGV
Rua Jornalista Orlando Dantas, 37
22231-010 — Rio de Janeiro, RJ — Brasil
Tels.: 0800-021-7777 — 21-3799-4427
Fax: 21-3799-4430
E-mail: editora@fgv.br — pedidoseditora@fgv.br
www.fgv.br/editora

Impresso no Brasil/*Printed in Brazil*

Todos os direitos reservados. A reprodução não autorizada desta publicação, no todo ou em parte, constitui violação do copyright (Lei nº 9.610/98).

Os conceitos emitidos neste livro são de inteira responsabilidade do autor.

Este livro foi editado segundo as normas do Acordo Ortográfico da Língua Portuguesa, aprovado pelo Decreto Legislativo nº 54, de 18 de abril de 1995, e promulgado pelo Decreto nº 6.583, de 29 de setembro de 2008.

1ª edição— 2009

Preparação de originais: Mariflor Rocha

Editoração eletrônica: FA Editoração Eletrônica

Revisão: Aleidis de Beltran e Fatima Caroni

Capa: Adriana Moreno

Ficha catalográfica elaborada pela
Biblioteca Mario Henrique Simonsen

Crúzio, Helnon de Oliveira, 1956-
    Governança corporativa financeira nas cooperativas de crédito / Helnon de Oliveira Crúzio. — Rio de Janeiro : Editora FGV, 2009.
    220 p. (Coleção FGV Negócios)

    Inclui bibliografia.

    1. Cooperativas de crédito. 2. Cooperativas de crédito — Organização e administração. I. Fundação Getulio Vargas. II. Série. III. Título.

CDD — 334.2

Indivíduos, grupos, organizações e nações discriminam raça, etnia, origens, minorias, posição social, modo de pensar e ser, porque incapacitados ou despreparados para resolver os próprios problemas. Assim, criam no imaginário individual e coletivo vítimas no sentido de aliviar suas frustrações, tensões, fobias etc.

Dedico este livro àqueles que procuram alcançar seus objetivos fundamentados nos valores básicos da humanidade: liberdade, fraternidade, equidade, justiça e bem comum.

Sumário

Prefácio   9

Apresentação   11

PARTE I — ORGANIZAÇÃO E AUTOGESTÃO NAS COOPERATIVAS DE CRÉDITO   **33**

Capítulo 1 — Formação das cooperativas de crédito no Brasil e no mundo   35

Capítulo 2 — Classificação e tipos de cooperativas de crédito   45

Capítulo 3 — Vantagens das cooperativas de crédito com relação a bancos e viabilização de MPEs e APLs   55

Capítulo 4 — Atos constitutivos das cooperativas de crédito   61

Capítulo 5 — Fomento e promoção governamental nas cooperativas de crédito, problemas e estratégias de gestão   67

PARTE II — GOVERNANÇA CORPORATIVA FINANCEIRA NAS COOPERATIVAS DE CRÉDITO   77

Capítulo 6 — Fundamentos da autogestão e governança corporativa financeira nas cooperativas de crédito   79

Capítulo 7 — Estrutura, garantias dos empréstimos e valor do dinheiro no tempo nas operações de crédito das cooperativas de crédito   85

Capítulo 8 — Função da análise econômico-financeira nos negócios internos e externos das cooperativas de crédito   93

Conclusão   103

Referências   107

Apêndice A — Plano de negócios para decidir racionalmente sobre
o crédito e profissionalizar a gestão dos empreendimentos mantidos
pelos sócios das cooperativas de crédito   125

Apêndice B — Tipos de sociedades e critérios para classificar e abrir
micro e pequenas empresas (MPEs) em rede de cooperativas   215

Prefácio

No Brasil, autogestão e cooperativismo ainda soam como ideias extravagantes. Herança, sem dúvida, dos tempos de ditadura e, mais do que isso, de séculos de autoritarismo e desigualdade social. É curioso ver a surpresa de muitos patrícios, ao serem informados de que o cooperativismo (sobretudo o de crédito) desempenha um papel bastante significativo em economias capitalistas avançadas, como as do Japão, da Alemanha, dos Estados Unidos e da França. Nesses países, a predominância de grandes instituições financeiras não elimina o espaço próprio das organizações econômicas movidas por ideais igualitários. O cooperativismo é visto como uma prática habitual e valiosa.

Felizmente, nos últimos anos, o número de cooperativas de crédito brasileiras vem aumentando e, com ele, o de associados. Isso se refletiu num pequeno crescimento de sua participação no total de operações financeiras. Tal evolução é beneficiada por uma nova política governamental e por esforços consideráveis de organismos empresariais.

Nesse contexto de expansão, multiplicaram-se as publicações e os treinamentos oferecidos às cooperativas. Infelizmente, os resultados raramente são bons. Isso torna muito oportuno o surgimento deste livro, cuja qualidade já vem atestada pela coleção a que pertence. Seu autor já publicou outros dois importantes títulos na área do cooperativismo (*Cooperativas em rede e autogestão do conhecimento* e *Marketing social e ético nas cooperativas*), ambos pela FGV. Desta vez, oferece uma preciosa contribuição àqueles que desejam formar, dirigir, fiscalizar e gerenciar profissionalmente uma cooperativa de crédito. Um apêndice mostra como elaborar, passo a passo, um plano de negócios.

É importante destacar que o conteúdo técnico das lições e sugestões não fica nada a dever ao encontrado nos melhores livros dedicados à gestão de empresas convencionais. Ao contrário de muitos, o autor não julga que a teoria da administração de cooperativas possa ser considerada uma simples redução e simplificação da teoria proposta às empresas convencionais.

O mais importante, porém, é que os conhecimentos técnicos transmitidos não perdem de vista a motivação social, política e econômica que está na origem de cada cooperativa. Ao contrário, percebe-se que uma coisa puxa a outra. A precisão e amplitude com que as ferramentas de gestão são descritas revelam uma enorme preocupação com o sucesso dessas organizações. Em outras palavras, é um livro feito com muito saber e ordem, mas também com carinho e paixão. Todos esses ingredientes são fundamentais para uma cooperativa.

Se, como esperamos, muitas cooperativas vierem a se orientar pelo que aqui está escrito, elas consolidarão o cooperativismo de crédito no Brasil e lhe darão uma nova imagem. E isso seria ótimo para o país.

Rogerio Valle
Professor do Programa de Engenharia de Produção da Coppe/UFRJ
Coordenador do Sage — Lab. de Sistemas Avançados de Gestão da Produção

Apresentação

No Brasil, assim como ocorre no mundo, o segmento das *cooperativas de crédito* é o que mais cresce. Localmente essas associações já ocupam o terceiro lugar com relação ao número de cooperativas, perdendo apenas para as cooperativas de trabalho e agrícolas, incluindo as cooperativas agropecuárias e agroindustriais.[1] Conforme as estatísticas do Banco Central (BC), no período 1994-2002, o número de cooperativas de crédito passou de 946 para 1.430, crescimento de 51%. Até fevereiro de 2003 já eram 1.451 cooperativas de crédito, distribuídas assim: região Norte, 83; região Nordeste, 157; região Centro-Oeste, 129; região Sudeste, 765; e região Sul, 317.[2] Expansão que favoreceu a abertura de mais postos de atendimento regionais, passando de 1.684 mil para 2.135 mil, até o ano de 2005.

Assim, o BC previu um acréscimo de até 15% no volume de crédito concedido por essas cooperativas que, de R$ 8 bilhões no ano de 2004, já somava R$ 10 milhões em 2005. No final de 2007 e início de 2008 alcançou R$ 16,5 bilhões, acréscimo de 30,2%. Observe-se que ocorreu pequena oscilação para baixo no total de cooperativas de crédito devido à fusão e ao encerramento operacional de algumas delas. Assim, indicavam as estatísticas mais recentes 1.443 cooperativas de crédito no ano de 2006.[3]

Crescem as cooperativas de crédito porque elas constituem alternativas organizacionais, administrativas, econômicas, financeiras, operacionais ou logísticas aos tradicionais agentes financeiros públicos e privados.[4] Por exemplo:

---

[1] Pereira, 2001b.

[2] Banco Central do Brasil. Disponível em: <www.bcb.gov.br>. Acesso em: nov. 2004.

[3] Cabral, 2003; Bonfim, 2005; "Alternativa promissora", "Cooperativa de crédito" (*Rumos*, nov./dez. 2006, maio/jun. 2006); Pinheiro, 2005; "Cooperativas disputam..." (*DCI*, 3 abr. 2008).

[4] "Boa governança..." (*Gestão Cooperativa*, jun./jul. 2006; Costa, 2006; Martins, 2006; "Crescem as cooperativas...", "Cooperativismo avança...", "Os bancos e o..." (*O Estado de S. Paulo*, 4 out. 2000, 15 maio 2006, 18 ago. 2006); "Cooperativas de crédito...", "Cooperativas já são...", "Cooperativas procuram...", "Crédito de cooperativa...", "Cooperativas", "Pequeno varejo...", "Crédito cedido...", "Cooperativas de crédito...", "Cooperativas ganham..." (*DCI*, 12 set. 2002, 28 mar. 2003, 25, 26 e 27 jun. 2005, 26 jan. 2006, 18 out. 2006, 2, 3 e 4 dez. 2006, 15 a 19 jun. 2006, 24 maio 2006, 1º set. 2006); "BC detecta...", "Cooperativas serão...", "Burocracia emperra..." (*Folha de S. Paulo*, 13 abr. 2003,

- possibilitam a todos os associados participar dos lucros, enquanto nos bancos comerciais ou financeiras tais ganhos vão para um pequeno grupo de acionistas. Ou melhor, nas cooperativas de crédito todos os sócios, pessoa física ou jurídica, recebem os ganhos gerados nos serviços do crédito ou poupança, já que são usuários e, ao mesmo tempo, donos da associação;
- permitem o crédito produtivo e a poupança local, diferentemente dos bancos comuns onde os recursos captados localmente migram para outros mercados, principalmente, quanto à especulação financeira nacional ou internacional. Ademais, as cooperativas podem operar em mercados onde os bancos comerciais não se arriscam porque as taxas para obtenção do lucro não compensam;
- facilitam o ingresso de qualquer pessoa no quadro de associados, desde que enquadrada profissional ou empresarialmente em um dos seis tipos de cooperativas de crédito. Basta adquirir cotas-partes do capital social, cujo valor é definido conforme o perfil socioeconômico de seus potenciais associados. Mais ainda, todos os sócios podem participar dos cargos da direção, no conselho de administração (CA), no conselho fiscal (CF) e no comitê educativo (CE), mediante eleições *um homem um voto*, na assembleia geral dos sócios (AGS). Igualmente discutir e opinar suas necessidades ou interesses na cooperativa;[5]
- corrigem falhas importantes de mercado, como o desemprego, a discriminação e a pobreza, diferentemente dos tradicionais agentes financeiros que, baseados nas teorias de "economia perfeita", "racionalidade perfeita" ou pensamento econômico linear, operam individualmente na lógica de mercado ou concorrência a qualquer custo social, político e econômico em busca do lucro e da concentração de renda ou riqueza num pequeno grupo de rentistas;[6]
- minimizam riscos ou "crise de confiança" nos mercados, visto que constituem lastros econômicos e financeiros reais conforme a poupança ou depósitos à vista de seus associados. Ademais, as cooperativas de crédito possibilitam a "governança econômica comum", diferentemente dos bancos ou financeiras que, sob interesse, ganância e domínio de uma minoria, especulam valores ou empréstimos superiores aos da economia real;[7]
- viabilizam financeira e economicamente pequenos lojistas, micro e pequenas empresas (MPEs) ou arranjos produtivos locais (APLs), organizados na forma

---

24 jul. 2005, 11 dez. 2005); "Mais serviços...", "Cooperativa de crédito", "Cooperativa disputa..." (*Gazeta Mercantil*, 13 dez. 2000, 25 abr. a 1 maio 2001, 26 set. 2006); "Cooperativa tem...", "Microcrédito chega...", "Cresce o sistema...", "Cooperativa vira...", "BC amplia..." (*Valor Econômico*, 29, 30 e 31 ago. 2008, 5 jan. 2006, 19 jun. 2006, 27 jun. 2005, 5 set. 2005).

[5] Sobre outras vantagens organizacionais, institucionais e econômicas das cooperativas, ver Crúzio (2000).

[6] Carraro, 2006; Morin, 1990; Crúzio, 2006a.

[7] Carraro, 2006; "UE busca gestão..." (*O Estado de S. Paulo*, 19 out. 2008).

de rede de cooperativas, todos representados na própria cooperativa de crédito para a poupança local, crédito produtivo e outros serviços, como *back office, internet banking* etc. Ademais, podem amenizar possíveis crises econômicas de mercado decorrentes da redução da demanda total e/ou ociosidade da força de trabalho, já que a rede de cooperativas singulares pode operacionalizar de forma contínua e equilibrada a troca financeira e/ou comercial entre parceiros;[8]

❑ podem unir em rede diversas cooperativas singulares de crédito, local e internacionalmente, para concorrer com os bancos ou financeiras nos serviços de abertura de contas de depósito à vista, a prazo ou poupança; nos recebimentos e pagamentos relativos às contas de depósito à vista, a prazo e de poupança; nas aplicações e resgates em fundos de investimentos para análise de crédito e cadastro; na execução de serviço de cobrança, serviços de controle, inclusive processamento de dados das operações e outros serviços de apoio. Ademais, expor e discutir ideias, formular objetivos institucionais em conjunto, traçar estratégias e ações em comum, para criar fundo de aval na forma de recebíveis ou outros mecanismos de garantias coletivas, bem como facilitar o fluxo de crédito, dirimir o risco de crédito e custo dos recursos;

❑ reduzem as despesas ou custos financeiros operacionais para a associação e, consequentemente, o custo do crédito para os associados, visto que não demandam grandes edifícios e nem muitas agências, com centenas de funcionários, como nos bancos comuns. Ademais, conforme a legislação em vigor, as cooperativas de crédito não são caracterizadas sociedades de capital e, dessa forma, não há incidência de imposto sobre operação financeira (IOF), recolhimentos do Programa de Integração Social (PIS) e compulsórios sobre os depósitos à vista e a prazo;[9]

❑ baixam o custo do dinheiro para o tomador de recursos, pois enquanto os bancos comerciais cobram taxas médias do cartão de crédito em torno de 10,13% ao mês, as cooperativas de crédito mútuo, vinculadas às empresas públicas ou privadas, formadas pelos funcionários de todos os níveis das organizações, fornecem o crédito aos associados à taxa de juros de 2,3%, mais TR (taxa de referência);

❑ oferecem produtos do crédito com taxas de juros que variam de 1,5% a 3,8%, no caso dos empréstimos para viagens e compra de veículos, em até 48 parcelas. O seguro de vida e para veículos, a taxas que variam entre 0,59% e 1% ao mês. Tudo isso sem nenhum custo adicional, como as excessivas tarifas cobradas pelos serviços bancários dos bancos comuns ou financeiras.[10] Por exem-

---

[8] Sobre estratégias e técnicas para organizar MPEs e APLs na forma de cooperativas singulares em rede, ver Crúzio (2006a).

[9] Sobre legislação cooperativista, direitos e deveres nas cooperativas, ver Crúzio (2000).

[10] "Cooperativa de crédito..." (*Diário do Grande ABC*, 30 abr. 2005).

plo, as cooperativas de crédito mútuo, vinculadas à profissão ou atividades, formadas por profissionais liberais ou autônomos, oferecem o crédito pessoal aos associados à taxa de juros de 4,99%, contra 8% a 10% dos bancos comuns. Também não cobram tarifas administrativas relativas aos serviços das aplicações financeiras e dos descontos de cheques pré-datados e emissões de talões de cheques.[11]

Outras cooperativas de crédito mútuo, vinculadas a pequenos empreendimentos, formadas por microempresários ou pequenos lojistas, realizam as operações do crédito produtivo, com taxas de juros que variam entre 2,2% a 2,8% ao mês, sendo iguais para todos os cooperados e disponíveis para qualquer modalidade do crédito. Quanto à captação de recursos, remuneram seus associados poupadores com taxas que variam entre 1,2% a 1,7% ao mês, dependendo do volume aplicado. No que se refere a juros do cheque especial, cobram apenas 4,5% ao mês, contra 8% e 10% dos grandes bancos e financeiras. Enquanto a rede bancária cobra taxa de serviço em torno de R$ 90 mensais para 200 folhas de cheques depositadas, as cooperativas de crédito mútuo cobram apenas R$ 4,50 ao mês pelo mesmo serviço.[12]

Já as cooperativas de crédito mútuo, vinculadas a empresários, formadas por médios ou grandes empreendedores, capitalizam-se com depósitos e aplicações de seus associados. Assim, algumas cooperativas de crédito mútuo já têm capacidade de emprestar até R$ 5 milhões, empréstimos que podem variar de R$ 25 mil a R$ 30 mil. Outras cooperativas de crédito mútuo de livre admissão, constituídas por profissionais de áreas ou atividades diversas, cobram juros de 3,76% ao mês, contra 11,99% das financeiras.[13]

E, por fim, as cooperativas de crédito rural, formadas por trabalhadores do campo, recebem a produção de seus associados e concedem adiantamentos, capital de giro e outros financiamentos para a aquisição de máquinas, equipamentos e insumos. Tudo isso favorece a oferta de crédito aos associados à taxa de juros pela metade, com relação às taxas cobradas no mercado bancário ou financeiras.[14]

---

[11] "Mais capital..." (*Rumos*, set./out. 2006); Bonfim, 2005; "Empresários aderem..." (*A Tribuna*, 20 jul. 2000).

[12] "Boa governança..." (*Gestão Cooperativa*, jun./jul. 2006); "Empresários aderem..." (*A Tribuna*, 20 jul. 2000); "Financeiras disputam..." (*DCI*, 18 out. 2006); "Comércio e indústria..." (*Gazeta Mercantil*, 11 out. 2000).

[13] "Por que a cooperativa..." (*O Estado de S. Paulo*, 12 jul. 2004); "Cooperativa de crédito..." (*Gazeta Mercantil*, 6 jul. 2004).

[14] "Cooperativa lucra...", "Banco de cooperativa...", "Cooperativas de crédito..." (*Gazeta Mercantil*, 7 a 13 nov. 2001, 5 mar. 2002, 12 jan. 2006,); "Incentivo de cooperativas..." (*Folha de S. Paulo*, 5 abr. 2003); "Cooperativa é caminho..." (*DCI*, 29 maio 2003); "Cooperativa vira..." (*Valor Econômico*, 27 jun. 2005).

Todavia, apesar das vantagens organizacionais, administrativas, econômicas e operacionais conferidas às cooperativas de crédito, é baixo tanto o número de associados quanto a participação nas operações de crédito de todas as instituições financeiras do país. Conforme as estatísticas do BC, até junho de 2002 as cooperativas de crédito atendiam 1,6 milhão de associados e tinham participação de 1,64% no sistema financeiro. Enquanto a participação dos bancos privados correspondia a 40,67%; bancos estrangeiros, 30,06%; Banco do Brasil (BB), 15,27%; Caixa Econômica Federal (CEF), 7,47%; e caixas estaduais 4,89%.[15]

Ocorreu um pequeno acréscimo de 2,30% na participação financeira das cooperativas de crédito, conforme dados de dezembro de 2004. Igualmente no número de associados, pouco mais de 2 milhões de cooperados. Tudo isso por conta das novas *cooperativas de crédito de livre associação*, legalizadas e fomentadas pelo atual governo federal, como também pelo interesse e incentivo do Sebrae nacional, das federações da indústria e comércio, em conjunto com os sindicatos de alguns estados brasileiros.[16]

Já nos Estados Unidos, até o ano de 2002, apenas uma rede de cooperativas de crédito, Credit Union Nacional Association (Cuna), mantinha 12 mil postos de atendimento, com participação de 30% nos financiamentos agrícolas e mais de US$ 480 bilhões em ativos. Conforme os levantamentos, 80 milhões de associados, cerca de 25% dos norte-americanos, eram atendidos por mais de 10 mil cooperativas de crédito. No Canadá, a participação das cooperativas de crédito no sistema financeiro correspondia a 18% e no Japão já chegava a 28%, abrangendo grande parte de suas populações.[17]

Segundo a Agência de Estatísticas da União Europeia, até 2000, 46% do total de instituições financeiras de crédito da Europa eram cooperativas. Na França, por exemplo, a participação dos bancos cooperativos correspondia a 17% do mercado financeiro, com 36 milhões de associados, depósitos de mais de € 1 trilhão e, aproximadamente, € 900 milhões de crédito. Na Alemanha, a participação das cooperativas de crédito no sistema financeiro local correspondia a 20%, com aproximadamente € 780 bilhões, e elas atendiam a 15,3 milhões de associados. Na Itália, as cooperativas de crédito mantinham participação de 28% nas operações do sistema financeiro, enquanto as cooperativas de crédito da Espanha partici-

---

[15] Pinheiro, 2005; "Mais capital..." (*Rumos*, set./out. 2006); Bonfim, 2005; "Governo vai liberar..." (*Folha de S. Paulo*, 19 fev. 2006).

[16] Pinheiro, 2005; "Associativismo e articulação..." (*Rumos*, jul./ago. 2006); Bonfim, 2005; "Cooperativa de crédito..." (*Diário do ABC*, 27 abr. 2003); "Governo vai liberar...", "Governo amplia..." (*Folha de S. Paulo*, 19 fev. 2006, 13 abr. 2003); "Crédito de cooperativa..." , "Membro de cooperativa...", "Bancos das cooperativas...", "Governo estuda...", "Crédito cooperativo..." (*DCI*, 26 jan. 2006, 10 fev. 2006, 15 ago. 2003, 7 jul. 2004, 11 maio 2005); "Reeleição provoca…" (*Gazeta Mercantil*, 2 nov. 2006).

[17] Meinem, 2002; Pereira, 2001b.

pavam com 60% do crédito hipotecário, 45% dos créditos em geral e 50% dos depósitos, servindo a maior parte de suas populações.[18]

Diferentes fatores têm contribuído para o reduzido número de cooperativas de crédito locais, como também a baixa participação no sistema financeiro nacional. Em primeiro lugar, são as expectativas paternalistas enraizadas no cooperativismo brasileiro, especialmente com a implantação por decreto das representações de classe, a Organização das Cooperativas Brasileiras (OCB), hoje sediada no Distrito Federal, e suas filiadas em cada estado brasileiro. Trata-se do assistencialismo governamental, mediante a concessão de recursos públicos sem nenhuma contrapartida das cooperativas e de seus beneficiários diretos, especialmente quanto à sua sustentabilidade econômica e/ou socioambiental.[19] Por exemplo, nunca houve um plano oficial para determinar metas quanto à aplicação racional dos recursos via Programa de Revitalização de Cooperativas de Produção Agropecuária (Recoop), Programa de Capitalização das Cooperativas (Procap), Programa de Desenvolvimento das Cooperativas do Nordeste (Norcoop), Programa Nacional do Microcrédito Orientado (PNMPO), Programa de Fomento ao Cooperativismo da Agricultura Familiar e Economia Solidária (Coopersol), entre outros.[20]

Logo que surgiram as primeiras cooperativas brasileiras não havia nenhuma interferência direta do Estado, tanto nas questões de fomento quanto na sua formação e administração interna.[21] A partir de 1930, notadamente no Estado Novo em 1937, iniciaram as ingerências no movimento, a começar pela imposição do sistema OCB/OCEs até a legislação cooperativista em vigor.[22] É um modelo organizacional amparado por um conjunto de leis, inspirado ainda no fascismo, cujo objetivo principal na época de sua criação era exercer o poder e controle sobre os movimentos populares, especialmente nas cooperativas singulares.[23]

---

[18] Armbruster e Arzbach, 2004; Thierry, 1999; Whyte, 1991; Schardong, 2002; Santori, 2005; Redig, 2005; Garcia e Pinazza, 2003.

[19] Ação considerada sustentável é economicamente viável, socialmente justa e ecologicamente correta (Hawken, 2008).

[20] "O Sebrae...", "Cooperativismo de crédito" (*Rumos*, nov./dez. 2004, set. 2004); "BC vai..." (*Valor Econômico*, 2 jun. 2003); "Mais de..." (*Jornal do Brasil*, 28 set. 2003); "Microcrédito muda..." (*O Estado de S. Paulo*, 23 abr. 2005); "Nova linha..." (*Valor Econômico*, 25, 26 e 27 fev. 2005).

[21] Perius, 1993; Schneider, 1991; Crúzio, 1994.

[22] Borda, 1972; Schneider, 1991; Perius, 1990 e 1993; Crúzio, 1994.

[23] A ideologia fascista, assim como a nazista, conflita totalmente com os valores básicos do cooperativismo (liberdade, equidade e fraternidade). Ademais, defende a supremacia de raça tanto biológica quanto intelectualmente. Por isso, em vez da democracia, prioriza o regime da ditadura em que todos devem ser submissos a determinado líder fascista, empossado no Estado. No regime fascista não há eleições, liberdade de imprensa ou qualquer independência para professores, filósofos, poetas, escritores etc. expressarem suas ideias ou pensamentos. Muito menos o interesse pelo progresso social, político e econômico do proletariado (Anderson, 1984; Bobbio, 1990; Duverger, 1975; Orwell, 1999; Crúzio, 1994).

Nesse sentido, junto com a OCB e as OCEs, surgiu o extinto Instituto Nacional de Colonização e Reforma Agrária (Incra), subordinado ao Ministério da Agricultura, que tinha a incumbência de autorizar o funcionamento das cooperativas singulares, bem como fiscalizá-las, conforme a legislação cooperativista também criada nessa época.[24] Tais instrumentos organizacionais e institucionais permitiram ao governo central, por intermédio dos governos estaduais nomeados, indicar os representantes para as OCEs, conforme o interesse nessa ou naquela região. Por exemplo, no Nordeste brasileiro, surgiram as primeiras cooperativas agrícolas, lançadas pelas "intendências provinciais", ou melhor, pelos governos estaduais nomeados.[25] No Sul, por volta de 1955, conforme o plano mestre do governo central, houve a intenção de tornar o país "autossustentável na produção de trigo". Daí a liberação dos financiamentos e dos subsídios para os produtores, desde que se filiassem às cooperativas singulares, situação que favoreceu a expansão do "cooperativismo empresarial".[26]

Hoje, o sistema OCB/OCEs se expande com estruturas organizacionais altamente centralizadas, rígidas, inflexíveis, lentas e dispendiosas. São muitos níveis hierárquicos, inúmeros órgãos de controle e diversos cargos e funções autodenominados "de confiança", mantidos pelos associados via taxas compulsórias pagas por todas as cooperativas singulares.[27] Assim, criado de cima para baixo de suas bases de sustentação, a estrutura "tecnoburocrática" do sistema OCB/OCEs se tornou distante da realidade das cooperativas singulares, centrais, federações e confederações de cooperativas e, dessa forma, não alcança as necessidades ou interesses de suas filiadas.[28]

Esse sistema, distante de seus principais atores nas cooperativas singulares ou base organizacional, costuma tratar seus associados ou donos com certa indiferença e, normalmente, classifica-os nessas estruturas no nível operacional em vez do nível institucional ou poder supremo.[29] Por exemplo, o site do Sindicato

---

[24] Moura, 1973; Lauschner e Schneider, 1974; Crúzio, 1999b.

[25] Cavendish, 1981.

[26] Sobre características organizacionais, administrativas e objetivos do cooperativismo empresarial, bem como fragilidades ou problemas de gestão e comprometimento do bem-estar social, político e econômico dos associados, ver Crúzio, 2006a (Araújo, 1982; Barreto, 1980; Benetti, 1982; Borda, 1972; Coradini, 1982; Duarte, 1986; Fleury, 1983; Frantz, 1982; Schneider, 1991; Prochnow, 1978; Rios, 1976; Tagliapietra, 1979).

[27] Pinho, 2003, 2004; Crúzio, 1999b, 2006a.

[28] O termo "tecnoburocrático" está associado a sistema de dominação ou poder autoritário, hierárquico, que reivindica para si o monopólio da racionalidade e do conhecimento administrativo. Assim, a tecnoburocracia tende a gerar uma tecnoestrutura nas organizações, constituída por especialistas de alto nível e que tomam decisões colegiadamente, na qual os dirigentes e/ou executivos são levados a manipular as assembleias gerais, os congressos, as reuniões etc., no intuito de obter decisões que sejam favoráveis aos seus pontos de vista (Crúzio, 1994, 2006a).

[29] Rios, 1976; Crúzio, 1994, 1999a.

e Organização das Cooperativas Brasileiras no Mato Grosso do Sul (OCB/MS) informa que as ações de treinamento do Serviço Nacional de Aprendizagem do Cooperativismo (Sescoop) têm três níveis: "Nível Estratégico — para dirigentes", "Nível Tático — Executivos, Assessores Técnicos, Coordenadores e Instrutores", "*Nível Operacional — Cooperados e Trabalhadores*" (grifo nosso). É uma inversão de poder que reflete insatisfação, como a queixa do presidente da Cooperativa de Serviços e Seguros (Coopseg): embora pague mensalmente as taxas convencionais à Organização das Cooperativas do Estado de Santa Catarina (Ocesc), nunca obteve respostas às cartas que lhe enviou solicitando participar das discussões sobre questões ligadas às cooperativas de crédito.[30]

Já o cooperativismo na Europa, no qual se pressupõe que os idealizadores do sistema OCB/OCEs se inspiram, superou seus momentos difíceis de intervenções, ditaduras etc., em especial na Itália fascista, em 1922, na Alemanha nazista, em 1933, e na Espanha, em 1936, onde o cooperativismo já alcança 70% da população.[31] Enquanto no Brasil, até hoje sob decretos e domínio indireto do Estado, via sistema OCB/OCEs, o cooperativismo em todos os seus segmentos é inexpressivo e o número de cooperados não chega a 7% de sua população local.[32]

Há também contradições nas políticas institucionais do sistema OCB/OCEs, notadamente, quanto à proposta de "autogestão". Por exemplo, a OCB defende que "o cooperado, através de sua participação ativa, direcione as atividades da cooperativa para os interesses que lhes dizem respeito". Por outro lado, estabelece que "o sistema, através da coordenação nacional, definirá as diretrizes que embasarão a execução da autogestão [*sic*]".[33] Tais políticas são incoerentes porque a "autogestão" proposta pelo modelo original prevê a autocoordenação nas cooperativas, isto é, um governo independente.[34]

Verificam-se outras incoerências até no recente programa de autogestão das cooperativas locais. Conforme escrito no *Manual de atendimento às demandas para constituição de cooperativa*: "(...) reflete um desejo das cooperativas (...)" e, no tópico seguinte, deve ser realizado por "auditoria independente" o acompanhamento da gestão interna e viabilidade econômica e financeira dos associados nas cooperativas singulares. Contrariamente, exige-se o credenciamento ou indicação dos auditores pelo próprio sistema OCB/OCEs, sob seus critérios e normas de avaliação.[35]

---

[30] Crúzio, 2003a; "Projetos e Parcerias" (Disponível em: <www.ocbms.org.br/sescoop.php>. Acesso em: 18 ago. 2003).

[31] Pereira, 2001a.

[32] Crúzio, 2006a.

[33] OCB, 1996.

[34] ICA, 1938; Mladenatz, 1969; Crúzio, 1994, 1999b.

[35] OCB, 2007.

São paradoxais também, quanto à Constituição Federal, a obrigatoriedade de registro e o pagamento de taxas a favor da OCB e OCEs. Conforme o inciso XVIII do art. 5º da Constituição Federal, a criação de associações e, na forma da lei, a de cooperativas independem de autorização, vedada a interferência estatal em seu funcionamento. Por outro lado, é fato que o que o sistema OCB/OCEs assegura e mantém é uma intervenção indireta de Estado nas cooperativas singulares, uma vez projetado e imposto por este, conforme as obrigações institucionais em curso.[36] Assunto exaustivamente pesquisado e questionado, tanto pela comunidade científica local e internacional quanto pela International Cooperative Alliance (ICA) e Organização Internacional do Trabalho (OIT), principalmente no que diz respeito à autonomia e independência institucional, organizacional e administrativa das cooperativas.[37]

Contradiz-se até quanto à prática dos princípios básicos do cooperativismo.[38] Ao mesmo tempo em que são divulgados, no site institucional do sistema OCB/OCEs, os princípios básicos do cooperativismo também é fomentado o "cooperativismo empresarial", baseado nos padrões das organizações hierárquicas verticais ou mecanicistas.[39] Daí, decorrem os conflitos de interesses entre administradores contratados e donos das cooperativas (associados), os problemas de gestão, até as falências institucional, organizacional, administrativa e operacional dessas associações.[40] Ver o recente fracasso econômico-financeiro da segunda maior cooperativa agropecuária brasileira, a Cooperativa Agropecuária e Industrial (Cooagri), com sede na cidade de Dourados, estado do Mato Grosso do Sul. Sob o comando de um executivo selecionado do mercado financeiro, a Cooagri contraiu dívida de R$ 220 milhões, com vencimento no curto prazo, mais R$ 20 milhões no médio prazo. Enfrenta também processo judicial de penhora de 500 mil sacas de soja pelos credores, arresto de bens no valor de R$ 28 milhões e movimento de retirada, pelos seus 3,9 mil associados, da produção estocada. Merece destaque que a Cooagri, como as demais cooperativas dos segmentos agropecuá-

---

[36] Constituição da República Federativa do Brasil, 1988; Schneider, 1991; Crúzio, 1994, 2006a.

[37] Lauschner e Schneider, 1974; Araújo, 1982; Barreto, 1980; Benetti, 1982; Borda, 1972; Coradini, 1982; Duarte, 1986; Fleury, 1983; Frantz, 1982; Schneider, 1991; Prochnow, 1978; Rios, 1976; Tagliapietra, 1979, 1982; Loureiro, 1981; Moura, 1973; Pinho, 1973; Mladenatz, 1969; Bonner, 1961; Lasserre, 1969; Watkins, 1986; Arco, 1986; Lars, 1988; ICA, 1938; Pereira, 2001a.

[38] Sobre objetivos e práticas dos princípios básicos do cooperativismo, ver Crúzio (2000).

[39] Benetti e Fantz, 1985; Coradini, 1982; Duarte, 1986; Fleury, 1983; Loureiro, 1981; Novaes, 1981; Crúzio, 2006a; "Cursos ajustados..." (*Gazeta Mercantil*, 8 abr. 2003).

[40] Sobre origens, atores, objetivos, valores, princípios ou características do "cooperativismo empresarial" e consequências para a autonomia e independências nas cooperativas, ver Crúzio (2006a).

rio e agroindustrial, tem suas unidades de crédito ou mantém a própria cooperativa de crédito. Assim, depois de falida, defendeu o presidente da OCB em jornal de grande circulação nacional a necessidade de os cooperados optarem pela autogestão, visto ser "(...) muito ruim para o sistema".[41]

As intervenções indiretas de Estado, pelo sistema OCB/OCEs, os paradoxos institucionais, organizacionais e administrativos incorridos pelo sistema, como também a falência rotineira das grandes, médias e pequenas cooperativas singulares, perduram porque os principais mandatários dessas representações de classe e de muitas cooperativas singulares não são escolhidos diretamente pelos votos dos associados. Ou melhor, ainda nomeiam-se representantes e dirigentes mediante forças políticas externas, em detrimento das indicações nas AGS, conforme os princípios "um homem, um voto" e controle democrático pelos sócios.[42]

Tudo isso requer dos associados, em todos os segmentos das cooperativas singulares brasileiras, a participação efetiva nas AGS a fim de discutir e escolher seus representantes e dirigentes com horizonte de longo prazo, visto que autogestão em cooperativas requer visão e ação proativas em vez de reativas.[43] Pois, no Brasil, é comum confundir profissionalização nas cooperativas com a troca de comando dos associados por profissionais contratados na iniciativa privada, com pouco ou nenhum conhecimento sobre autogestão de cooperativas ou prática dos valores e princípios básicos do cooperativismo.

Além disso, como ocorre nos países subdesenvolvidos, no Brasil as pessoas ainda encaram as cooperativas como órgãos ou programas de governo e, dependentes, sempre esperam ajuda financeira e/ou até a direção externa quanto a missão social, política e econômica da própria associação.[44] Cenário que dificulta o comprometimento dos indivíduos e grupos, especialmente quanto à participação

---

[41] "No 'fundo do poço'..." (*Valor Econômico*, 16 set. 2008).

[42] Sobre direitos e deveres dos associados, normas estatutárias e operacionalização dos princípios de controle democrático pelos sócios e "um homem, um voto" nas eleições dos dirigentes das cooperativas singulares, centrais, federações, confederações e representações de classe, ver Crúzio (2000, 2003a).

[43] Participação efetiva significa, além de assinar a ata da AGS, vistoriar documentos e numerários, também discutir, opinar e decidir conscientemente sobre os assuntos tratados nas reuniões. Sobre formas e meios organizacionais e administrativos para participar efetivamente nas AGS, ver Crúzio (2000).

[44] Pereira, 2001d; Rodrigues, 1993; Cabral, 2003; Paraíso, 2004; Bueno, 2000; Lopes e Souza, 2001; Carvalho, 2006; "O Sebrae investe...", "Cooperativas de crédito", "Mais capital..." (*Rumos*, nov./dez. 2004, maio/jun. 2006, set./out. 2006); "Sem as cooperativas..." (*Agroanalysis*, set. 2000), "Cooperativas dinamarquesas..." (*Preços Agrícolas*, set./out. 2000); "Microcrédito muda..." (*O Estado de S. Paulo*, 23 abr. 2005); "BC vai..." , "Nova linha..." (*Valor Econômico*, 2 jun. 2003, 25, 26 e 27 jun. 2005); "Mais de..." (*Jornal do Brasil*, 28 set. 2003); "Bondades beneficiam..." (*Gazeta Mercantil*, 11 mar. 2006); "Governo amplia...", "Governo vai..." (*Folha de S. Paulo*, 13 abr. 2003, 19 fev. 2006); "Membro de cooperativa...", "BNDES financiará...", "Consignado faz cooperativas..." (*DCI*, 10 fev. 2006, 16, 17 e 18 dez. 2006, 22 ago. 2006).

dos associados nas AGS, para assumir com afinco, responsabilidade e profissionalismo a própria cooperativa e, dessa maneira, transformá-la num empreendimento coletivo, autônomo, competitivo, lucrativo e autossustentável.[45]

Consequentemente, as cooperativas acabam vulneráveis às investidas de oportunistas, agiotas, prestamistas, atravessadores, como também de grupos de amigos que se perpetuam nos cargos de direção do CA e CF para decidir e agir em interesse próprio. Foi o que ocorreu com a maior cooperativa nacional, a Cooperativa Agrícola de Cotia (CAC), entre outras de grande, médio e pequeno portes, em todos os estados brasileiros, liquidadas institucional e operacionalmente entre 1980 e 1995.[46] Igualmente sob o domínio de políticos que, de alguma forma, se infiltram nelas para fins político-partidários ou objetivos particulares.[47] Ver o recente caso de desvios ou desfalques financeiros envolvendo determinados atores do Partido dos Trabalhadores (PT) e a Cooperativa Habitacional dos Bancários (Bancoop) do estado de São Paulo, hoje sob investigações, tanto do Ministério Público (MP) quanto da Polícia Federal (PF).[48] No estado do Espírito Santo, em 1988, investigações do MP comprovaram desvios financeiros relacionados à campanha do candidato a governador daquele estado, por intermédio da Cooperativa de Crédito dos Servidores da Escola Técnica (Coopetfes).[49]

De acordo com as pesquisas locais e internacionais, no Brasil, assim como nos demais países da América do Sul, o fraco desempenho das cooperativas não se deve tanto ao "transplante" de princípios do cooperativismo europeu, mas sim à manipulação que políticos e administradores públicos fazem do cooperativismo, para desviar a atenção de outros problemas mais importantes e urgentes, por exemplo, a necessidade de reforma agrária e fiscal.[50] Hoje, no continente, um exemplo extremo de intervenção e ingerência acontece nas cooperativas venezuelanas ou "cooperativas-modelo", como crê o presidente Hugo Chávez. Esse mandatário exige que as costureiras associadas nessas cooperativas confeccionem

---

[45] Problemas abordados por Lauschner e Schneider, 1974; e, ainda, nas discussões sobre a "participação" no cooperativismo na América Latina por Desroche, 1964; Jouvenel, 1991; Lacroix, 1991.

[46] Rios, 1976; Prochnow, 1978; Loureiro, 1981; Müller, 1988; Novaes, 1981; Benetti, 1982; Fleury, 1983; Schneider, 1991; Crúzio, 1993, 1994, 1997, 1999b, 2000, 2003a, 2003b, 2006a.

[47] "Manobra de senadores...", "Zonta contesta...", "Frencoop paulista...", "Governo federal...". Disponíveis em: <www.portaldocooperativismo.org.br>. Acessos em: 29 mar. 2006, 20 abr. 2006, 20 mar. 2006, 24 mar. 2006; "Comunidade internacional...", "Governo apresenta...", "PL do governo...". Disponíveis em: <vwww.brasilcooperativismo.coop.br>. Acessos em: 26 abr. 2006, 9 maio 2006.

[48] "PF vai investigar...", "Cooperativa é organização criminosa" (*Folha de S. Paulo*, 29 jun. 2008, 11 jan. 2008); "Em relatório...," (*O Estado de S. Paulo*, 26 jun. 2008); "Atuação de Teixeira..." (*Valor Econômico*, 13, 14 e 15 jun. 2008).

[49] *Folha de S. Paulo*, 24 jul. 2001.

[50] Borda, 1972; Schneider, 1991; Crúzio, 1989, 1992, 1993, 1994, 1999b; Carbonell de Masy, 1969; Kerinec e Thedin, 1969; ICA, 1930, 1937, 1969.

camisetas estampadas com a palavra de ordem: "Com Chávez o povo governa" para distribuir nos comícios de apoio ao próprio governo.[51]

Outras pesquisas demonstraram que o cooperativismo patrocinado pelo poder público nos países da África e da Ásia, nas décadas de 1960 e 1970, jamais conseguiu desvencilhar-se das amarras do governo e tornar-se um empreendimento autossustentável.[52] Estudos realizados pela Comissão Especial da ICA (Copac), o Estado normalmente não se satisfaz com a função de apoio promocional e suplementar do cooperativismo, pela elaboração de uma legislação que o beneficie ou mediante a assistência técnica, educacional, financeira e fiscal.[53] Nesse sentido, qualquer governo poderá considerar as cooperativas como um a mais entre os diversos atores econômicos, o que pode levá-lo a fomentar o cooperativismo para finalidades político-partidárias. Mesmo nos países onde os dirigentes políticos são eleitos democraticamente, visto que a lógica burocrática ou tecnocrática de Estado não é uma lógica democrática e participativa.[54]

Isto posto, o sistema OCB/OCEs sob domínio político indireto do Estado representa apenas o poder autocrático, tecnoburocrático ou legal imposto, em detrimento do poder comunitário, participativo ou emancipado legítimo. São condições e imposições que descaracterizam o cooperativismo na sua essência, isto é, a organização do trabalho e geração de renda sob valores e princípios baseados na democracia, liberdade, fraternidade, equidade, justiça e bem comum.[55]

Em segundo lugar, historicamente, a oligarquia do café e da cana, representada de pai para filho e por gerações, nos principais cargos de comando do sistema OCB/OCEs, dificulta a expansão das cooperativas de crédito e demais segmentos, visto que as decisões e ações sobre onde, quando, como e quanto investir os recursos destinados às cooperativas são tendenciosas aos grandes produtores da monocultura ou produção extensiva (café, cana, soja e trigo), via cooperativas agrícolas, agroindustriais ou agropecuárias.[56] Por exemplo, no âmbito das coo-

---

[51] "Cooperativas de Chávez..." (*Valor Econômico*, 21 nov. 2007); Pereira, 2001a.

[52] Münkner, 1988; Dülfer e Hamm, 1985.

[53] ICA, 1937, 1969.

[54] Denault, 1989; Crúzio, 2006a.

[55] ICA, 1937; Fauquet, 1948; Bonner, 1961; Lasserre, 1969; Watkins, 1986; Arco, 1986; Lars, 1988. Sobre ideais dos precursores cooperativistas e movimentos cooperativos no mundo, como também as consequências da cultura tecnoburocrática nas cooperativas brasileiras, ver Crúzio (2006a).

[56] Freitas, 2001; Fernandes, 2001; Pinazza e Alimandro, 2003; "Cooperativismo brasileiro:..." (OCB, 2004); "O governador..." (*Veja*, 29 set. 2004); "Quem ganha e quem perde..." (*CartaCapital*, set. 2004); Barros, 2000; Rios, 1976; Prochnow, 1978; Loureiro, 1981; Novaes, 1981; Benetti, 1982; Fleury, 1983; Schneider, 1991; Crúzio, 1993, 1994, 1997, 1999b, 2000, 2003a, 2003b, 2006a; "Agronegócio mantém..." (*DCI*, 17-19 jul. 2004). "Guedes recebe 16 lideranças cooperativistas". Disponível em: <www.brasilcooperativo.com.br>. Acesso em: 11 ago. 2006. "Sescoop/SP alerta...". Disponível em: <www.portaldocooperativismo.org.br>. Acesso em: 29 ago. 2006. "Ceco propõe...". Disponível em: <www.brasilcooperativo.com.br>. Acesso em: 24 ago. 2006. Sobre contexto, motivos e atores

perativas singulares, criou-se o programa Prêmio Equalizador Pago ao Produtor (Pepro) para completar a renda do pequeno produtor de café, se os preços pagos no mercado são insuficientes para cobrirem os custos de produção. Para tanto, fixou-se um limite máximo de 300 sacas de café para o produtor ter direito ao subsídio. Ocorre que os produtores filiados às cooperativas singulares estão isentos de tais comprovações e, devido ao corporativismo interno, os benefícios acabam concentrados nos grandes produtores.[57]

No âmbito dos programas nacionais, observam-se os favorecimentos e/ou desvios de verbas a partir da aplicação dos recursos recolhidos compulsoriamente de todas as cooperativas singulares no Serviço Nacional de Aprendizagem do Cooperativismo (Sescoop).[58] O Sescoop, como parte do "Sistema S" (Senai, Sesi, Senac, Sesc, Sebrae, Senar, Sest e Senat), foi criado por decreto no sentido de propiciar o ensino e aprendizagem do cooperativismo, tanto para os empregados das cooperativas quanto para os cooperados, pequenos produtores ou trabalhadores urbanos demitidos das indústrias, mediante arrecadação de tributos correspondente a 2,5% da folha de pagamento de todas as cooperativas singulares. Ocorre que o Sescoop vinculado à Organização das Cooperativas do Estado do Rio Grande do Sul (Ocerg), por exemplo, emprega tais recursos para promover festivais e o Sescoop da Organização das Cooperativas do Estado do Tocantins banca até "ações religiosas".[59] Já o Sescoop ligado à Organização das Cooperativas do Estado de São Paulo (Ocesp) emprega suas arrecadações para adquirir sede nova, viagens internacionais para representantes de classe, presidentes e diretores de cooperativas.[60] Por exemplo, divulga-se anualmente no site do sistema OCB/OCEs lista de contemplados para "(...) tour histórico na casa e museu de Desjardins", no Canadá.[61]

---

do poder hegemônico do agronegócio na OCB/OCEs e suas consequências para o desenvolvimento dos demais segmentos de cooperativas, ver Crúzio (2006a).

[57] Lian, 2008.

[58] "Sescoop/SP oferece...". Disponível em: <www.portaldocooperativismo.org.br>. Acesso em: 5 jun. 2006. "Projetos e parcerias". Disponível em: <www.ocbms.org.br/sescoop>. Acesso em: 18 ago. 2006.

[59] "Sescoop/RS promove...". Disponível em: <www.portaldocooperativismo.org.br>. Acesso em: 26 jun. 2007. "Sescoop Tocantins...". Disponível em: <www.ocb.org.br/site/agencia_noticias>. Acesso em: 4 out. 2008.

[60] "Cooperativas paulistas...". Disponível em: <www.portaldocooperativismo.org.br>. Acesso em: 8 ago. 2007. "Assembleia aprova...". Disponível em: <www.portaldocooperativismo.org.br>. Acesso em: 4 jun. 2007.

[61] "Cooperativas do ramo...". Disponível em: <www.portaldocooperativismo.org.br>. Acesso em: 4 jun. 2007. "Sescoop Tocantins...". Disponível em: <www.ocb.org.br/site/agencia_noticias>. Acesso em: 4 out. 2008. "Encontro de educadores...". Disponível em: <www.ocb.org.br/site/agencia_noticias>. Acesso em: 14 jan. 2009.

Custeia também inúmeros encontros de diretores, gerentes ou correlatos, tanto das unidades estaduais do Sescoop quanto do "Sescoop Nacional" para tratar da própria existência ou manutenção do sistema, em detrimento de ações práticas relativas ao ensino e aprendizagem nas cooperativas singulares.[62] Constata-se até a concessão de elevadas somas em dinheiro para premiar matérias jornalísticas a favor do sistema OCB/OCEs.[63] Merece destaque que, conforme o Tribunal de Contas da União (TCU), as unidades do "Sistema S", particularmente o Sescoop, acumulam denúncias ao longo de sua existência, a começar pelo uso indevido das arrecadações, ausência de licitações para execução de obras, contratação de pessoal sem concurso público. Hoje o Sescoop responde a ações civis públicas diante do Ministério Público do Trabalho (MTB), devido à falta de critérios objetivos, a ausência de publicidade e impessoalidade nas contratações.[64] Ademais, dirigentes dessas representações vinculados às empresas contratadas que prestam serviços ou vendem materiais, equipamentos etc. para o próprio "Sistema S", entre outras irregularidades.[65]

Nas unidades estaduais do Sescoop é impossível controlar ou monitorar a aplicação dos recursos arrecadados conforme os fins, uma vez que são vinculadas ao poder institucional das OCEs estaduais e, consequentemente, às decisões unilaterais ou interesses de cúpula. Por exemplo, o Sescoop vinculado à Ocesp não acata os atos normativos da Controladoria Geral da União (CGU) ao omitir, sistematicamente, a aplicação de suas arrecadações referente aos "Processos de Contas Anuais". É possível acessar o site dessa representação sempre "temporariamente indisponível", quanto às contas desde 2002 até o presente ano.[66] Impossibilita também gerenciar tais verbas de acordo com as necessidades de aprendizagem ou interesses educacionais das cooperativas singulares vinculadas, o que favorece os "programas de massa" ou padrões das organizações mecanicistas nas cooperativas singulares, já que seus instrutores passam a reproduzir experiências das empresas comuns.[67]

---

[62] "Encontro de educadores...". Disponível em: <www.ocb.org.br/site/agencia_noticias>. Acesso em: 14 jan. 2009. "Cooperativas do ramo...". Disponível em: <www.portaldocooperativismo.org. br>. Acesso em: 4 jun. 2007.

[63] "Reportagens sobre o sistema...", "Melhores pautas...". Disponíveis em: <www.portaldocooperativismo.org.br>. Acessos em: 17 maio 2007, 4 jun. 2007.

[64] "Ações cobram..." (*O Estado de S. Paulo*, 23 ago. 2008).

[65] Gomes e Addis, 2006; Paduan, 2008; "CGU vê irregularidades..." (*Folha de S. Paulo*, 1 out. 2007); "Lobby consegue..." (*O Estado de S. Paulo*, 16 jul. 2007).

[66] "Processos de contas anuais". Disponível em: <www.portaldocooperativismo.org.br>. Acesso em: jun. 2007.

[67] Sescoop, 2007. Sobre os mecanismos das organizações mecanicistas nas cooperativas brasileiras, suas consequências no desempenho do movimento e como evitá-los, ver Crúzio (2006a).

É preciso descentralizar as arrecadações do Sescoop nas centrais, federações ou confederações de cooperativas para possibilitar que cada segmento de cooperativa discuta suas demandas de ensino e aprendizagem e direcione programas específicos às cooperativas singulares filiadas, por meio do próprio Comitê Educativo (CE).[68] Somente assim é possível adequar programas educativos à realidade dos cooperados, democratizar a aplicação dos recursos, como também reduzir despesas com pessoal, cargos e órgãos em duplicidades ou retrabalho, tanto na longa estrutura do "Sescoop Nacional" quanto das unidades estaduais.

Em terceiro lugar, a disputa acirrada de capital, terra e poder no agronegócio (*agribusiness*) divide e enfraquece o movimento local.[69] O sistema OCB/OCEs não aceita a existência de outros movimentos fora de seus registros e controles, notadamente, as iniciativas que surgem das próprias comunidades ou de baixo para cima dessas estruturas. Por exemplo, hoje há um forte *lobby* no Congresso, via Comissão de Agricultura e Reforma Agrária do Senado, envolvendo políticos, grandes produtores da monocultura ou produção extensiva (café, cana, soja e trigo) ou "rentistas" do agronegócio,[70] no sentido de dificultar a legalização da União Nacional das Cooperativas da Agricultura Familiar e Economia Solidária (Unicafes), como entidade representativa das cooperativas desvinculadas do sistema OCB/OCEs.[71]

A Unicafes foi criada em junho de 2005, no sentido de somar esforços dos movimentos voltados para o combate ao desemprego.[72] Entre os movimentos que originaram a Unicafes se destacam a Associação Nacional do Cooperativismo de Crédito da Economia Familiar e Solidário (Ancosol), a Associação Nacional dos Trabalhadores em Empresas de Autogestão e Participação Acionária (Anteag), a Fundação Interuniversitária de Estudos e Pesquisas sobre o Trabalho (Unitrabalho), entre outros movimentos da base piramidal social.[73] Merece destacar, conforme as estatísticas do Departamento Nacional e Registro Comercial

---

[68] Sobre planejamento, técnicas e práticas para a autogestão do conhecimento nas cooperativas singulares, via educadores vinculados ao CE, ver Crúzio (2006a). "Congresso das cooperativas..." (Fetrabalho/RJ, 2007); Crúzio, 2007.

[69] "Quem ganha e quem perde..." (*CartaCapital*, set. 2004); Crúzio, 2006a.

[70] Sobre poder dos "rentistas" no agronegócio via cooperativas agropecuárias e agroindustriais brasileiras e consequências ou custos sociais (trabalho escravo e êxodo rural), socioambientais (dependência da monocultura e degradação ambiental) e concentração de renda, ver Crúzio, 2006a).

[71] "Manobra de senadores...". Disponível em: <www.portaldocooperativismo.org.br>. Acesso em: 29 mar. 2006. "PL 171/99 pode...". Disponível em: <www.ocbms.org.br/sescoop>. Acesso em: 10 abr. 2006. "Nova lei...". Disponível em: <www.portaldocooperativismo.org.br>. Acesso em: 13 dez. 2005. "Guedes recebe 16 lideranças cooperativistas". Disponível em: <www.brasilcooperativo.com.br>. Acesso em: 11 ago. 2006. "Cooperativas de crédito...", "Metalúrgicos lutam..." (*DCI*, 6 jul. 2006, 15 fev. 2006); "Nova diretoria..." (*Diário do Grande ABC*, 2 ago. 2004).

[72] "Cooperativas criam..." (*Gestão Cooperativa*, jun./jul. 2005); Crúzio, 2006a.

[73] Pinho, 2003; Crúzio, 2006a.

(DNCR), divulgadas no ano de 2005, do total de 20.279 cooperativas em todo o país, somente 7.549 cooperativas ditas comerciais se beneficiavam dos recursos públicos via sistema OCB/OCEs.[74]

Em quarto lugar, são as dificuldades para constituir uma cooperativa, levando em conta os excessos de documentos, registros, homologações e taxas recolhidas em órgãos, tanto públicos quanto privados.[75] Por exemplo, o Banco Central (BC) exige, além dos documentos básicos relativos ao registro da cooperativa na Junta Comercial (JC), isto é, estatuto social, edital de convocação da assembleia geral e ata de constituição da cooperativa, também o registro no "Sistema de Informações sobre Entidades de Interesse do Banco Central do Brasil — Unicad", protocolo junto ao "componente do Departamento de Organização do Sistema Financeiro — Deorf", "Ata sumária de assembleia geral", "declaração de conferência do estatuto social", "autorização à Secretaria da Receita Federal", "autorização ao Banco Central do Brasil" etc.[76]

O tempo médio para autorização de funcionamento de uma cooperativa de crédito é de um ano. Até outubro de 2005, só no estado de São Paulo, eram mais de 187 processos aguardando a aprovação de novas cooperativas de crédito pelo BC.[77] Situação agravada porque cada estado brasileiro impõe, via políticas de "instrumentalização" das cooperativas, exigências e normas para a abertura de novas cooperativas. Por exemplo, no estado de São Paulo a legalização de qualquer cooperativa na JC está condicionada ao registro e pagamento de taxas na Ocesp, através de um técnico indicado e nomeado por ela nas dependências da própria JC.[78]

Tudo isso eleva as despesas para os pretendentes, com o volume de serviços gerados pelos intermediários, agiotas etc., e reflete reserva de mercado. Contraria o § 2º do art. 174 da Constituição Federal que, ao caracterizar as cooperativas organizações de natureza privada, requer inscrevê-las apenas na JC. Igualmente as mudanças políticas que ocorrem no mundo, quanto à obrigatoriedade das cooperativas singulares se filiarem nessa ou naquela associação de classe, conforme a Organização Internacional do Trabalho (OIT).[79] E reflete ainda o caráter cen-

---

[74] "Cooperativas pedem mais dinheiro público" (*Valor Econômico*, 10, 11, 12 jan. 2003).

[75] "Cooperativas de crédito...", "Metalúrgicos lutam..." (*DCI*, 24 maio 2006, 15 fev. 2006); Cabral, 2003; "Burocracia emperra..." (*Folha de S. Paulo*, 11 dez. 2005).

[76] Banco Central do Brasil. Disponível em: <www.bcb.gov.br>. Acesso em: nov. 2004.

[77] "Central quer..." (*DCI*, 15, 16 e 17 out. 2005).

[78] "Cadeira cativa na..." (*MundoCoop*, maio/jun. 2005); "Aprovação do PL...". Disponível em: <www.portaldocooperativismo.org.br>. Acesso em: 14 dez. 2005. "Metalúrgicos lutam..." (*DCI*, 15 fev. 2006).

[79] Pereira, 2001a; Constituição da República Federativa do Brasil, 1988; Perius, 1980; Schneider, 1991; Crúzio, 1999b, 2006a.

tralizador e autoritário do governo interventor passado, via sistema OCB/OCEs, no sentido de coibir as iniciativas comunitárias de base.[80]

Em quinto lugar, há pouco esclarecimento sobre os tipos de cooperativas de crédito, em função dos serviços do crédito ou poupança, das condições socioeconômicas dos pretendentes e das vantagens financeiras e econômicas do público interessado. Ademais, são dispersas as informações quanto à constituição do capital social da cooperativa, à divisão e integralização das cotas-partes, como também sobre os direitos e deveres dos associados, aos critérios para concessão do crédito, à formação de poupança etc. Igualmente quanto à legalização da cooperativa, levando em conta o projeto organizacional da associação, a documentação necessária, os trâmites nas instituições oficiais, os registros e pagamentos de taxas etc.

Em sexto lugar, são os problemas relacionados às práticas mercadológicas nos negócios internos e externos das cooperativas de crédito. Por exemplo, internamente, os dirigentes cooperativistas dedicam poucos esforços para valorizar as relações de troca com seus associados, contando apenas com o número de associados. Descuidam também da pesquisa de marketing para levantar, periódica e sistematicamente, as necessidades, preferências ou grau de satisfação dos associados ou membros da comunidade local, no que diz respeito às ofertas do crédito, poupança etc.[81]

Externamente, descuidam dos planos promocionais ou incentivos, além da simples propaganda na mídia, no sentido de levar os serviços do crédito produtivo ou poupança local aonde os pequenos empreendedores exercem suas atividades por conta própria ou na informalidade.[82] Igualmente, dos planos de publicidade, relações públicas para gerar notícias e informações favoráveis à missão social, política e econômica da cooperativa ou objetivos financeiros e econômicos e atrair recursos das organizações, tanto governamentais quanto não governamentais, locais ou internacionais, envolvidas com projetos sociais autossustentáveis, como fazem as cooperativas sociais da Europa.[83]

Finalmente, são as questões relativas à governança corporativa financeira interna e externa das cooperativas de crédito. As cooperativas de crédito com-

---

[80] Schneider, 1991; Borda, 1972; Crúzio, 1994, 1999b, 2003a, 2006a; "Manobra de senadores...", "Zonta contesta...", "Frencoop paulista...", "Governo federal...". Disponíveis em: <www.portaldocooperativismo.org.br>. Acessos em: 29 mar. 2006, 20 abr. 2006, 20 mar. 2006, 24 mar. 2006. "Comunidade internacional...", "Governo apresenta...", "PL do governo...". Disponíveis em: <www.brasilcooperativismo.coop.br>. Acessos em: 26 abr. 2006, 9 maio 2006.

[81] Sobre técnicas da pesquisa de marketing e estratégias mercadológicas para valorizar relações de troca nos mercados internos e externos das cooperativas, ver Crúzio (2003a).

[82] "Falta marketing" (*Agroanalysis*, fev. 2001); "Microcrédito deve..." (*Valor Econômico*, 28 fev. 2005).

[83] Redig, 2005; Santori, 2005. Sobre desenvolvimento do plano de propaganda, promoção e publicidade nas cooperativas, ver Crúzio (2003a).

petem com a rede bancária, tanto privada quanto pública. Isso implica que as cooperativas de crédito devem munir-se das melhores ferramentas de gestão financeira para competir por uma parcela dos mercados. Por exemplo, é preciso que os dirigentes do CA tomem decisões sobre onde, quando, como e quanto investir com base na análise de risco de crédito, na análise econômico-financeira e na análise de projetos de investimentos, em vez da intuição ou vivência em negócios particulares.

É pela adequação de técnicas de gestão financeira que os dirigentes do CA podem fazer os provisionamentos necessários para os empréstimos, expandir seguramente as operações financeiras da cooperativa etc. Principalmente, honrar os compromissos financeiros com os associados e terceiros e evitar comprometer o patrimônio líquido da cooperativa, já que todos os dirigentes e associados são responsáveis pelos ganhos e perdas da cooperativa.

Além disso, os dirigentes do CA precisam criar meios administrativos para gerar relatórios contábeis precisos e confiáveis, tanto para o público interno (associados), quanto externo (cooperativas centrais de crédito, bancos cooperativos, agentes oficiais de controle, organizações não governamentais de fomento às cooperativas de crédito, fornecedores etc.). Tais providências, no sentido de criar imagem positiva e credibilidade nas ofertas dos produtos ou serviços do crédito ou poupança dentro e fora da cooperativa. Fundamentalmente para promover o interesse, a participação e o comprometimento dos associados, como usuários dos serviços de crédito e, ao mesmo tempo, donos do empreendimento na forma de cooperativa.

No que diz respeito às questões da governança corporativa financeira externa, os dirigentes cooperativistas além de conceder o crédito para os associados, devem instruí-los quanto ao uso racional dos recursos obtidos na cooperativa. Precisam dedicar tempo, energia e esforços gerenciais para educar seus associados na prática do plano de negócios, quanto à gestão profissional de seus empreendimentos. Tudo isso no sentido de fazer prosperar financeira e economicamente os negócios mantidos pelos sócios das cooperativas singulares, evitar a inadimplência e, dessa forma, fortalecer a economia da cooperativa de crédito a partir dos retornos financeiros e econômicos nas operações de crédito.

Para qualificar a governança corporativa financeira interna e externa das cooperativas de crédito, como também aprimorar suas práticas mercadológicas, é preciso que os dirigentes do CA e fiscais do CF procurem desenvolver a própria educação, no que se refere aos conceitos básicos de gestão contábil, gestão financeira, gestão mercadológica, gestão do conhecimento ou pessoas etc.[84] Somente

---

[84] Sobre gestão de marketing nas cooperativas, ver Crúzio (2003a). Sobre estratégias para tornar a própria cooperativa um centro de ensino e aprendizagem ou autogestão do conhecimento via educadores vinculados ao CE, ver Crúzio (2006a).

assim é possível delegar as funções mais técnicas ou especializadas para o quadro de profissionais contratados e, ao mesmo tempo, saber monitorar, fiscalizar e cobrar resultados, conforme as decisões tomadas na AGS, sob responsabilidade do CA e CF. Isto é, a autogestão em cooperativa.[85]

Em suma, é preciso modernizar o cooperativismo brasileiro e parar de reproduzir o regime da economia patriarcal (trabalho sob mando do senhorio, subordinação hierárquica ou servil, produção baseada na monocultura latifundiária etc.), como preconizado em *Casa-grande & senzala* de Gilberto Freyre, e também a exclusão social, política e econômica de classes de associados, conforme *A casa e a rua* de Roberto DaMatta, a fim de possibilitar a participação, equidade, justiça e bem comum nos negócios internos e externos das cooperativas singulares. É necessário ainda desenvolver meios organizacionais e administrativos para profissionalizar os dirigentes, os associados e o quadro funcional das cooperativas singulares, centrais, federações e confederações de cooperativas sem, contudo, transformar essas associações em organizações de capital ou empresas comuns, pelo simples fato de copiar os mecanismos das organizações hierárquicas verticais ou mecanicistas, como vem ocorrendo.[86]

Este livro mostra ao leitor como formar uma cooperativa de crédito, levando em conta os aspectos legais, as instituições oficiais de registro, as representações de classe, como também apresenta os motivos que fizeram surgir as primeiras cooperativas de crédito no Brasil e no mundo. Mostra os tipos de cooperativas de crédito e as vantagens financeiras e econômicas dos serviços do crédito e poupança, conforme o perfil socioeconômico dos públicos potenciais. Apresenta os órgãos básicos da AGS, CF, CE e CA, as funções ou atribuições básicas de cada um e como eleger seus ocupantes com o princípio *um homem um voto* nas reuniões das AGS. Instrui sobre a importância de cada associado conhecer e praticar seus direitos e deveres na cooperativa. Explica os requisitos básicos do projeto organizacional da cooperativa, encaminhamento e registro da associação no BC. Mostra como viabilizar financeira e economicamente pequenos, médios ou grandes negócios, a partir de uma rede de cooperativas singulares de segmentos variados para a poupança local e o crédito produtivo, por intermédio de uma cooperativa de crédito. Explica como constituir e integralizar o capital social da cooperativa, a partir do valor e quantidades das cotas-partes em cada modalidade de cooperativas de crédito.

---

[85] Sobre mecanismos organizacionais e administrativos para implantar programas de autogestão nas áreas financeira, produtiva, comercial e gestão de pessoas, ver Crúzio (2000).

[86] Sobre consequências dos padrões das organizações hierárquicas verticais nas cooperativas e estratégias básicas de mudanças estruturais, operacionais, mercadológicas e culturais, ver Crúzio (2006a).

Além da parte organizacional, o livro ensina como dirigir, fiscalizar e gerenciar profissionalmente uma cooperativa de crédito e, primordialmente, preservar os motivos sociais, políticos e econômicos da cooperativa inicial. Noutros termos, mostra como consumir o crédito de forma racional, consciente e sustentável.[87] Para tanto, capacita os dirigentes, conselheiros fiscais e profissionais contratados quanto à análise de risco das operações de crédito. Orienta sobre a estrutura e garantias dos empréstimos, considerando as modalidades dos empréstimos para conversão de ativos, fluxo de caixa e cobertura de ativos. Dá noções sobre a matemática financeira básica, levando em conta o conceito de juros nos investimentos ou financiamentos. Ensina como fazer uma análise econômico-financeira, considerando a liquidez, a eficiência operacional, a rentabilidade, o endividamento e a evolução operacional dos negócios internos e externos da cooperativa. Mostra como fazer o planejamento financeiro, a partir dos orçamentos de caixa e lucro, como também a avaliação de projetos de investimentos, levando em conta a taxa interna de retorno (TIR), o prazo de *payback*, o valor presente líquido (VPL) e o ponto de equilíbrio (*break even*) operacional, contábil e econômico do empreendimento.

Fundamentalmente, ensina aos dirigentes e profissionais contratados a prática do plano de negócios, tendo em vista a decisão criteriosa sobre o crédito para os associados. Ademais, visa instruir os associados (micro, pequeno, médio ou grandes empresários), no que diz respeito ao uso racional dos recursos obtidos na cooperativa. Isto é, a governança corporativa financeira sobre onde, quando, como e quanto investir dentro e fora da cooperativa.

O livro está dividido em duas partes. Na primeira, referente à organização e funcionamento das cooperativas de crédito, o capítulo 1 apresenta a formação, institucionalização, representação e história das cooperativas de crédito no Brasil e no mundo.

O capítulo 2 contém a classificação, tipos e órgãos básicos das cooperativas de crédito. Explica as vantagens e desvantagens de cada tipo de cooperativa de crédito, em relação aos públicos potenciais e serviços de crédito ou poupança.

O capítulo 3 mostra as vantagens econômicas e organizacionais das cooperativas de crédito, com relação a bancos ou financeiras. Apresenta como viabilizar financeira e economicamente as MPEs ou APLs via cooperativa de crédito e rede de cooperativas singulares.

O capítulo 4 trata da constituição e integralização do capital social das cooperativas de crédito. Mostra todas as etapas para se criar uma cooperativa de crédito e como obter autorização de registro e funcionamento junto ao BC.

---

[87] Ação considerada sustentável é economicamente viável, socialmente justa e ecologicamente correta (Hawken, 2008).

O capítulo 5 mostra os problemas organizacionais e administrativos mais comuns nas cooperativas de crédito. Reflexões sobre medidas governamentais de fomento e promoção das cooperativas de crédito. Apresenta estratégias básicas para a mudança e governança corporativa financeira nos negócios internos e externos da cooperativa de crédito.

A parte II focaliza a autogestão e governança corporativa financeira nas cooperativas de crédito. Assim, no capítulo 6 apresentam-se os fundamentos da autogestão e governança corporativa financeira nas cooperativas de crédito, considerando risco *versus* retorno e custo do capital nas transações internas e externas da cooperativa. Mostra também como aplicar os métodos estatísticos do retorno esperado e desvio padrão na análise de risco de crédito.

O capítulo 7 apresenta a estrutura e garantias dos empréstimos nas cooperativas de crédito. Mostra como distinguir e operacionalizar empréstimos para conversão de ativos, fluxo de caixa e cobertura de ativos. Apresenta o conceito de juros e aplicações nos investimentos e financiamentos das cooperativas de crédito.

O tema do capítulo 8 aborda a função da análise econômico-financeira nas operações internas e externas das cooperativas de crédito, considerando os principais demonstrativos contábeis: balanço patrimonial (BP), demonstrativo de resultados do exercício (DRE) e demonstrativo de fluxo de caixa.

Na conclusão são abordadas algumas questões indispensáveis para tornar as cooperativas de crédito empreendimentos independentes, autônomos, competitivos, lucrativos e autossustentáveis.

O apêndice A mostra como elaborar passo a passo um plano de negócios, para instruir e profissionalizar a gestão dos empreendimentos mantidos pelos associados das cooperativas de crédito. O plano abrange todas as áreas de um empreendimento, a começar pela seção da introdução (origem do negócio, equipe administrativa e operacional, estrutura organizacional, aspectos sociais e legais do negócio, localização e infraestrutura, manutenção de registros, seguro envolvido no negócio, segurança interna do negócio etc.); seção do produto ou serviço envolvido no negócio (natureza do produto, características dos serviços e estratégias de marketing); seção da análise mercadológica do negócio (definição, segmentação, posicionamento e harmonização de mercado); seção da pesquisa de mercado (necessidades, preferências, percepções e grau de satisfação dos consumidores); seção do programa de marketing tanto do produto quanto dos serviços (desenvolvimento do produto, fixação dos preços, determinação do ponto de venda, programa de promoção e desenvolvimento dos serviços envolvendo as pessoas, processos e prova física); seção do planejamento estratégico da carteira de negócio (decisões estratégicas sobre o crescimento/participação no mercado-alvo, novos negócios *versus* redução de negócios superados) e seção do planejamento econômico-financeiro do negócio (orçamentos, fluxo de caixa em relação ao custo do capital investido, capacidade de pagamento e lucratividade do empreendimento etc.).

O apêndice B esclarece os tipos de sociedades, incluindo razão social, impostos e encargos, como também o processo de abertura e registro nos órgãos competentes.

Parte I

Organização e autogestão nas cooperativas de crédito

Capítulo 1

Formação das cooperativas de crédito no Brasil e no mundo

No Brasil, as cooperativas de crédito são regulamentadas conforme os arts. 1.093 a 1.096 da Lei nº 10.406, do novo Código Civil, e o art. 18 da Lei nº 130, de 17 de abril de 2009, referente à nova legislação específica das cooperativas de crédito do Sistema Nacional de Cooperativas de Crédito (SNCC), que revoga o §3º do art. 10, o §10 do art. 18, o parágrafo único do art. 86 e o art. 84 da Lei nº 5.764, de 16 de dezembro de 1971, bem como os arts. 40 e 41 da Lei nº 4.595, de 31 de dezembro de 1964.[88]

Entende-se como *cooperativa de crédito* uma instituição financeira de natureza jurídica própria e civil, sem fins lucrativos, não sujeita a falência, constituída por profissionais liberais ou autônomos, funcionários públicos ou privados, microempresários ou microempreendedores, pequenos, médios ou grandes empresários, que se associam por iniciativa própria, sendo livre o ingresso de pessoas, desde que os interesses individuais relativos aos serviços de crédito ou poupança não sejam conflitantes com os objetivos sociais, políticos e econômicos da cooperativa.[89]

Exemplo

Suponha um grupo de pequenos lojistas ou microempreendedores estabelecidos no bairro X da cidade Y. Alguns compram e vendem gêneros alimentícios,

Continua

---

[88] Código Civil, 2000.
[89] Crúzio, 1994, 1999b, 2000, 2003a, 2006a.

> ferragens e materiais de construção, enquanto outros prestam serviços de lavanderia, cabeleireiro, conserto de calçados e roupas, instalações hidráulicas e elétricas etc.
>
> Tais lojistas ou microempreendedores poderiam formar uma cooperativa de crédito singular. Nesse caso, o principal objetivo da associação pode ser poupar e conceder o crédito para associados, a taxas e prazos melhores do que as ofertas da rede bancária ou financeira.
>
> Para tanto, todos os associados reunidos em AGS, sob direção do CA e fiscalização do CF, poderiam discutir e decidir as condições socioeconômicas para ingressar na associação, determinar as cotas-partes máxima e mínima de cada associado e composição do capital social. Ademais, os critérios para os empréstimos e taxas, tanto para o crédito produtivo quanto para remunerar a poupança etc. Tudo isso registrado no estatuto social da cooperativa e com cópia entregue para todos os associados.

Fonte: Adaptado de Crúzio (2000, 2003a, 2006a).

História das primeiras cooperativas de crédito no mundo

Após as primeiras experiências cooperativas dos operários das docas estatais das cidades Woolwich e Chaton, em 1763, dos trabalhadores da cidade Hull, em 1796, na Inglaterra, e das cooperativas dos operários da França, em 1853, e três anos depois da primeira cooperativa oficialmente registrada, a cooperativa Friendly Society, na cidade de Rochdale, em 1847, também na Inglaterra, surge em 1864, no povoado de Weyerbusch/Westerwald, na Alemanha, a primeira cooperativa de crédito popular. Sob o comando de Friedrich Wilhelm Raiffeisen, criou-se a cooperativa de crédito denominada Heddesdorf Darlehnskassenveirein (Associação de Caixas de Empréstimo Heddesdorf).[90]

Todas as cooperativas fundadas por Raiffeisen, tipicamente rurais, tinham como principais características a responsabilidade ilimitada e solidária dos associados, a singularidade de votos dos sócios, independentemente do número de cotas-partes, a área de atuação restrita, a ausência de capital social e a não distribuição de sobras, excedentes ou dividendos. Até hoje esse tipo de cooperativa é bastante popular na Alemanha, conhecida como cooperativa Raiffeisen.

Já Herman Schulze foi o pioneiro no que se refere às cooperativas de crédito urbanas. Organizou sua primeira "associação de dinheiro antecipado", em 1856, na cidade alemã de Delitzsch. Fez alguns acréscimos no modelo cooperativista Raiffeisen, como: o retorno das sobras líquidas proporcionalmente ao capital, a área de atuação não restrita e remuneração dos dirigentes e, dessa forma, as cooperativas

---

[90] Sobre os motivos, atores, valores e princípios dos primeiros movimentos cooperativistas no mundo, ver Crúzio (2000, 2003a, 2006a), Mladenatz (1969) e Cole (1944).

fundadas por ele passariam a ser conhecidas como "cooperativas do tipo Schulze-Delitzsch". Atualmente são conhecidas na Alemanha como bancos populares.

Baseado nos modelos das cooperativas alemãs, em 1865, na Itália, Luigi Luzzatti organizou a constituição das cooperativas de crédito italianas cujo modelo leva seu nome até hoje. No Brasil, por exemplo, as cooperativas, criadas com a denominação Luzzatti, têm as seguintes características: qualquer pessoa pode ingressar na associação (restrito o ingresso apenas pelo limite geográfico do pretendente, como município); cotas de capital de pequeno valor; concessão de crédito de pequeno valor sem garantias reais; não remuneração dos dirigentes; e responsabilidade limitada ao valor do capital subscrito.

Também Alphonse Desjardins, inspirado nos modelos Raiffeisen, Schulze-Delitzsch e Luzzatti, idealizou, em 1900, em Quebec, no Canadá, a constituição de uma cooperativa com as seguintes características: vínculo entre os sócios, reunindo grupos homogêneos como trabalhadores de uma mesma fábrica, funcionários públicos etc. No Brasil, esse tipo de cooperativa é conhecido como cooperativa de crédito mútuo.

História das cooperativas de crédito no Brasil

Foi em 28 de dezembro de 1902, na localidade de Linha Imperial, município de Nova Petrópolis, no Rio Grande do Sul, que surgiu a primeira cooperativa de crédito brasileira, a Caixa de Economia e Empréstimos Amstad, posteriormente denominada Cooperativa de Crédito de Nova Petrópolis. Sob a orientação e incentivo do padre suíço Theodor Amstad, adotaram-se inicialmente as caixas Raiffesein, modelo cooperativista alemão baseado no princípio cristão de "amor ao próximo" e do auxílio de caráter filantrópico e na valorização da formação moral dos associados.

No dia 19 de dezembro de 1912, foi fundada em Porto Alegre uma cooperativa central mista com seção de crédito, a União das Cooperativas Riograndense de Responsabilidade Ltda. Provavelmente foi a primeira cooperativa central a operar com crédito no Brasil, tendo como filiadas várias cooperativas agrícolas. Mais tarde, na cidade do Rio de Janeiro, foi constituída a Federação dos Bancos Populares e Caixas Rurais do Brasil, sendo a primeira federação de cooperativas de crédito do Brasil.

Com o passar do tempo, foram surgindo os bancos cooperativos respaldados pelo Decreto-Lei nº 22.239, de 19 de dezembro de 1932, e inspirados no modelo de banco popular, criado na Itália por Luigi Luzzatti, em 1864. Esse modelo de banco cooperativo baseava-se no princípio *self-hel*, que admitia a ajuda estatal em caráter supletivo. Noutros termos, os incentivos estatais deveriam desaparecer assim que a sociedade estivesse em condições de resolver seus problemas por si mesma.

Em 1938, foi publicado o Decreto-Lei nº 581, de 1º de agosto de 1938, que estabeleceu o registro administrativo para as cooperativas de crédito junto à Diretoria de Organização e Defesa de Produção do Ministério da Agricultura, mais tarde substituído pelo Serviço de Economia Rural (SER), ligado ao mesmo ministério. Em 1945, coube a esse órgão fiscalizar as cooperativas em geral, embora pudesse delegar suas atribuições a outros órgãos técnicos. Assim, em 1957, ficou estabelecido que as cooperativas de crédito seriam também fiscalizadas pela Superintendência da Moeda e do Crédito (Sumoc), órgão da Secretaria da Fazenda. Tais órgãos e medidas legais não foram suficientes para fiscalizar e sanear o segmento das cooperativas de crédito. Dessa forma, em 21 de novembro de 1966, por meio do Decreto-Lei nº 59, criou-se o Conselho Nacional de Cooperativismo (CNC), que subordinou as cooperativas de crédito e as seções de crédito das cooperativas agrícolas mistas à fiscalização e controle do Banco Central do Brasil.

No final de 1967, o governo militar cassou o registro e a autorização de funcionamento de mais de 2 mil cooperativas de crédito e bancos populares. Assim, permaneceram em suas atividades cerca de 20 cooperativas de crédito tipo Luzzatti. Em 1970, cerca de 50 cooperativas de crédito rural do Rio Grande do Sul, tipo Raiffeisen, foram fechadas. Igualmente a Central das Caixas Rurais, sediada em Porto Alegre. Vale observar, a causa teria sido a oposição dos bancos, sob alegação de que, oferecendo juros mais baixos, a concorrência das cooperativas de crédito seria desleal. Nessa ocasião, as cooperativas de economia e crédito mútuo, ora apoiadas por dom Helder Câmara, bispo auxiliar do estado do Rio de Janeiro e secretário da Confederação Nacional dos Bispos do Brasil (CNBB), sofreram intensa fiscalização do Banco Central. No entanto, nenhuma delas foi fechada.

Em 1982, depois das fortes intervenções do Estado e do enfraquecimento das cooperativas de crédito pela ditadura militar, a Federação das Cooperativas de Trigo (Fecotrigo), sediada em Porto Alegre, liderada por Mário Kruel Guimarães, iniciou a reorganização do sistema cooperativo de crédito rural.[91] Foram constituídas 13 cooperativas, como também a Cooperativa Central de Crédito Rural do Rio Grande do Sul (Cocecrer), órgão do Sistema Integrado de Crédito Rural do Rio Grande do Sul, conhecido como Sistema de Crédito Cooperativo (Sicredi). Assim, os modelos organizacionais cooperativistas da Cocecrer e Sicredi serviram de base para a implantação das cooperativas federações de crédito em outras regiões brasileiras.[92]

Institucionalização das cooperativas de crédito no Brasil

Hoje é o Conselho Monetário Nacional (CMN) que institui as leis e normas de regulação das cooperativas de crédito, enquanto o BC fiscaliza suas operações. Assim, as cooperativas de crédito devem seguir os dispositivos da Lei nº 130, de 17 de abril de 2009, que regula suas operações, e da Lei nº 5.764, de 1971,

---

[91] Sobre intervenção do Estado e consequências na autonomia e independência organizacional e administrativa das cooperativas brasileiras, ver Crúzio (2006a).

[92] Schneider, 1991; Luz Filho, 1991; Bugarelli, 1965.

que define a política nacional das sociedades cooperativas, como também a Resolução nº 3.106, de 2003, que disciplina a constituição e o funcionamento dessas instituições.[93]

Sob as referidas leis e resolução, o cooperativismo de crédito brasileiro atua por meio de cinco sistemas. São eles:

- Sistema de Crédito Cooperativo (Sicredi) — é composto por uma cooperativa confederação (Sicredi Serviços) e o Banco do Sistema de Crédito Cooperativo S.A. (Bansicred);
- Sistema de Cooperativa de Crédito do Brasil (Sicoob) — é composto por uma cooperativa confederação (Sicoob Brasil) e o Banco Cooperativo do Brasil S.A. (Bancoob);
- Sistema de Crédito das Cooperativas Unimeds (Unicredi) — era composto por uma cooperativa confederação (Unicredi do Brasil), nove cooperativas centrais e 138 cooperativas singulares, até 2006;
- Crédito da Agricultura Familiar (Cresol) — é composto por duas cooperativas centrais e sete bases regionais;
- Central de Cooperativas de Crédito e Economia Solidário (Ecosol) — era composta por uma cooperativa central, uma base regional e 26 cooperativas singulares, até 2006.

O Bansicred e o Bancoob são os sistemas mais expressivos em números de cooperativas filiadas e ativos. O primeiro foi criado em 1995, com sede em Porto Alegre. Já o Bancoob foi criado em 1997, com sede no Distrito Federal. Ambos são classificados como instituições de direito privado, denominados bancos cooperativos comerciais múltiplos, conforme a Resolução nº 2.193, de 31 de agosto de 1995, do CMN e autorização de funcionamento do BC de 21 de julho de 1997.[94]

Tanto o Bansicredi quanto o Bancoob são responsáveis pelas operações de liquidação financeira e pela compensação das cooperativas centrais de crédito e das cooperativas singulares de crédito filiadas, uma vez impedidas pela legislação em vigor de acessar o serviço de compensação de cheques e outros documentos, a reserva bancária (conta que cada banco tem no BC) e o mercado interfinanceiro (negociação entre bancos). Vale observar, em agosto de 2006, o CMN aprovou medida para as cooperativas de crédito fazerem captações, diretamente, no mercado via operações de depósitos interfinanceiros (DI). Condição que possibilita ampliar o volume de crédito ao setor e reduzir os *spreads* bancários, devido ao aumento da concorrência entre bancos comuns e cooperativas singulares de crédito.[95]

---

[93] Pinheiro, 2005.

[94] Pinheiro, 2005; Paraíso, 2004; "Cooperativa tem..." (*Valor Econômico*, 29, 30 e 31 ago. 2008).

[95] "Cooperativas ganham..." (*DCI*, 1 set. 2006).

O Bansicredi, que atende às cooperativas que integram o Sicredi, atua nos estados do Rio Grande do Sul, Paraná, Mato Grosso, Mato Grosso do Sul e São Paulo, como instrumento das cooperativas de crédito para acessar o mercado financeiro e programas especiais de financiamento. Ademais, administra em escala os recursos de suas filiadas e desenvolve produtos corporativos e políticas de comunicação. Ao ser transformado em banco múltiplo, o Bansicredi ampliou suas operações, incluindo crédito rural, corretora de seguros, administração de cartões dos bancos cooperativos, entre outras carteiras dos serviços bancários.

Até 1999, o Bansicredi agrupava 720 cooperativas, com 725.050 associados. Do total de cooperativas, 38,75% eram de trabalho, 27,91% agropecuárias e 11,94% de crédito (rural mútuo). Com relação ao total de associados, 34,48% eram das cooperativas agropecuárias, 24,82% atuavam em cooperativas de energia e telecomunicações e 22,06% estavam filiados à cooperativa de crédito. Ademais, o Bansicredi começou a operar com clientes pessoa jurídica, como padarias e outros pequenos negócios. Vale observar, a atuação do Bansicredi com pessoa jurídica faz perder os benefícios especiais destinados às cooperativas, devendo seguir as normas do BC, adotadas pelos demais bancos, tais como aplicação do compulsório sobre depósito à vista e a prazo e recolhimento dos impostos. Mesmo assim, o custo das operações é inferior aos demais bancos.[96]

O Bancoob, até setembro de 2006, era constituído por 792 cooperativas singulares de crédito, 14 cooperativas centrais de crédito e uma cooperativa confederação de crédito, com 1,5 mil pontos de atendimentos, distribuídos em 22 estados, correspondendo a uma carteira de 1,2 milhão de clientes.[97] Além dos serviços de compensação de cheques e outros papéis, presta assessoria operacional, técnica, jurídica, contábil, financeira às cooperativas singulares de crédito filiadas, mediante convênios com as cooperativas centrais, sediadas em vários estados brasileiros. As cooperativas centrais são cooperativas de segundo grau, ou melhor, o quadro de associados é formado, exclusivamente, por representantes das cooperativas singulares. Assim, as cooperativas centrais participam das definições estratégicas do Bancoob, voltadas às necessidades das cooperativas singulares que integram o Sicoob, tanto urbanas quanto rurais. Por sua vez, as cooperativas singulares de crédito prestam serviços diretamente aos seus sócios cooperados.[98]

É importante frisar que as cooperativas singulares de crédito não são agências do Bancoob ou Bansicredi, mas instituições financeiras independentes e autônomas, fiscalizadas pelo BC, ou melhor, têm diretoria administrativa e conselho

---

[96] "Banco de cooperativa..." (*Gazeta Mercantil*, 5 mar. 2002).

[97] "Banco do Brasil". Disponível em: <www.portaldocooperativismo.org.br/sescoop>. Acesso em: 18 set. 2006.

[98] Bonfim, 2005.

fiscal, sendo seus integrantes eleitos em AGS. Têm sede própria e mantêm registro na Junta Comercial e no Cadastro Nacional de Pessoa Jurídica (CNPJ).

Vale observar, o papel de fiscalizador das cooperativas centrais de crédito, nas operações das cooperativas singulares filiadas, passa para a Confederação Nacional de Auditoria Cooperativa (CNAC), constituída pelos sistemas Sicredi, Unicred e Sicoob. Objetiva a CNAC evitar conflitos de interesses, já que dirigentes das centrais cooperativas são eleitos por cooperativas singulares. Tanto as cooperativas singulares de crédito quanto as centrais obrigam-se a dar informações sobre suas operações para a central de risco do BC, pois, se uma cooperativa singular de crédito fracassar financeira ou economicamente, tanto os associados quanto as demais cooperativas singulares de crédito filiadas ao Bansicredi ou Bancoob terão de arcar com os prejuízos. Por isso, as cooperativas singulares de crédito são obrigadas a recolher parte das sobras líquidas de patrimônio para provisão preventiva. Assim, do dinheiro captado, 80% são destinados para empréstimos para seus sócios, enquanto 20% desses recursos ficam disponíveis para dar liquidez ao sistema, montante aplicado em títulos públicos por intermédio dos bancos comerciais.

De forma resumida, as cooperativas singulares de crédito funcionam como uma agência bancária, ou seja, captam dinheiro, emprestam e no fim do dia apuram o saldo (sobras líquidas) das operações e o remetem às cooperativas centrais às quais são filiadas.

Representações locais e internacionais das cooperativas de crédito

As cooperativas de crédito locais e internacionais são representadas pelas seguintes instituições:[99]

❑ International Cooperative Alliance (ICA) — representa todas as cooperativas do mundo. Fundada em Londres, em 1895, é constituída pelos representantes eleitos pelas cooperativas filiadas de todos os segmentos. Assim, a ICA conta com mais de 230 organizações entre seus membros, de mais de 100 países, que representam mais de 730 milhões de pessoas de todo o mundo. A ICA foi a primeira organização não governamental a participar do Conselho Consultivo das Nações Unidas (ONU). Tem como objetivo reproduzir o ideário cooperativista, baseado nos valores dos primeiros movimentos cooperativistas: a equidade, a liberdade e a fraternidade, bem como promover e fortalecer um cooperativismo autônomo. Assim, promove congressos anuais em diversas partes do mundo;

---

[99] Schneider, 1991; Pinheiro, 2005; Crúzio, 2000, 2003a, 2006a; ICA, 1930, 1934, 1937, 1966, 1969.

- Conselho Mundial das Cooperativas de Crédito (WOCCU) — sediado em Madison, Wisconsin, EUA, foi fundado em 1971 e possui membros filiados em 84 países. Tem como função representar as cooperativas de crédito mundialmente, divulgar matérias de interesse do cooperativismo de crédito, promover intercâmbio entre cooperativas de crédito, apoiar a criação de entidades de representação de cooperativas de crédito, propor modelos estatutários, incentivar a autogestão, prestar serviços de assistência técnica em gestão financeira e implementar projetos de desenvolvimento;
- Associação Internacional dos Bancos Cooperativos (ICBA) — atua na promoção da cooperação entre os bancos cooperativos dos países desenvolvidos e em desenvolvimento, na condição de organização especializada da ICA, fundada em 1922 pelos bancos cooperativos. A ICBA possui 55 membros pelo mundo;
- Organização das Cooperativas Brasileiras (OCB) — criada por decreto ainda na década de 1930, com a intervenção do governo central no movimento, até hoje representa formalmente o sistema nacional de cooperativas, por intermédio das Organizações das Cooperativas Estaduais (OCEs), em cada estado brasileiro. Vale observar, foi criada em 2005 a União Nacional das Cooperativas da Agricultura Familiar e Economia Solidária (Unicafes), entidade representativa das cooperativas de crédito e demais segmentos desvinculados do sistema OCB/OCEs.[100] Entre os movimentos que originaram a Unicafes se destacam a Associação Nacional do Cooperativismo de Crédito da Economia Familiar e Solidária (Ancosol), o Movimento dos Trabalhadores Rurais Sem Terra (MST), a Associação Nacional dos Trabalhadores em Empresas de Autogestão e Participação Acionária (Anteag) e a Fundação Interuniversitária de Estudos e Pesquisas sobre o Trabalho (Unitrabalho);[101]
- Associação Nacional do Cooperativismo de Crédito da Economia Familiar e Solidária (Ancosol) — criada em 2004, reúne as cooperativas centrais de crédito voltadas para a economia familiar e solidária. Atualmente, conta com o apoio do Ministério do Desenvolvimento Agrário (MDA) para a organização de cooperativas de crédito;
- Confederação Brasileira das Cooperativas de Crédito (Confebrás) — é a primeira confederação de cooperativas de crédito no Brasil, instituição não financeira de representação política de suas filiadas;
- Confederação Nacional das Cooperativas Centrais Unicreds (Unicred do Brasil) — é órgão representativo do sistema Unicred;

---

[100] "Cooperativas criam..." (*Gestão Cooperativa*, jun./jul. 2005).
[101] Sobre ideologia geradora do sistema OCB/OCEs, submissão institucional às relações políticas de poder e dominação do Estado e consequências na autonomia e independência das cooperativas, divisão e enfraquecimento do movimento etc., ver Crúzio (2006a).

- Confederação Interestadual das Cooperativas Ligadas ao Sicredi (Sicredi Serviços) — é órgão representativo do sistema Sicredi;
- Confederação Nacional das Cooperativas do Sicoob Ltda. (Sicoob Brasil) — é órgão representativo do sistema Sicoob;
- Banco do Sistema de Crédito Cooperativo S.A. (Bansicred) — é banco cooperativo múltiplo controlado pelas centrais de crédito filiadas;
- Banco Cooperativo do Brasil S.A. (Bancoob) — é banco cooperativo comercial controlado pelas centrais de crédito filiadas.

Capítulo 2

Classificação e tipos de cooperativas de crédito

A seguir, a classificação das cooperativas de crédito brasileiras.

Cooperativas singulares. São criadas por no mínimo 20 pessoas físicas ou jurídicas para prestar serviços do crédito e/ou poupança, diretamente aos associados.

Exemplo

Uma cooperativa de crédito formada por trabalhadores extrativistas ou pequenos produtores da atividade rural, com sede na cidade de Uruçuí, estado do Piauí. Nesse caso, o objetivo pode ser a poupança local e o crédito produtivo aos associados a taxas e prazos melhores do que os oferecidos pela rede bancária ou financeira.

Fonte: Adaptado de Crúzio (2000).

Cooperativas centrais ou federações. São criadas para prestar assessoria técnica, como também para fiscalizar as operações de no mínimo três cooperativas singulares de crédito filiadas, orientando e integrando suas atividades.

Exemplo

Uma cooperativa central de crédito, formada por representantes eleitos nas AGS de diversas cooperativas singulares do estado do Rio de Janeiro, com

---

Continua

> sede na cidade do Rio de Janeiro. Nesse caso, o objetivo pode ser intermediar os serviços de assessoria operacional, técnica, jurídica, contábil e financeira do Bancoob, por exemplo, às cooperativas singulares filiadas. Igualmente os serviços de compensação de cheques e outros papéis.

Fonte: Adaptado de Crúzio (2000).

Cooperativas confederações. São criadas para representar os interesses institucionais, financeiros e comerciais de no mínimo três cooperativas centrais ou federações filiadas, orientando e integrando suas atividades.

Exemplo

Uma cooperativa confederação, sediada no Distrito Federal, formada por representantes eleitos nas AGS de diversas cooperativas centrais ou federações da região Nordeste. Nesse caso, o objetivo pode ser captar recursos para o crédito produtivo e poupança regional junto às organizações da sociedade civil de interesse público (Oscips), sociedades de crédito ao microempreendedor (SCMs) ou organizações não governamentais (ONGs), locais e internacionais, envolvidas com projetos sociais autossustentáveis.

Fonte: Adaptado de Crúzio (2000).

Tipos de cooperativas de crédito

São seis os tipos de cooperativas, assim denominados:[102] cooperativas de crédito mútuo vinculadas às empresas públicas ou privadas, cooperativas de crédito mútuo vinculadas à profissão ou atividades, cooperativas de crédito mútuo vinculadas a pequenos empreendimentos, cooperativas de crédito mútuo vinculadas a empresários, cooperativas de crédito mútuo de livre admissão e cooperativas de crédito rural.

Cooperativas de crédito mútuo vinculadas às empresas públicas ou privadas. São formadas por empregados ou servidores e prestadores de serviço em caráter não eventual de determinada empresa pública ou privada, conglomerado econômico, conjunto definido de órgãos públicos, conjunto definido de pessoas jurídicas que desenvolvam atividades idênticas ou estreitamente correlacionadas por afinidade ou complementaridade.

---

[102] Banco Central do Brasil. Disponível em: <www.bcb.gov.br>. Acesso em: nov. 2004.

Exemplo

No setor privado, a Cooperativa de Crédito do Sindicato dos Metalúrgicos do ABC (CredABC), no estado de São Paulo, foi fundada em agosto de 2003. Até abril de 2005 já tinha 585 cooperados e acumulava capital de R$ 285 mil.

Para ingressar na CrediABC, o filiado ao sindicato precisa adquirir cotas-partes de no mínimo R$ 155, valor que pode ser dividido em até quatro vezes. Assim, se alguém trabalha numa empresa conveniada com a cooperativa para desconto de empréstimo em folha de pagamento, a concessão é imediata. Caso contrário, o interessado deverá preencher cheques pré-datados no valor das prestações e apresentar um avalista. Depois de inscrito, o cooperado precisa depositar pelo menos R$ 10 mensais.

A CrediABC já fez 320 empréstimos, de valor médio de R$ 1,3 mil cada. A taxa de juros é de 2,3%, mais TR, enquanto nos bancos comerciais a taxa média do cartão de crédito está em torno de 10,13% ao mês.

Vale observar, na CrediABC, essa taxa vai decaindo à medida que as prestações são pagas. Ou melhor, com a adoção de juros simples, os juros recaem apenas sobre o saldo devedor, e não sobre o total do empréstimo. Por exemplo, se alguém toma R$ 1 mil de crédito, na segunda parcela o cálculo do juro vai descontar o valor da primeira parcela e assim sucessivamente. Ademais, não há nenhuma tarifa e o capital depositado pelos cooperados é remunerado pela taxa da poupança mais 10% sobre ela.[103]

Outras cooperativas de crédito mútuo, vinculadas às empresas privadas, também no estado de São Paulo, já oferecem produtos variados além do crédito pessoal. Por exemplo, a Cecreb, cooperativa do conglomerado Battistella, que reúne 12 empresas, até junho de 2001, mantinha 31 linhas de financiamento para seus funcionários associados. Com taxas de juros que variam de 1,5% no caso de empréstimos para viagens e 3,8% para a compra de veículos em até 48 parcelas.[104]

A CooperMerck, cooperativa do laboratório Merck Sharp & Dohme, também no estado de São Paulo, além do crédito pessoal, em junho de 2001, projetava ampliar para seus associados seu portfólio, com seguros residenciais, de vida e para veículos, franquia, a taxas entre 0,59% e 1% ao mês. Já a Cooperativa de Economia e Crédito Mútuo dos Funcionários das Empresas Rhodia Controladas e Coligadas (CredRhodia), na cidade de Paulínia, estado de São Paulo, fechou acordo com um fabricante do setor de informática para financiar computadores para seus associados em até 24 meses.

Continua

---

[103] "Boa governança..." (*Gestão Cooperativa*, jun./jul. 2006); "Cooperativa de crédito..." (*Diário do Grande ABC*, 30 abr. 2005).

[104] "Mais capital..." (*Rumos*, set./out. 2006; Bonfim, 2005; "Cooperativas estão..." (*Folha de S. Paulo*, 18 jun. 2001).

> No setor público, a Cooperativa de Economia e Crédito Mútuo dos Funcionários de Instituições Financeiras Públicas Federais (Cooperforte) é uma das maiores do setor e, até o fim de 2002, contava com cerca de 57.500 cooperados. O quadro de associados da Cooperforte é constituído de funcionários do Banco do Brasil, BC, CEF, Banco do Nordeste, Basa e BNDES. Segundo seu presidente, o volume de crédito concedido no ano de 2002 foi de R$ 241.334 mil, tendo uma receita bruta de R$ 38.892 mil e sobras brutas de R$ 9.372 mil. Ademais, na época, previa para 2003 conceder R$ 315 milhões de crédito, obter receita bruta de R$ 51.370 mil e sobras líquidas de R$ 13.336 mil.[105]

Cooperativas de crédito mútuo vinculadas à profissão ou a atividades. São formadas por pessoas dedicadas às atividades ou profissões regulamentadas (médico, advogado, engenheiro etc.), atividades definidas quanto à especialização (pedreiro, padeiro, caminhoneiro, feirante de produtos hortifrutigranjeiros etc.), profissionais que exercem atividades idênticas ou estreitamente correlacionadas por afinidade ou complementaridade (médicos e odontólogos, engenheiros e arquitetos etc.).

Exemplo

A cooperativa de crédito mútuo Unicredi, sediada na Baixada Santista, estado de São Paulo, até 2003, mantinha 1.500 associados, entre profissionais da área da saúde e afins: médicos, biólogos, enfermeiros, psicólogos, dentistas, veterinários, farmacêuticos, fonoaudiólogos, nutricionistas, assistentes sociais, fisioterapeutas e professores de educação física. Assim, em 2002, a Unicredi alcançou sobras líquidas de R$ 2 milhões, sendo que a AGS decidiu capitalizar uma parte no patrimônio da cooperativa, distribuir outra aos associados e utilizar mais uma parte para a festa de final de ano, com sorteio de prêmios para seus associados.

Entre os serviços da Unicredi, há a oferta de crédito pessoal aos associados à taxa de juros de 4,99%, contra 8% a 10% nos bancos comuns. Já o dinheiro aplicado pelos associados recebe remuneração de 1,9% ao mês. Ademais, desconta cheques pré-datados e emite talões de cheques. Tudo isso sem cobrar taxas administrativas pelos serviços prestados aos associados.[106]

---

[105] Cabral, 2003.
[106] "Empresários aderem..." (*A Tribuna*, 20 jul. 2003).

Cooperativas de crédito mútuo vinculadas a pequenos empreendimentos. São formadas por pequenos empresários, microempresários ou microempreendedores, responsáveis por negócios industriais, comerciais ou prestação de serviços.

Exemplo

A Cooperativa de Economia e Crédito Mútuo dos Comerciantes de Confecções de Itaúna (Itacred), na cidade de Itaúna, estado de Minas Gerais, é formada por pequenos comerciantes. Até 2000, para fazer parte da Itacred, o interessado precisaria integralizar no mínimo 600 cotas-partes, no valor de R$ 1 cada.

A concessão de crédito ao associado passava por um comitê de crédito, composto pelos diretores do CA da cooperativa. Se aprovado no processo, depois de 30 dias, o comerciante poderia realizar todas as operações disponíveis, mediante taxas de juros de 2,8%, iguais para todos os cooperados, e para qualquer modalidade de crédito. Já na captação, as taxas variavam entre 1,2% e 1,7% ao mês, dependendo do volume aplicado pelo associado.[107]

Já a cooperativa de crédito mútuo Credilitoral, sediada na Baixada Santista, no estado de São Paulo, foi criada por 90 empresários do setor têxtil, donos de confecções, lojistas e demais profissionais da área. Em operação desde setembro de 2003, a Credilitoral admite empreendedores daquela região, mediante a aquisição de até três cotas-partes, cada uma no valor mínimo de R$ 500.

Entre as vantagens econômicas para os associados da Credilitoral, estão: 4,5% ao mês de juros do cheque especial mais barato que nos grandes bancos, cobram juros entre 8% e 10%. Enquanto a rede bancária cobra taxa de serviço em torno de R$ 90 mensais para 200 folhas de cheques depositadas, a Credilitoral cobra apenas R$ 4,50 ao mês pelo mesmo serviço. Ademais, a Credilitoral remunera as aplicações de seus associados com juros de 2,2% ao mês.[108]

Cooperativas de crédito mútuo vinculadas a empresários. São formadas por empresários participantes de empresas vinculadas diretamente a um mesmo sindicato patronal ou direta ou indiretamente à associação patronal de grau superior, em funcionamento há três anos no mínimo, quando da constituição da cooperativa.

---

[107] "Comércio e indústria..." (*Gazeta Mercantil*, 11 out. 2000).
[108] "Cooperativa de crédito" (*Rumos*, maio/jun. 2006).

Exemplo

A Federação das Indústrias de Brasília (Fibra), em conjunto com alguns sindicatos do Distrito Federal, criou a primeira cooperativa de crédito múltiplo do Brasil, a Credindústria. Vinculada ao Sicoob, a Credindústria tem como objetivo captar recursos do Banco Nacional de Desenvolvimento Econômico e Social (BNDES), como também depósitos dos empresários da indústria, comércio e serviços; micro e pequenos empresários da indústria; sindicalistas e profissionais liberais.

Além disso, procura oferecer aos associados o crédito a taxas de juros inferiores às dos bancos comuns, para fomentar as atividades produtivas no Distrito Federal. Assim, até 2004, a Credindústria já contava com 150 sócios. Entre capitalização, depósitos e aplicações detinha R$ 1 milhão, com capacidade de empréstimo de R$ 5 milhões.[109]

Igualmente fizeram a Federação do Comércio do Estado de São Paulo (Fecomércio) e a Federação das Indústrias do Estado de São Paulo (Fiesp).[110] A Fiesp, por exemplo, em conjunto com os empresários do estado de São Paulo, criou três cooperativas de crédito. Uma delas, pertencente ao Sistema de Crédito (Sicredi), CiespABC Paulista, funciona em São Bernardo, com 150 cooperados, e já concede empréstimos que giram em torno de R$ 25 mil e R$ 30 mil.

Para fazer parte desse sistema de crédito, o empresário tem de fazer um depósito inicial de R$ 2 mil, sendo microempresário, e até R$ 20 mil, sendo grande empresário, divididos em até 15 vezes. Assim, até abril de 2005 o Sicredi acumulava um capital de R$ 400 mil, com perspectiva de dobrá-lo.[111]

Cooperativas de crédito mútuo de livre admissão. São formadas por profissionais de áreas ou atividades diversas cujo quadro social é delimitado apenas em função de área geográfica.

Exemplo

A Cooperativa de Crédito de Guarulhos, no estado de São Paulo, uma das mais antigas cooperativas do país, admite qualquer pessoa para seu quadro social.

Continua

---

[109] Costa, 2006; "Cooperativa de crédito..." (*Gazeta Mercantil*, 6 jul. 2004).
[110] Cabral, 2003; "Central orienta..." (*DCI*, 21 maio 2002).
[111] "Alternativa promissora" (*Rumos*, nov./dez. 2006); "Cooperativa de crédito..." (*Diário do Grande ABC*, 30 abr. 2005).

Segundo seu presidente, para fazer parte da associação, o interessado precisa residir ou trabalhar na cidade de Guarulhos e ser apresentado por outro sócio da cooperativa. Ademais, precisa abrir uma conta, no valor de R$ 200, mais R$ 50 para adquirir uma cota-parte, referente ao capital social, e R$ 15, de taxa para levantar o nome do interessado junto às instituições de crédito ao consumidor. Assim, até abril de 2003, a cooperativa mantinha em seu quadro social cerca de 2.800 cooperados.[112]

Por exemplo, uma professora aposentada de 75 anos, em março de 2004, fez um empréstimo de R$ 12.500 na cooperativa, para liquidar suas dívidas em vários cartões de crédito. Nesse caso, a primeira prestação foi de R$ 1 mil, enquanto o valor da última parcela estava estimado em R$ 643,75, devido ao decréscimo de 18,75% ao mês, nas mensalidades subsequentes. No mesmo empréstimo, numa financeira, seriam cobrados juros de 11,99% ao mês, com prestação mensal acrescida em R$ 1.672,44. Assim, com a taxa mensal de 11,99%, a professora pagaria, na época, juros anuais de 289,18%, enquanto na cooperativa seriam apenas 45,12% ao ano.[113]

Cooperativas de crédito rural. São formadas por pessoas que desenvolvem, na área de atuação da cooperativa e de forma efetiva e predominante, atividades agrícolas, pecuárias ou extrativas ou que se dediquem a operações de captura e transformação do pescado.

Exemplo

A Cooperativa de Crédito Rural de Rolândia Ltda. (Credicorol), na cidade de Rolândia, estado do Paraná, até novembro de 2001, mantinha 1.717 associados. Na época, tinha nove postos de atendimento instalados nas cidades vizinhas e aceitava qualquer pessoa para fazer parte de seu quadro de sócios, desde que agricultor.

Tendo como fonte de compensação de papéis o BB, a Credicorol funciona como uma instituição financeira comum, sujeita às regras do BC. Assim, capta recursos nos bancos públicos e privados e repassa para seus associados, na forma de adiantamento da safra. Pelo adiantamento, são cobrados dos produtores juros de 6% ao ano, o que equivale, em média, a 1,8% ao mês. Outros serviços dão rentabilidade para a Credicorol, como as aplicações dos associados.[114]

---

[112] Costa, 2006; "BC detecta..." (*Folha de S. Paulo*, 13 abr. 2003).
[113] "Por que a cooperativa..." (*O Estado de S. Paulo*, 12 jul. 2004).
[114] "Cooperativa lucra..." (*Gazeta Mercantil*, 7 a 13 nov. 2001).

Exigências do BC com relação às modalidades das cooperativas de crédito

Conforme o Departamento de Organização do Sistema Financeiro, da Diretoria de Normas e Organização do Sistema Financeiro do BC:[115]

❑ as cooperativas de crédito mútuo, vinculadas às empresas públicas ou privadas, deverão comprovar as interligações societárias ou administrativas existentes. Quando formadas por servidores de órgãos públicos, poderão associar-se os servidores públicos em geral, pertencentes aos três poderes (Executivo, Legislativo e Judiciário), nas três esferas (federal, estadual e municipal), lotados na área de ação da sociedade. É preciso especificar o tipo de órgão no estatuto social da cooperativa;

❑ as cooperativas de crédito mútuo, vinculadas à profissão ou atividades, deverão caracterizar no estatuto social o campo genérico de trabalho a que pertencem as atividades ou profissões dos integrantes, seguido da expressão: "conforme Classificação Brasileira de Ocupações (CBO), divulgada pelo Ministério do Trabalho". Esse campo genérico de trabalho pode ser pesquisado no site: <www.mtb.gov.br>;

❑ pode ser constituída mais de uma cooperativa de crédito em áreas de ação coincidentes ou não, independentemente do seu tipo e desde que adotada denominação social diferenciada;

❑ a cooperativa de crédito somente pode admitir associados nas condições previstas no seu estatuto social, conforme a modalidade escolhida pelo grupo;

❑ além dos seis tipos de cooperativas de crédito, o BC pode aprovar, a seu critério, pedidos de fusão, de incorporação e de continuidade de funcionamento de cooperativas de crédito, sendo que as condições de admissão de associados na nova cooperativa devem preservar os públicos-alvo anteriormente atendidos pelas cooperativas envolvidas. Assim, dentro dessa particularidade, pode vir a existir cooperativa de tipo misto, que contemple, por exemplo, vínculos às empresas públicas ou privadas e vínculos a profissões ou atividades.

Órgãos básicos de uma cooperativa de crédito

Os órgãos básicos AGS, CF, CE e CA — este último constituído pelos cargos do presidente, do diretor e do secretário — de todo e qualquer tipo de cooperativa de crédito, são hierarquizados conforme o organograma da figura 1.[116]

---

[115] Banco Central do Brasil. Disponível em: <www.bcb.gov.br>. Acesso em: nov. 2004.
[116] Sobre normas estatutárias para criar órgãos, determinar a autoridade e responsabilidade de seus titulares etc., ver Crúzio (2000).

Além dos órgãos básicos da cooperativa é preciso criar a estrutura de apoio técnico ou especializado nas áreas contábil, econômico-financeira, mercadológica e gestão do conhecimento ou pessoas, mediante a contratação de profissionais habilitados no mercado de trabalho. No entanto, é fundamental a participação de todos os sócios nos processos, tanto de elaboração das decisões no CA quanto no controle das ações no CF, por intermédio da AGS. É importante reunir-se nas assembleias porque é o foro máximo para discutir e opinar sobre as operações contábeis, financeiras e econômicas da cooperativa, como também para expor os interesses, necessidades ou grau de satisfação de cada associado, com relação ao crédito, poupança etc.[117]

Figura 1
Órgãos básicos de uma cooperativa de crédito

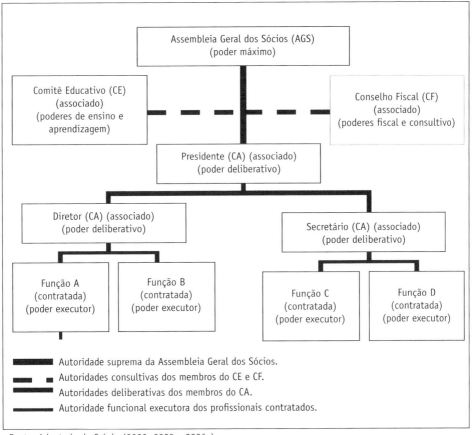

Fonte: Adaptado de Crúzio (2000, 2003a, 2006a).

[117] Sobre estratégias e técnicas para promover a participação dos associados nas decisões do CA, CF e CE, via AGS, isto é, a autogestão, ver Crúzio (2000, 2003a).

CF, pela contagem dos votos de pelo menos a metade mais um dos participantes nas AGS. É preciso exigir dos candidatos propostas ou projetos de trabalho ou gestão, coerentes com a missão social, política e econômica de cada modalidade de cooperativa de crédito. Tais plataformas devem ser discutidas e votadas nas reuniões da AGS, levando em conta os interesses ou necessidades da maioria e, em especial, os critérios para concessão do crédito, taxas para remunerar a poupança etc., pois o associado, além de tomador e poupador de recursos na cooperativa, é dono e responsável pelo sucesso ou fracasso do empreendimento.[118]

---

[118] Sobre critérios para eleições dos dirigentes e fiscais nas cooperativas, ver Crúzio (2000).

Capítulo 3

Vantagens das cooperativas de crédito com relação a bancos e viabilização das MPEs e APLs

As cooperativas de crédito proporcionam muitas vantagens financeiras e econômicas aos associados, com relação à rede bancária e financeira. Quanto às vantagens econômicas, eis as mais importantes:

- ❏ nos bancos comuns o lucro vai para um pequeno grupo de acionistas, enquanto nas cooperativas de crédito todos os associados participam dos ganhos, conforme o investimento de cada um. Ademais, há rateio das despesas entre os integrantes da cooperativa de acordo com a participação de cada associado;
- ❏ nos bancos comuns, há incidência de IOF, como também tarifas para abertura de conta ou transações financeiras diversas, enquanto nas cooperativas de crédito não existe nenhuma taxa para incluir o associado em cadastro;
- ❏ nas cooperativas de crédito a análise e liberação de crédito ocorrem em menor tempo, com relação à rede bancária ou financeira, já que o tomador do financiamento é membro da própria cooperativa;
- ❏ nas cooperativas de crédito existe menor risco de inadimplência, uma vez que o crédito é concedido sobre a folha de pagamento;
- ❏ as cooperativas de crédito podem receber doações de terceiros ou financiamentos dos governos municipal, estadual ou federal e, ao mesmo tempo, gerar renda para associados a partir da poupança produzida pelos recursos dos próprios associados;
- ❏ as cooperativas de crédito podem funcionar com custos menores, com relação à rede bancária ou financeira, porque não têm muitas agências e, geralmente, empregam cerca de 20 funcionários;

- nas cooperativas de crédito não há incidência de imposto sobre operações financeiras (IOF) nem recolhimento do Programa de Integração Social (PIS) ;
- nas cooperativas de crédito o ato cooperado (transação financeira realizada entre a cooperativa e o associado) é isento de imposto de renda;
- as cooperativas de crédito estão desobrigadas do recolhimento dos compulsórios sobre os depósitos à vista e a prazo, como nos bancos comuns;
- as cooperativas de crédito podem abrir o capital, desde que 51% das ações continuem controladas pelas cooperativas centrais de crédito;
- nas cooperativas de crédito o *spread* (diferença entre o custo de captação e a taxa cobrada no empréstimo) é de apenas 1% ao mês (tabela 1), enquanto nos bancos tradicionais o *spread* corresponde a 2,66%.

Tabela 1

Comparação dos juros e *spreads* entre as cooperativas e bancos comuns

Variação de taxas e médias	Pessoa física		Pessoa jurídica
	Empréstimo pessoal	Cheque especial	Descontos de cheques e duplicatas
Variação de taxas e médias bancárias	5,89% a 6,09%	8,29% a 8,51%	4,23%
Spread médio nos bancos*	4,79%	7,21%	2,93%
Variação de taxas e médias nas cooperativas	2,00% a 3,00%	4,00% a 6,50%	3,00%
Spread médio nas cooperativas*	1,70%	5,20%	1,70%

Fonte: Banco Central do Brasil.
Obs.: Dados de janeiro de 2004.
* Taxa básica de juros (Selic — jan. 2004): 1,30 ao mês.

Vantagens financeiras das cooperativas de crédito no que se refere a custo do dinheiro

O associado pode tomar empréstimo correspondente a quatro vezes o valor de seu capital (em cotas-parte), pagando somente 1% de juros ao mês, mais TR.

Em média, as taxas de juros são 20% inferiores às dos mesmos produtos ofertados pelos bancos comuns.

O máximo que se paga de juros por empréstimo pessoal ou cheque especial nas cooperativas de crédito é 2,9% a 3,5% ao mês.

Exemplo

Suponhamos uma cooperativa singular de crédito formada por funcionários de determinada categoria funcional. Nesse caso, os dirigentes do CA, mediante discussão e consenso da AGS, poderiam estabelecer critérios para ofertar o crédito a associados e formar a poupança. Por exemplo:

Juros para o empréstimo: 2,5% mais TR.

Taxa de administração: 2%.

Rendimento da aplicação: poupança mais 10%.

Valor da cota-parte: R$ 155 (pode ser parcelado).

Depósito mensal mínimo: R$ 10.

Exigência para empréstimo: um avalista (pode ser um colega do próprio trabalho).

Prazo para pagamento: seis meses.

Primeiro empréstimo: no mês seguinte ao ingresso na associação.

O valor da cota-parte para ingressar na cooperativa poderia ser de R$ 155,00, parcelado (ver no capítulo 4, critérios para integralizar as cotas-partes).

Integralizadas as cotas-partes, cada associado poderia depositar mensalmente R$ 10, cujo valor receberia remuneração equivalente à poupança (TR mais 6% ao ano) mais 10% ao ano. O dinheiro aplicado constituiria um fundo que serviria de base para futuros financiamentos. Assim, o primeiro empréstimo do associado poderia ser efetuado no mês seguinte ao de ingresso na cooperativa.

Por exemplo, qualquer associado poderia tomar emprestado até três vezes a soma do valor da cota-parte e do total dos depósitos acumulados na cooperativa. Assim, se determinado associado fizesse dois depósitos de R$ 20, ele teria o direito de financiar R$ 585,00, ou seja, R$ 465 das cotas-partes mais R$ 120 dos depósitos.

A taxa de juros a ser cobrada poderia ser de 2,5% ao mês mais a TR. Já o financiamento poderia ser pago em até seis vezes, sendo que a parcela não deveria exceder 25% do salário do associado.

Viabilização organizacional e administrativa das MPEs e APLs via cooperativas de crédito em rede

As cooperativas de crédito podem viabilizar as micro e pequenas empresas (MPEs) ou arranjos produtivos locais (APLs), a partir da organização de pequenas cooperativas singulares em rede, todas representadas na própria cooperativa de crédito, conforme o esquema organizacional apresentado na figura 2.[119] Eis as vantagens organizacionais, comerciais, logísticas, financeiras e econômicas das MPEs e/ou APLs integrados às cooperativas de crédito:[120]

❑ fortalecer micro, pequenos, médios ou grandes empresários de áreas diversas, na forma de pequenas cooperativas singulares em rede e, por meio da própria cooperativa de crédito, expor e discutir ideias, formular objetivos institucionais em conjunto, traçar estratégias e ações em comum, para captar e organizar a poupança local ou crédito produtivo;

❑ instalar banco de dados corporativo, centralizado na própria cooperativa de crédito, para gerar informações seguras e confiáveis sobre operações econômico-financeiras e contábeis dos empreendimentos mantidos pelos associados (pequenos empresários, microempresários ou microempreendedores), facilitar o fluxo de crédito, dirimir o risco de crédito e custo dos recursos;

❑ criar um fundo de aval na forma de recebíveis ou outros mecanismos de garantias coletivas, no sentido de atrair novos sócios, obter investimentos ou doações das instituições financeiras públicas municipais, estaduais e federais, organizações não governamentais ou bancos privados locais ou internacionais ligados ao crédito solidário;

❑ manter e disponibilizar a qualquer momento uma estrutura de técnicos ou especialistas para capacitar e assistir tecnicamente seus associados (pequenos empresários, microempresários ou microempreendedores), quanto à viabilização de projetos, orientação, consultoria, treinamento e capacitação em gestão financeira, gestão da produção e logística, gestão mercadológica e gestão de pessoas;

❑ contratar ou firmar convênios com organizações integrantes ou não do Sistema Financeiro Nacional (SFN), para recepcionar e encaminhar propostas de abertura de contas de depósito à vista, a prazo ou poupança. Recebimentos e pagamentos relativos às contas de depósito à vista, a prazo e de poupança, bem como aplicações e resgates em fundos de investimentos para análise de crédito e cadastro, execução de serviço de cobrança, serviços de controle, inclusive processamento de dados das operações e outros serviços de apoio;

---

[119] Conceitualmente, os APLs são aglomerados de empresas num determinado território, geralmente dedicadas a uma mesma especialização produtiva ou atividades correlatas, que formam rede entre si e com instituições governamentais e privadas das mais diversas áreas, como financeira, tecnológica e educacional ("Nordeste e APLs...", *Rumos*, mar./abr. 2005).

[120] Sobre estratégias e técnicas para unir MPEs ou APLs, na forma de pequenas cooperativas singulares em rede, ver Crúzio (2006a).

Figura 2
Cooperativa de crédito mantida por uma rede de cooperativas singulares, cada uma constituída de representantes das MPEs e/ou APLs

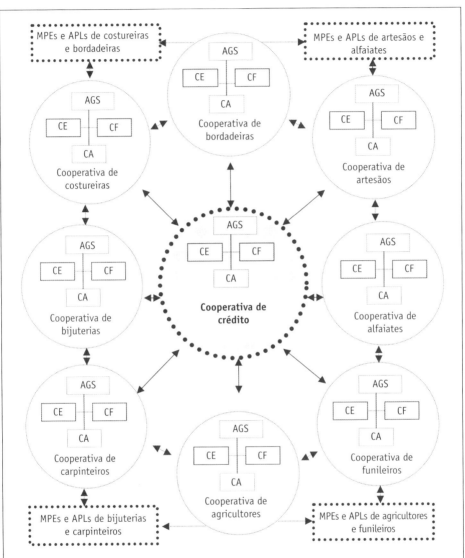

Obs.: As setas cheias representam a coordenação online da cooperativa de crédito sobre as demais cooperativas singulares, diante das ofertas e demandas de crédito produtivo e poupança local dentro e fora da rede (*business-to-business* ou B2B). As setas pontilhadas representam a troca de informações, as transferências de insumos, produtos acabados e serviços entre as cooperativas singulares, MPEs e/ou APLs, bem como as ofertas dos produtos e serviços ao mercado consumidor, varejista ou atacadista (*business-to-consumer* ou B2C). Elege-se do CA de cada cooperativa singular, pertencente à rede, um associado para compor a AGS da cooperativa de crédito, a fim de representar interesses ou necessidades do crédito produtivo ou poupança local das MPEs e/ou APLs.

Fonte: Adaptado de Crúzio (2000, 2003a, 2006a).

❑ representar coletivamente interesses e necessidades dos associados (pequenos empresários, microempresários ou microempreendedores), no que se refere a crédito pessoa física, crédito produtivo ou poupança local, diante dos governos municipais, estaduais e federais, organizações não governamentais locais e internacionais;

❑ gerar economia de escala nos serviços do crédito pessoa física, crédito produtivo ou poupança local e reduzir custos operacionais ou custos fixos, mediante a integração de processos administrativos ou operacionais, bem como propiciar agilidade e comodidade aos associados (pequenos empresários, microempresários ou microempreendedores), com relação aos serviços de *back office, internet banking* etc.[121]

---

[121] A economia de escala reflete a redução dos custos, mediante o aumento da escala de produção ou serviços (Ferguson, 1981).

Capítulo 4

Atos constitutivos das cooperativas de crédito

Como vimos no capítulo 2, as cooperativas de crédito podem ser constituídas por trabalhadores de mesma categoria funcional ou categorias diversas. Para tanto, é reunido um grupo de no mínimo 20 cotistas funcionários de determinada empresa, mediante a anuência desta, se a cooperativa de crédito pretendida for restrita a uma única categoria funcional. Nesse caso, os funcionários podem contribuir com cerca de 1% a 2% do salário bruto, sob a forma de desconto autorizado na folha de pagamento.

Podem ser constituídas por um grupo de 20 pessoas jurídicas (pequenos empresários, microempresários ou microempreendedores), no exercício de atividades idênticas ou estritamente correlacionadas. Poderão ainda ser formadas por qualquer pessoa física ou jurídica com, no mínimo, 20 associados, com relação à modalidade de cooperativa de crédito de livre associação. Nesse caso, não há nenhuma exigência no que se refere a vínculo entre os cooperados, a não ser o requisito da delimitação geográfica.

Independentemente do tipo de cooperativa, todas precisam eleger uma comissão de associados para redigir o estatuto social. Concluído o estatuto social, reúne-se a AGS e, após a leitura diante dos associados, é submetido à aprovação da assembleia, mediante a contagem dos votos.

Em seguida, elegem-se os membros do CA e CF, também pela contagem dos votos da assembleia. Já os membros eleitos para o CA e CF elegem, entre si, associados para compor os cargos da presidência, direção executiva e secretário da cooperativa. Lavra-se a ata de constituição da cooperativa, contendo os registros de todos os sócios, inclusive a quantidade e o valor das cotas-partes adquiridas por cada associado, quanto à integralização do capital social da cooperativa. Deve constar tanto no estatuto social quanto na ata de constituição da cooperativa assinaturas de todos os sócios fundadores da associação.[122]

É fundamental que todos os sócios conheçam as cláusulas estatutárias, principalmente sobre os direitos e deveres na associação. Igualmente aqueles associados admitidos após a constituição da cooperativa, sob pena de inviabilizar a autogestão, isto é, a participação nos processos de elaboração das decisões no CA e controle das ações no CF.

Integralização do capital social das cooperativas de crédito

O capital social das cooperativas de crédito, como em todas as cooperativas, é dividido em cotas-partes. O valor de uma cota-parte pode ser baseado no salário mínimo vigente no país.

Exemplo

Suponha que um grupo de pequenos feirantes tenha como objetivo formar uma cooperativa singular de crédito. Nesse caso, o *capital social mínimo* é o resultado da multiplicação de todas as cotas-partes adquiridas ou subscritas por cada associado pelo número mínimo de 20 sócios, conforme o exemplo a seguir:

1. Maria Aparecida: 2 cotas-partes × R$ 300 (s.m.) =	R$ 600
2. Pedro Paulo: 3 cotas-partes × R$ 300 (s.m.) =	R$ 900
3. Jesiel Santos: 1 cota-parte × R$ 300 (s.m.) =	R$ 300
Total =	R$ 1.800

Nesse exemplo, R$ 1.800 × 3 sócios = R$ 5.400 corresponde ao valor mínimo do *capital social* para o caso de três sócios. Vale lembrar que, para a constituição de uma cooperativa, a Lei nº 5.764/71 exige um número mínimo de 20 sócios.

Fonte: Adaptado de Crúzio (2000).

É preciso observar os limites mínimos estabelecidos pelo BC, no que diz respeito ao capital integralizado e patrimônio de referência (PR), conforme as diferentes modalidades das cooperativas de crédito. No quadro 1 mostramos es-

---

[122] Sobre cláusulas estatutárias que devem constar no estatuto social, edital de convocação da AGS, ata de constituição da cooperativa, critérios para as eleições dos membros do CA, CE e CF e respectivas atribuições de cada órgão, ocupantes, como também documentos, taxas e trâmites para o registro da cooperativa na JC, ver Crúzio (2000).

ses limites, devendo o pretendente examinar no site do BCB <www.beb.gov.br>, possíveis alterações.

Quadro 1
Limites do capital integralizado e PR nas cooperativas de crédito

Cooperativas singulares de crédito isoladas (não coligadas às cooperativas de crédito centrais)
❑ Capital integralizado de R$ 4.300 (na data de autorização para funcionamento)
❑ PR de R$ 43 mil (após dois anos da referida data)
❑ PR de R$ 86 mil (após quatro anos da referida data)
Cooperativas singulares de crédito filiadas (coligadas às cooperativas de crédito centrais)
❑ Capital integralizado de R$ 3 mil (na data de autorização para funcionamento)
❑ PR de R$ 30 mil (após três anos da referida data)
❑ PR de R$ 50 mil (após cinco anos da referida data)
Cooperativas centrais de crédito (vinculada a banco cooperativo)
❑ Capital integralizado de R$ 60 mil (na data de autorização para funcionamento)
❑ PR de R$ 150 mil (após três anos da referida data)
❑ PR de R$ 300 mil (após cinco anos da referida data)
Cooperativas singulares de crédito de livre associação (livre admissão de associados, sendo que a área de atuação apresente população não superior a 100 mil habitantes)
❑ Capital integralizado de R$ 10 mil (na data de autorização para funcionamento)
❑ PR de R$ 60 mil (após dois anos da referida data)
❑ PR de R$ 120 mil (após quatro anos da referida data)
Cooperativas de crédito mútuo de livre associação (livre admissão de associados, sendo que a área de atuação apresenta população superior a 100 mil habitantes)
❑ Capital integralizado de R$ 6 milhões (na data de transformação da cooperativa existente em cooperativas de livre associação)
❑ PR de R$ 6 milhões (nos casos em que a área de atuação inclua qualquer município com mais de 100 mil habitantes pertencente à região metropolitana e formado em torno de capital da unidade da federação)
❑ PR de R$ 3 milhões (nos casos em que a área de atuação não inclua nenhum dos municípios pertencentes à região metropolitana e formado em torno de capital da unidade da federação)

Fonte: Adaptado de Banco Central do Brasil (2004).

Eis algumas observações e recomendações oficiais quanto à constituição e integralização do capital social das cooperativas de crédito:[123]

---

[123] Banco Central do Brasil. Disponível em: <www.bcb.gov.br>. Acesso em: nov. 2004.

- o capital mínimo para criar um banco cooperativo comercial ou múltiplo, do tipo Bansicredi ou Bancoob, varia de R$ 17 milhões a R$ 30 milhões;
- para as regiões Norte e Nordeste, aplica-se redutor de 50% aos limites mínimos de PR estabelecidos para as *cooperativas de crédito mútuo de livre admissão de associados*;
- todas as *cooperativas de livre associação* terão, obrigatoriamente, de ser vinculadas a alguma cooperativa central;
- as centrais deverão ter, no mínimo, três anos de funcionamento e PR de, pelo menos, R$ 600 mil, se estiverem localizadas nas regiões Sul e Sudeste; R$ 500 mil, se estiverem no Centro-Oeste, e R$ 400 mil nas regiões Norte e Nordeste;
- nenhuma cidade com mais de 750 mil habitantes poderá ter uma *cooperativa de livre associação*;
- as cooperativas de crédito devem manter valor de PR compatível com o grau de risco da estrutura de seus ativos, passivos e contas de compensação (PLE), de acordo com normas específicas editadas pelo BC;
- tanto as cooperativas singulares de crédito quanto as centrais obrigam-se a dar informações sobre suas operações para a central de risco do BC;
- as cooperativas singulares de crédito são obrigadas a recolher parte das sobras líquidas de patrimônio para provisão preventiva;
- se uma cooperativa singular de crédito fracassar financeira e economicamente, tanto os associados, quanto as demais cooperativas singulares de crédito filiadas ao Bancoob ou Bansicredi terão de arcar com os prejuízos;
- do capital subscrito, 50% no mínimo deverão ser integralizados no ato (observado que o valor integralizado deverá atender ao limite mínimo, nos termos da regulamentação em vigor) e o restante dentro do prazo de até um ano, contado da data da publicação, no *Diário Oficial*, do despacho aprobatório para o funcionamento da cooperativa;
- o valor do capital integralizado deve ser recolhido ao BC no prazo de até cinco dias do seu recebimento. O recolhimento poderá ser efetuado em moeda corrente e/ou em títulos públicos, de emissão do Tesouro Nacional ou do BC. Quando realizado em títulos, estes deverão estar registrados no Sistema Especial de Liquidação e Custódia (Selic), vinculados à solução do respectivo processo de autorização. Quando em moeda corrente, o recolhimento deve ser feito ao BC, diretamente ou por intermédio do BB.

Autorização de funcionamento das cooperativas de crédito junto ao BC

Decidido sobre o tipo de cooperativa de crédito, conforme os interesses ou necessidades dos pretendentes, disponibilidades de recursos para compor o capital social, elabora-se o projeto de constituição da associação, a fim de submetê-lo à análise do BC. Eis os principais pontos que devem ser abordados no projeto de funcionamento da cooperativa de crédito:

- identificar o grupo de associados fundadores e, quando for o caso, das entidades fornecedoras de apoio técnico ou financeiro, esclarecendo as motivações ou propósitos que levaram à decisão de constituir a cooperativa;
- expor as condições estatutárias de associação e área de atuação pretendida (inclui a minuta do estatuto social; indicação do nome completo e telefone do responsável, tecnicamente qualificado, pela condução do projeto junto ao BC; identificação dos integrantes do grupo organizador; relatório de conformidade da respectiva cooperativa central de crédito, expondo os motivos que recomendam a aprovação do pleito, no caso de constituição de cooperativa ou relatório de conformidade firmado por sindicato ou associação a que os empresários estejam vinculados, expondo os motivos que recomendam a aprovação do projeto da cooperativa, bem como medidas de apoio à instalação e ao funcionamento da cooperativa, conforme o tipo de cooperativa);
- indicar a cooperativa central de crédito a qual será filiada, ou, na hipótese de não filiação, os motivos que determinaram essa decisão, evidenciando, nesse caso, como a cooperativa pretende suprir os serviços prestados pelas centrais;
- apresentar a estrutura organizacional (organograma discriminando funções, cargos e órgãos), prevista para a cooperativa;
- descrever e mostrar o sistema de controles internos, com vistas à adequada supervisão de atividades por parte da administração do CA;
- estimar e indicar o número de pessoas pretendentes ao quadro de associados da cooperativa, bem como as condições para se associar, a projeção de crescimento do quadro de associados nos três anos seguintes de seu funcionamento e as formas de divulgação para atrair novos associados;
- descrever e apresentar os serviços a serem prestados, relativos à política de poupança e crédito, como também as tecnologias e sistemas empregados no atendimento ou serviços aos associados;
- apresentar as medidas visando à efetiva participação dos associados nas AGS, como os meios, prazos e períodos para as convocações dos associados;
- mostrar as formas de divulgação aos associados sobre as deliberações discutidas e decididas nas AGS, como os demonstrativos financeiros, pareceres de auditoria e atos da administração;
- definir e apresentar o prazo máximo para início de atividades, após a eventual concessão da autorização de funcionamento pelo BC;
- apresentar a demanda dos serviços financeiros que justifique a instalação da cooperativa de crédito, bem como as características socioeconômicas do segmento social a ser atendido e serviços prestados por instituições concorrentes. Ademais, a projeção da estrutura patrimonial da cooperativa de crédito e de resultados nos três próximos anos de fundação;

❏ evidenciar os atos constitutivos de sociedade cooperativa de crédito, inclusive os estatutos sociais, que deverão ser assinados por todos os associados fundadores. Quando for elevado o número de fundadores, admite-se que a AGS decida pela assinatura da ata dos respectivos trabalhos por todos, nomeando, porém, com a incumbência específica de rubricar todas as demais páginas da ata e os documentos que constituem seus anexos inseparáveis, uma comissão de cerca de seis fundadores. Deverão conter, também, visto de advogado, devidamente identificado com o nome do profissional, número de inscrição na OAB e respectiva seccional, conforme a Lei nº 8.906/94;

❏ apresentar a ata de constituição da cooperativa de crédito com o nome por extenso e qualificação (nacionalidade, idade, estado civil, profissão, domicílio e residência, incluindo CEP; documento de identidade, seu número e órgão expedidor; e número de inscrição no CPF) dos associados fundadores, como também a quantidade e valor das cotas-partes subscritas por cada um; aprovação do estatuto da sociedade; o nome por extenso e qualificação dos associados eleitos para os cargos do CA e CF da cooperativa.[124]

Outras informações sobre obtenção e preenchimento de documentos, instruções e trâmites de processos, endereços dos órgãos oficiais do BC em cada região brasileira, e como iniciar o processo para obter autorização de funcionamento das cooperativas de crédito podem ser acessadas no site <www.beb.gov.br>, seguindo os passos "Sistema Financeiro Nacional", "Roteiro de Procedimento do SFN", "Cooperativa de Crédito".[125]

---

[124] Sobre modelo de convocação da AGS, ata de constituição e estatuto social, ver Crúzio (2000).
[125] Banco Central do Brasil. Disponível em: <www.bcb.gov.br>. Acesso em: nov. 2004.

Capítulo 5

Fomento e promoção governamental nas cooperativas de crédito, problemas e estratégias de gestão

Conforme as pesquisas e levantamentos do BC, eis os problemas mais comuns na gestão interna das cooperativas de crédito.[126]

São desviadas de suas finalidades sociais, políticas ou econômicas, a começar pela concentração de crédito em poucos associados, empréstimos especiais ou diferenciados para parentes e amigos. Encobrem dos associados o rateio das sobras líquidas (lucro líquido) ou perdas, após o fechamento dos balanços anuais.[127] Nas pesquisas, esses problemas geralmente estão associados à baixa participação dos associados, tanto no processo de elaboração das decisões no CA quanto no controle das ações no CF, na AGS.

Exemplo

Em 2001, no estado do Espírito Santo, o BC fechou a Cooperativa de Crédito dos Empregados de Empresas de Telecomunicações (Creditel) e a Cooperativa de Crédito dos Servidores das Escolas Técnicas Federais do Espírito Santo (Coopetfes).[128]

Continua

---

[126] Crúzio, 1994, 1999a, 1999b, 2000, 2003a, 2006a; Schneider, 1991; Pinheiro, 2005; "BC detecta..." (*Folha de S. Paulo*, 13 abr. 2003); "BC amplia..." (*Valor Econômico*, 5 set. 2005).
[127] "Boa governança..." (*Gestão Cooperativa*, jun./jul. 2006); "BC detecta...", "Desvios fazem..." (*Folha de S. Paulo*, 13 abr. 2003, 24 jul. 2001).
[128] "BC detecta...", "Desvios fazem..." (*Folha de S. Paulo*, 13 abr. 2003, 24 jul. 2001).

A Coopetfes foi encerrada, porque recebeu irregularmente R$ 9 milhões do governo do estado do Espírito Santo, para fins político-partidários, contrariando as normas do BC e comprometendo o princípio de autonomia e independência nas cooperativas. Assim, a Coopetfes concedeu, em 1988, empréstimo irregular de R$ 19,6 milhões para determinado colaborador da campanha do governador do Espírito Santo. Já a Creditel emprestou à Coopetfes R$ 5,7 milhões, valor acima do limite permitido para financiar um único cliente, que é de R$ 80 mil.

A Cooperativa de Crédito dos Servidores da Polícia Federal (Coopecred), criada para atender aos servidores de órgãos de segurança do Distrito Federal, sofreu investigações da própria Polícia Federal em 2001. Nesse caso, as auditorias realizadas pela Central das Cooperativas de Crédito do Distrito Federal (Cecredif) detectaram desvio de dinheiro, maquiagem de balanço e irregularidades na carteira de empréstimos, problemas que geraram prejuízos financeiros da ordem de R$ 8 milhões e desvalorização de 35% nas aplicações de mais de mil associados que confiaram na Coopecred.

Quanto às irregularidades na carteira de crédito da Coopecred, as perícias da Cecredif constataram a concessão de cheques especiais de até R$ 120 mil e empréstimos com taxas especiais para determinados grupos de sócios, ligados à direção do CA, sob investigação. Por outro lado, grupos de associados que não faziam parte do esquema pagavam taxas variáveis entre 5% e 7% ao mês.

Conforme o andamento das investigações, mais de 10 integrantes do grupo, entre diretores, funcionários e associados beneficiados pelo esquema, tiveram o sigilo bancário quebrado e foram provavelmente indiciados por crime financeiro.[129]

Emprestam mais dinheiro aos sócios do que podem, superando o limite de 7,7 vezes o valor do patrimônio e o limite máximo de 50% dos ativos imobilizados nos empréstimos a associados, conforme as resoluções do BC.

Exemplo

Em 2002, conforme as estatísticas do BC, do universo de 1.451 cooperativas, 184 emprestaram mais dinheiro do que podiam. Outras 158 investiram em bens e imóveis mais do que estavam autorizadas e 63 estavam com patrimônio líquido negativo.[130]

De acordo com as investigações do BC, tais problemas se devem a dificuldades dos dirigentes para avaliar o risco na concessão de crédito aos associados,

Continua

---

[129] "PF descobre fraude..." (*Jornal do Brasil*, 19 de nov. 2001).
[130] "BC detecta..." (*Folha de S. Paulo*, 13 abr. 2003).

> como também para estabelecer limites e cobrar dívidas. Pouco rigor ou ausência de critérios na concessão de crédito aos associados. Deficiências nos sistemas de garantias, cadastro e cobranças dos empréstimos aos associados. Indisponibilidades e/ou ausência de funcionários treinados em gestão financeira para assessorar os dirigentes e instruir os associados sobre a responsabilidade nas perdas da cooperativa. Precariedade no sistema contábil da cooperativa.

Realizam operações financeiras de má-fé, envolvendo dirigentes do CA, funcionários, associados e terceiros. Consequentemente, há prejuízos para todos os sócios da cooperativa de crédito, uma vez que são participantes tanto dos ganhos quanto das perdas financeiras da associação.

Exemplo

A Cooperativa de Economia e Crédito Mútuo dos Engenheiros de São Paulo (Engecred), criada em 1993, com 250 sócios e patrimônio de R$ 2 milhões, até 2003 enfrentava dificuldades financeiras. Nesse caso, a Engecred, que tinha sobras líquidas de R$ 20 mil, passou a ter prejuízo de R$ 1,5 milhão.[131]

Durante a intervenção do BC, convocaram-se os dirigentes para recompor o capital, mas os sócios não entraram em acordo. Assim, a direção da Engecred foi trocada e, em março de 2001, refinanciou uma dívida de R$ 180 mil junto à Central das Cooperativas de Crédito do Estado de São Paulo (Cecresp). Em abril de 2003 a Cecresp entrou com uma ação na Justiça para pedir pagamento do referido débito, que já somava R$ 270 mil.

Noutras intervenções do BC no decorrer de 2001, no estado de São Paulo, 12 cooperativas de crédito foram liquidadas. Em 2003 esse número aumentou para 23. Segundo o presidente da Cecresp, tais intervenções e liquidações operacionais se devem ao amadorismo dos dirigentes das cooperativas de crédito que, normalmente, são médicos, engenheiros, metalúrgicos e advogados.[132]

Externamente, as cooperativas de crédito incorrem nos seguintes problemas organizacionais e administrativos.

Contam única e exclusivamente com o número de associados e relaxam na valorização das relações de troca pertinentes a crédito produtivo ou poupança local; ou melhor, as cooperativas de crédito não procuram agregar valor às suas

---

[131] "BC detecta..." (*Folha de S. Paulo*, 13 abr. 2003).
[132] Ibid.

ofertas de produtos ou serviços, cujo descuido mercadológico faz perder competitividade diante dos concorrentes. Ademais, negligenciam os planos promocionais ou incentivos, além da simples divulgação na mídia, no sentido de levar seus produtos ou serviços do crédito ou poupança àqueles indivíduos menos instruídos ou analfabetos, mas que exercem alguma atividade por conta própria, como pequenos empresários, microempresários, microempreendedores ou membros da comunidade local. Assim deixam de atrair potenciais sócios para a cooperativa e, dessa forma, perdem a oportunidade de gerar escala, tanto na poupança local quanto no crédito produtivo.

Exemplo

Em 2005, a Cooperativa Valente de Crédito Rural (Coopere), na cidade de Valente, estado da Bahia, não conseguiu emprestar todo o recurso de que dispunha, porque não soube chegar até o pequeno produtor desprovido de leitura, escrita e garantias para fazer empréstimos. Principalmente o produtor de sisal, que se sujeita à exploração dos agiotas locais e paga juros de até 10% ao mês, pelos empréstimos conseguidos.

Segundo um engenheiro-agrônomo da Associação de Desenvolvimento Sustentável e Solidário da Região Sisaleira (Apaeb): "Falta assistência aos agricultores. Buscar um crédito subsidiado, a que ele tem direito, é uma operação muito complexa para a maioria dos produtores de sisal". Dessa forma, em toda a região sisaleira, as suspeitas são generalizadas, com relação a alguém que "perdeu tudo" depois de recorrer aos empréstimos dos ciganos que exercem atividades de agiotagem na área.[133]

Já o presidente da Central das Cooperativas de Crédito do Estado de São Paulo (Cecresp): "não houve um trabalho de marketing interno adequado. É muito difícil convencer as pessoas a se associarem e montarem uma cooperativa, por conta do imediatismo brasileiro. As pessoas querem resultado rápido, e sem que muito esforço seja necessário".[134]

Negligenciam os planos de publicidade no sentido de gerar notícias favoráveis à missão social, política e econômica da cooperativa para atrair recursos externos.[135]

---

[133] "No sertão..." (*Folha de S. Paulo*, 11 jun. 2005).
[134] "Central quer..." (*DCI*, 15, 16 e 17 out. 2005).
[135] Sobre estratégias e técnicas mercadológicas para valorizar relações de troca, desenvolver plano de propaganda, promoção e publicidade nas cooperativas, ver Crúzio (2003a).

> ## Exemplo
>
> As cooperativas sociais da Itália e o crédito solidário na França, também vinculado a alguma cooperativa, divulgam seus balanços sociais, evidenciando os benefícios para a sociedade.[136] Assim, recebem recursos para a poupança, tanto das ONGs quanto dos grupos empresariais, preocupados com as causas sociais, preservação ambiental e bem-estar social.
>
> As cooperativas de crédito locais poderiam fazer o mesmo, já que podem abrir o capital, desde que 51% das ações continuem controladas pelas cooperativas centrais de crédito.[137]

Descuidam na instrução de seus associados (pequenos empresários, microempresários ou microempreendedores), no que diz respeito ao uso racional dos recursos obtidos na cooperativa, a partir de um plano de negócios. Em outros termos, estão limitadas a emprestar sem analisar o risco do crédito ou capacidade de pagamento dos empreendimentos mantidos pelos associados.

> ## Exemplo
>
> Segundo o Sebrae nacional, o alto índice de liquidação das empresas de pequeno e médio portes brasileiras, ligadas ou não a alguma cooperativa de crédito, está associado aos seguintes aspectos:[138]
>
> ❑ os empreendedores costumam misturar as operações e investimentos financeiros da empresa com as despesas da vida pessoal. Especialmente nas empresas menores que, normalmente, não se sabe exatamente onde termina a pessoa física e onde começa a pessoa jurídica;
> ❑ a maioria das empresas não dispõe de informações transparentes e confiáveis sobre sua própria contabilidade, o que dificulta a análise de risco de determinada operação de crédito;
> ❑ 80% das microempresas não têm controles básicos de gestão, no sentido de conhecer quanto recebem e quais os seus custos fixos e variáveis no negócio. Assim, a maioria controla seu faturamento pelo dinheiro que está no fim do dia no caixa;

Continua

---

[136] Santori, 2005.

[137] Crúzio, 2003a.

[138] "Nordeste e APLs...", "Atendimento..." (*Rumos*, mar./abr. 2005, set./out. 2005); "Cuidados na gestão..." (*Diário do Grande ABC*, 29 set. 2002); "Sucesso exige..." (*Folha de S. Paulo*, 13 out. 2003); "Os segredos..." (*Diário de S. Paulo*, 25 abr. 2004); "O papel das finanças..." (*O Estado de S. Paulo*, 27 jan. 2004); "Balcão moderno", "Gestão competitiva" (*Valor Econômico*, 26 jul. 2006, 28 mar. 2005).

> ❑ não fazem qualquer controle ou planejamento com relação à compra de equipamentos, custos com a contratação de mão de obra ou de estoques. Com isso, os microempreendedores não preveem o dinheiro suficiente para atingir o ponto de equilíbrio ou o faturamento que supere as despesas;
> ❑ carecem de um plano de negócios para identificar as oportunidades e demandas de mercado. Igualmente, quanto às pesquisas de marketing para levantar periódica e sistematicamente as necessidades, preferências e grau de satisfação de seus diversos públicos e, assim, poder adequar seus produtos às necessidades do mercado e gerar lucros, isto é, desenvolver o programa de marketing.

Reflexões sobre as medidas governamentais de fomento e promoção das cooperativas de crédito

Desde a intervenção governamental no cooperativismo brasileiro, sempre houve a ajuda financeira, mediante concessão de recursos públicos, sem nenhuma contrapartida das cooperativas e seus beneficiários diretos. Principalmente no que se refere à instituição de metas quanto ao uso racional dos recursos cedidos, como também à ausência de programas relativos à sua sustentabilidade econômica e/ou socioambiental.[139] Eis as medidas do atual governo federal, tanto para expandir as cooperativas de crédito quanto para operacionalizar o microcrédito ou microfinanças por meio delas.

Em junho de 2003, através da Resolução nº 3.106, autorizou a criação de cooperativas de crédito abertas ou de livre associação, como alternativa aos bancos e financeiras, que cobram *spreads* elevados na concessão de empréstimos.[140] Contemplando essa medida, as novas modalidades de cooperativas deverão receber recursos dos bancos oficiais, por meio de programas como Geração de Emprego e Renda (Proger), do BB, ou do Programa de Promoção de Emprego e Melhoria da Qualidade de Vida do Trabalhador (Protrabalho), do Banco do Nordeste do Brasil (BNB).[141]

Em setembro de 2003, lançou o Programa de Fomento ao Cooperativismo da Agricultura Familiar e Economia Solidária (Coopersol), no sentido de financiar pequenos agricultores, via cooperativas. No mesmo mês, o Ministério do De-

---

[139] Ação considerada sustentável é economicamente viável, socialmente justa e ecologicamente correta (Hawken, 2008).

[140] Pinheiro, 2005; "Lula recomenda..." (*Valor Econômico*, 7 jun. 2004); "Por que..." (*O Estado de S. Paulo*, 7 jul. 2004); "Lula sugere..." (*Folha de S. Paulo*, 7 jul. 2004).

[141] "BC vai..." (*Valor Econômico*, 2 jun. 2003); "Mais de..." (*Jornal do Brasil*, 28 set. 2003).

senvolvimento Agrário assinou convênio com o BC para dinamizar a criação de 150 novas cooperativas de crédito, até o final de 2004.[142]

Em novembro de 2004 instituiu o Programa Nacional do Microcrédito Produtivo Orientado (PNMPO), incluindo a fonte de recursos do Fundo de Amparo do Trabalhador (FAT), no sentido de fortalecer e estimular a criação de entidades do terceiro setor especializadas em microcrédito, entre elas as cooperativas de crédito.[143]

Em fevereiro de 2005, emitiu autorização para os bancos cooperativos Bancoob e Bansicredi captarem recursos mais baratos da poupança rural, tirando essa exclusividade do BB. Como parte dessa medida, os recursos objetivaram financiar o Programa de Desenvolvimento das Cooperativas do Nordeste (Norcoop). No mesmo mês, na proposta aprovada pelo "grupo de trabalho interministerial do cooperativismo", previa-se a criação do Programa de Capitalização das Cooperativas (Procap), para financiar o aumento do patrimônio líquido das cooperativas, a juros entre 6% e 8,75%, no sentido de possibilitar o avanço do setor, sobretudo dos ramos de crédito, infraestrutura e agropecuário.[144]

Segundo o diretor executivo da Associação Brasileira de Bancos de Instituições Financeiras de Desenvolvimento (ABDE), o governo já retirou obstáculos de ordem legal para a organização de cooperativas de produção e crédito. No entanto, alerta que os programas brasileiros que contêm elementos solidários costumam ter forte caráter assistencialista.[145]

Já para o presidente do Bansicredi, um dos bancos especializados no atendimento às cooperativas de crédito, a finalidade das cooperativas não é "fazer assistência social". Segundo ele, as cooperativas são entidades criadas por iniciativa da comunidade, seus recursos vêm dos sócios, são autogeridas e autocontroladas, tendo uma fiscalização indireta do BC. Assim, defende que as cooperativas apenas distribuam as linhas de crédito popular que vierem a ser criadas pelo governo. Nesse caso, elas poderiam conceder empréstimos até as pessoas não associadas, atuando apenas como prestadoras de serviços em parceria com o governo. "Elas atuariam onde não há bancos." Pois, "se elas assumirem o risco dessas linhas, acabarão tuteladas pelo Estado e, se no futuro, ele retirar o apoio, poderá haver quebradeira de cooperativas". Foi o que aconteceu com as maiores cooperativas do país, a Cooperativa Agrícola de Cotia (CAC) e a Central Sul. Segundo o presidente do Bansicredi, as duas cresceram com base em recursos injetados pelo Estado e não pela contribuição dos associados. Assim, quando o governo deixou

---

[142] Paraíso, 2004.

[143] "O Sebrae..." (*Rumos*, nov./dez. 2004); "Microcrédito muda..." (*O Estado de S. Paulo*, 23 abr. 2005).

[144] "Nova linha..." (*Valor Econômico*, 25, 26 e 27 jun. 2005).

[145] Redig, 2005.

de financiá-las, elas faliram.[146] Deve-se lembrar que na época do governo central interventor, as políticas de financiamento e subsídios para os produtores, desde que se filiassem às cooperativas agrícolas, atraíram e beneficiaram muito mais quem via a cooperativa como simples "bico" (latifundiários, prefeitos, profissionais liberais, atravessadores, prestamistas, agiotas etc.), do que pequenos produtores ou necessitados.[147]

O presidente do consórcio financeiro cooperativo Étimos, sediado na Itália, defende que o Estado deve ser mais controlador do que investidor. Assim, o consórcio Étimos surgido da cooperativa Ctm-Mage, diferentemente do microcrédito brasileiro totalmente subsidiado pelo Estado, capta poupança privada entre seus mais de 23.800 sócios pessoas físicas e jurídicas e financia projetos ligados a geração de trabalho e renda, mediante rigorosa análise de risco. O Estado italiano, como qualquer outro sócio privado, participa a partir da subscrição de cotas de capital social, com aporte mínimo de € 258, e a abertura de caderneta de poupança. Assim, só na Itália o consórcio gerencia um capital social de US$ 18 milhões e no exterior mantém uma carteira de US$ 10 milhões. Voltado para uma política de desenvolvimento da microempresa realmente sólida, capaz de se sustentar, não dependendo apenas de recursos públicos, o consórcio já atua em 27 países da América Latina e da África, tendo nesses continentes cerca de 200 sócios: cooperativas de produtores, instituições de microfinanças, bancos populares, entre outros estabelecimentos de comércio justo e solidário.[148]

O modelo francês de finanças solidárias, que tem dado resultado, também difere do conceito de microcrédito brasileiro por meio das cooperativas. Por exemplo, o Crédit Cooperatif capta poupança e, mediante a renúncia dos investidores privados de parte do lucro real, financia projetos solidários, especialmente ligados à criação do autoemprego e geração de outros postos de trabalho. Sendo cooperativo, seu capital é detido por seus próprios clientes, essencialmente pessoas jurídicas: cooperativas, associações, organismos de economia social, sindicatos, comitês de empresas, organismos de habitação social, entre outros.[149]

Estratégias básicas para a autogestão e governança corporativa financeira nos negócios internos e externos das cooperativas de crédito

Há duas estratégias básicas para tornar as cooperativas de crédito empreendimentos coletivos, independentes, autônomos, competitivos, lucrativos e autos-

---

[146] "Governo amplia..." (*Folha de S. Paulo*, 13 abr. 2003).
[147] Rodrigues, 1993; Duarte, 1986; Lauschner e Schneider, 1974; Cavendish, 1981; Fleury, 1983; Rios, 1976; Loureiro, 1981; Crúzio, 1994, 1999b.
[148] Santori, 2005.
[149] Redig, 2005.

sustentáveis. Na primeira, relativa a problemas organizacionais e administrativos internos, os dirigentes cooperativistas precisam buscar a própria educação financeira, a fim de tomar decisões confiáveis e gerenciar de forma rentável e segura os recursos financeiros dos associados e da cooperativa. Isto é, autogestão do conhecimento, como fator de liderança nas cooperativas.[150]

Para tanto, precisam ter noções básicas de gestão financeira, especialmente no que diz respeito à análise de risco das operações de crédito em contraposição à tomada de decisão intuitiva ou simples vivência do próprio negócio. Igualmente noções sobre a estrutura e garantias dos empréstimos, considerando as modalidades dos empréstimos para conversão de ativos, fluxo de caixa e cobertura de ativos, como também noções sobre o valor do dinheiro no tempo. Noções sobre a análise econômico-financeira, considerando os principais índices de liquidez, eficiência operacional, rentabilidade, endividamento e evolução do negócio em questão. Noções sobre a avaliação de projetos de investimentos, principalmente, no que diz respeito a TIR, o prazo de *payback*, o VPL e o ponto de equilíbrio (*break even*) entre as receitas e despesas dos empreendimentos. Tudo isso para decidir de maneira racional e equilibrada onde, quando, como e quanto investir nos negócios internos (expansão operacional e física da própria cooperativa) e externos (expansão operacional e física dos empreendimentos mantidos pelos associados) da cooperativa.

Precisam também criar meios organizacionais e administrativos para possibilitar a participação dos associados nas decisões que envolvem riscos financeiros e operacionais para a cooperativa, como requisito da governança corporativa nas organizações.[151] Noutros termos, prezar a equidade e ética na gestão do CA e fiscalização do CF, a começar pela apresentação de balanços confiáveis e informações precisas, tanto para os públicos internos (associados), quanto externos (cooperativas centrais, bancos cooperativos, agentes financeiros públicos de controle das cooperativas, organizações não governamentais de fomento ao cooperativismo etc.). Principalmente com relação às Notas Explicativas previstas na norma contábil NBC T 10.8, a fim de informar, esclarecer ou instruir os associados nas reuniões da AGS sobre os investimentos relevantes dentro e fora da cooperativa, tipos de ações ou cotas, percentual de participação no capital, valor do patrimônio líquido, composição e tipos de empréstimos, financiamentos, montante a vencer, taxas, discriminação das reservas, detalhando a natureza e finalidade, entre outros.[152]

---

[150] Sobre estratégias e técnicas para implementar a autogestão do conhecimento nas cooperativas, ver Crúzio (2006a).

[151] Silva, 2006. Sobre estratégias e técnicas para promover a participação dos associados nos processos de elaboração das decisões e ações no CA e fiscalização no CF, ver Crúzio (2000).

[152] Sobre estratégias e técnicas para desenvolver códigos de condutas éticas, como também monitorar e gerenciar as decisões do CA e o controle das ações no CF das cooperativas, ver Crúzio (2003a).

Na segunda estratégia, também imprescindível à governança corporativa nos negócios internos e externos das cooperativas de crédito, os dirigentes ou profissionais da área financeira das cooperativas de crédito precisam orientar seus associados (pequenos empresários, microempresários ou microempreendedores) na prática do plano de negócios, para que eles possam empregar de maneira racional e produtiva o crédito obtido na cooperativa e alcançar a sustentabilidade. Ou melhor, ensinar-lhes as modernas técnicas mercadológicas para a decisão criteriosa sobre tipos de bens a produzir e a classe dos serviços do empreendimento, a pesquisa de mercado (análise do mercado e análise do consumidor), o programa de marketing (desenvolvimento do produto, preço, ponto de venda, promoção ou serviço, envolvendo as pessoas, processos e prova física do negócio), o planejamento estratégico das carteiras de negócios (crescimento intensivo, crescimento integrativo ou crescimento por diversificação) e o planejamento financeiro do empreendimento (orçamentos, fluxo de caixa em relação ao custo do capital investido, capacidade de pagamento e lucratividade do empreendimento etc.).

São assuntos que dizem respeito às finanças corporativas dentro e fora das cooperativas de crédito. Assim, na parte II deste livro, mostramos a parte conceitual das finanças corporativas e, no anexo A, a parte prática. Isto é, o desenvolvimento passo a passo do plano de negócios, como instrumento para a avaliação de projetos de investimento ou financiamento, relativo aos negócios internos e externos das cooperativas de crédito.

Parte II

Governança corporativa financeira nas cooperativas de crédito

Capítulo 6

Fundamentos da autogestão e governança corporativa financeira nas cooperativas de crédito

Baseamos a *autogestão e governança* corporativa financeira nas cooperativas de crédito no princípio do controle democrático pelos sócios:

> As cooperativas são organizações democráticas, controladas pelos seus sócios, que participam ativamente no estabelecimento de suas políticas e na tomada de decisões. Homens e mulheres, eleitos como representantes, são responsáveis para com os sócios. Nas cooperativas singulares, os sócios têm igualdade na votação (um sócio = um voto); as cooperativas de outros graus são também organizadas de maneira democrática.[153]

Mais ainda, consideramos a abordagem moderna de *gestão corporativa financeira*, tendo como variáveis básicas de estudo o risco *versus* retorno e custo do capital nos negócios internos e externos das cooperativas de crédito.[154]

Em finanças, risco é definido como a probabilidade de perda.[155] Ou melhor, existe risco quando o tomador da decisão pode embasar-se em probabilidades para estimar diferentes resultados, cuja expectativa se baseie em dados históricos. Nesse sentido, a decisão pode ser tomada a partir de estimativas julgadas

---

[153] Crúzio, 2000, 2003, 2006a.
[154] Brealey e Myers, 1996.
[155] Gitman, 1984; Lintner, 1965; Share, 1964.

aceitáveis, diferentemente da incerteza, já que o tomador de decisão não dispõe de dados históricos acerca de um fato. Tal situação poderá levá-lo a uma decisão subjetiva, isto é, decisão com base apenas na intuição ou sensibilidade pessoal.

Além disso, nas finanças corporativas o risco pode ser tanto econômico quanto financeiro. O risco econômico envolve a conjuntura (políticas econômicas, novas tecnologias etc.), o mercado (novos produtos, crescimento da concorrência etc.), o planejamento ou gestão do empreendimento (vendas, custos, preços, investimentos etc.). Já o risco financeiro envolve o endividamento e capacidade de pagamento do empreendimento. Nesse sentido, emprega-se o termo *risco de crédito* para caracterizar os diferentes fatores econômicos e financeiros que poderão contribuir para que uma cooperativa de crédito que emprestou recursos para um empreendimento, mantido por determinado associado, não receba o pagamento na época acordada.

Métodos estatísticos para a análise de risco nas cooperativas de créditos

Para eliminar a incerteza e administrar o risco, já que é impossível extinguir completamente todos os fatores econômicos e financeiros relativos ao risco, os dirigentes do CA ou profissionais da área financeira das cooperativas de crédito precisam de dados históricos ou de alguma outra metodologia para fazer uma distribuição probabilística, isto é, verificar a probabilidade percentual de acontecer uma perda relativa ao crédito.

Além disso, como o risco em ativo financeiro está relacionado com a probabilidade de não se obter os resultados financeiros esperados do investimento em um ativo, é necessário levantar os possíveis retornos e suas probabilidades. Em outros termos, para todos os retornos possíveis, deve-se associar uma probabilidade desse evento, a fim de se obter uma listagem de eventos-probabilidade ou distribuição de probabilidade relativa ao crédito.

Exemplo

Suponhamos os empreendimentos *A* e *B*, mantidos por dois sócios de determinada cooperativa de crédito. Nesse caso, os dirigentes do CA ou profissionais da área financeira objetivam medir e conhecer o retorno esperado de investimento em ativos, conforme dados históricos das vendas, apresentados na tabela 2.

Para tanto, emprega-se a seguinte fórmula:

Continua

> $$\text{Taxa de retorno} = K = \sum_{i=1}^{n} Pi\ Ki$$
>
> Onde:
>
> Ki = retorno esperado;
>
> Pi = probabilidade de ocorrer o retorno Ki.
>
> Substituindo valores da tabela 2 na fórmula, teremos:
>
> Retorno esperado do empreendimento A: K = 30 + 4 – 21, o que corresponde a K = 13%.
>
> Retorno esperado do empreendimento B: K = 9 + 4 – 0, o que corresponde a K = 13%.

Fontes: Adaptado de Paiva (1997) e Crúzio (2000, 2003a, 2006a).

Tabela 2

Simulação estatística para calcular o retorno esperado de investimentos em ativos

Histórico das vendas	Eventos/ probabilidades		Taxa de retorno (%)		Produto (K) (%)	
Empreendimentos	A	B	A	B	A	B
Crescimento	0,3	0,3	100	30	30	9,0
Normal	0,4	0,4	10	10	4	4,0
Queda	0,3	0,3	–70	0	-21	0,0

Fontes: Adaptado de Paiva (1997) e Crúzio (2000, 2003a, 2006a).

Conforme a simulação, observa-se que os empreendimentos A e B têm o mesmo retorno esperado, isto é, K = 13%. Por outro lado, a distribuição das probabilidades apresenta características diferentes. Enquanto a taxa de retorno do empreendimento A apresenta um intervalo de –70 a 100, a taxa de retorno do empreendimento B apresenta um intervalo de 0 a 30, sendo mais estreito, o que reflete menor variabilidade. A medida dessa variabilidade é o desvio padrão que, por sua vez, é o desvio médio ponderado pela probabilidade do valor esperado. Assim, quanto menor o desvio padrão mais estreita é a distribuição de probabilidade e, consequentemente, menor o risco do investimento.

Exemplo

Tomemos novamente os empreendimentos A e B. Nesse caso, os dirigentes do CA ou profissionais da área financeira poderiam checar o risco envolvido nos negócios, mediante a fórmula:

Continua

Desvio padrão = s = $\sum [(K_i - K)^{2*} P_i]^{1/2}$

Substituindo valores da tabela 3 na fórmula, teremos:

Desvio padrão do empreendimento A: $\sigma = (4.341)^{1/2} = 65,89\%$.

Desvio padrão do empreendimento B: $\sigma = (141)^{1/2} = 11,87\%$.

Conforme as simulações, o empreendimento B apresenta menor risco (11,87%) do que o empreendimento A (65,89%).

Fontes: Adaptado de Paiva (1997) e Crúzio (2000, 2003a, 2006a).

Tabela 3

Simulação estatística para calcular risco de investimentos em ativos

$K_i - K$		$(K_i - K)^2$		$(K_i - K)^2 \times P_i$	
A	B	A	B	A	B
100 − 13 = 87	30 − 13 = 17	7.569	289	7.569 × 0,3 = 2.270,7	289 × 0,3 = 86,7
10 − 13 = −3	10 − 13 = −3	9	9	9 × 0,4 = 3,6	9 × 0,4 = 3,6
−70 − 13 = −83	0 − 13 = −13	6.889	169	6.889 × 0,3 = 2.066,7	169 × 0,3 = 50,70

Fontes: Adaptado de Paiva (1997) e Crúzio (2000, 2003a, 2006a).

Técnicas do retorno esperado e desvio padrão nas análises de risco das operações de crédito das cooperativas de crédito

É possível empregar conjuntamente as técnicas do retorno esperado e desvio padrão nas análises de risco das operações de crédito das cooperativas de crédito.

Exemplo

Suponhamos os empreendimentos A e B em questão. Conforme as distribuições probabilísticas dos eventos que podem ocorrer na data do vencimento, apresentadas na tabela 4, levando em conta o risco de a operação não ser liquidada no seu vencimento, teremos:

Análise de risco nas operações de crédito do empreendimento A

$K = 100,00 \times 0,97 + 0,00 \times 0,03 = 97\%$

$s = ((100 - 97)^2 \times 0,97 + (0 - 9)^2 \times 0,03)^{1/2} = 17,07$

Análise de risco nas operações de crédito do empreendimento B

$K = 100,00 \times 0,99 + 0,00 \times 0,01 = 99\%$

$s = ((100 - 99)^2 \times 0,97 + (0 - 97)^2 \times 0,01)^{1/2} = 9,75$

Fontes: Adaptado de Paiva (1997) e Crúzio (2000, 2003a, 2006a).

Tabela 4
Simulação estatística para calcular risco nas operações de crédito

Eventos relativos ao pagamento	Valor recebido		Probabilidade de ocorrência	
Empreendimentos	A	B	A	B
Recebimento pontual	100,00	100,00	97%	99%
Não recebimento pontual	0,00	0,00	3%	1%

Fontes: Adaptado de Paiva (1997) e Crúzio (2000, 2003a, 2006a).

Conforme as simulações, o empreendimento B apresenta maior retorno esperado (K = 99%) e menor desvio padrão ($\sigma = 9,75$) do que o retorno esperado (K = 97%) e desvio padrão ($\sigma = 17,07$) do empreendimento A. Assim, o empreendimento B reflete menor risco de investimento, já que a probabilidade de perda é de 1%, enquanto a probabilidade de perda do empreendimento A é de 3%.

Num banco comercial ou financeira, em que o objetivo é o lucro, compensar-se-ia o risco de crédito concernente ao empreendimento A com a taxa de juros de maneira a obter o mesmo retorno esperado de 99% do total do capital emprestado ao empreendimento B. No entanto, como as cooperativas de crédito não são sociedades de capital e todos os sócios têm direitos iguais, não é recomendado compensar o risco de crédito, mediante taxas de juros diferenciadas para associados. Ademais, conceder o crédito sob taxa de juros diferenciada conflita com o princípio da participação econômica dos sócios:

> Os sócios contribuem de forma equitativa e controlam democraticamente o capital de suas cooperativas. Parte deste capital é propriedade comum das cooperativas. Usualmente, os sócios recebem juros limitados (se houver algum) sobre o capital, como condição da sociedade. Os sócios destinam as sobras aos seguintes propósitos: desenvolvimento das cooperativas, possibilitando formação de reservas, parte dessas podendo ser indivisíveis; retorno aos sócios na proporção de suas transações com as cooperativas e apoio a outras atividades que forem aprovadas pelos sócios.[156]

Por outro lado, se os dirigentes ou profissionais da área financeira das cooperativas de crédito passam a emprestar recursos para seus associados de forma arbitrária, sem avaliar a capacidade de pagamento dos empreendimentos

---

[156] Crúzio, 2000, 2003a.

mantidos por eles, provavelmente sofrerão problemas financeiros e econômicos, como as ocorrências apresentadas no capítulo 5 deste livro. Principalmente, considerando que os associados são tomadores de recursos da cooperativa e, ao mesmo tempo, donos da associação. Assim, se eles fracassarem financeira e economicamente, provavelmente a cooperativa fracassará também.

Em tais condições ou limitações operacionais, a saída para reduzir o risco do crédito nas cooperativas de crédito é instruir os associados (micro, pequenos, médios ou grandes empresários) na prática do plano de negócios. Nesse sentido, é possível empregar as ferramentas estatísticas (retorno esperado, desvio padrão etc.) para fazer análises preliminares do empreendimento em questão e, ao diagnosticar os seus pontos fortes e fracos, sugerir as correções por meio do plano de negócios. Somente assim é possível indicar com certa segurança onde, quando, como e quanto investir, levando em conta o custo do capital para a cooperativa e para o associado, a capacidade de pagamento do empreendimento em questão e as várias opções de investimento ou financiamento.

Tudo isso diz respeito à gestão corporativa financeira, baseada na estrutura e garantias dos empréstimos, para conversão de ativos, fluxo de caixa e cobertura de ativos, como também no valor do dinheiro no tempo.[157] São temas dados no capítulo seguinte.

---

[157] Schrickel, 2000.

Capítulo 7

Estrutura, garantias dos empréstimos e valor do dinheiro no tempo nas operações de crédito das cooperativas de crédito

É importante obter conhecimentos sobre a estrutura e garantias dos empréstimos porque possibilita à direção do CA ou aos profissionais da área financeira das cooperativas de crédito, adequar linhas de financiamento específicas, conforme as demandas de recursos requeridas pelos empreendimentos de cada associado.

Os empréstimos ou crédito produtivo podem ser divididos em três categorias. São elas: conversão de ativos, fluxo de caixa e cobertura de ativos.[158]

Empréstimos para conversão de ativos

Nas cooperativas de crédito, esse tipo de empréstimo é mais conhecido como *financiamento do capital de giro*. Em qualquer tipo de empreendimento, o que assegura a circulação do capital é a contínua e adequada complementação do ciclo operacional.

Exemplo

Suponhamos uma funilaria mantida por um sócio de determinada cooperativa de crédito. Nesse caso, o ciclo operacional poderia ser: comprar-fabricar-vender-receber-pagar.

Para operacionalizar esse ciclo, a funilaria precisaria comprar matérias-primas, obtendo certos prazos de pagamento, processá-las e manter estoques em níveis ade-

Continua

---

[158] Schrickel, 2000.

quados para atender aos pedidos, o que leva outro período de tempo. Adicionalmente, a funilaria venderia os produtos, concedendo algum prazo aos compradores, e pagaria despesas inerentes ao ciclo operacional, tais como: salários, impostos e despesas gerais de funcionamento. Assim, pode-se dizer que qualquer ciclo operacional envolve valores e prazos incongruentes, os quais poderão ser financiados pelos recursos da própria funilaria ou da cooperativa de crédito.

Se a cooperativa de crédito financiar o ciclo operacional da funilaria terá a expectativa de que o mesmo será bem gerenciado. Isto é, fechará em velocidade compatível com o prazo de vencimento do crédito, podendo liquidar sua dívida no vencimento conforme os recursos extraídos do giro dos ativos circulantes. Como se pode notar, a cooperativa de crédito acaba participando do ciclo operacional da funilaria, a partir de seu financiamento. Dessa forma, os riscos inerentes a esse tipo de empréstimo relacionam-se à interrupção do ciclo operacional. Por exemplo:

❏ devido à ineficiência dos bens de produção (máquinas, equipamentos etc.), que repentinamente podem já não estar produzindo os artigos para a venda na quantidade e velocidade previstas;
❏ devido à incapacidade de suprimento dos fornecedores, com relação à entrega das matérias-primas na quantidade, qualidade, preço e prazos esperados;
❏ devido à retração do mercado, com relação à compra dos itens ofertados;
❏ devido à inadimplência dos compradores, com relação ao pagamento de dívidas.

Portanto, diz-se que os empréstimos baseados em conversão de ativos devem ser liquidados com o produto da venda dos próprios bens financiados. Assim, pode-se dizer que o objetivo deste tipo de crédito é o financiamento do ciclo operacional, cujo espaço de tempo dos empréstimos é considerado de curto prazo.

Empréstimos para fluxo de caixa

Nas cooperativas de crédito, esse tipo de empréstimo destina-se a financiar investimentos. Pode também ser empregado para corrigir problemas do ciclo operacional, cuja solução demanda prazos longos.

Exemplo

Tomemos novamente o caso da funilaria mantida pelo associado da cooperativa de crédito. O valor do empréstimo poderia ser destinado para adquirir um ativo, o qual ao longo do tempo produziria os artigos suficientes e necessários para a funilaria colocar à disposição do mercado para a venda.

Continua

> Portanto, esse tipo de empréstimo é considerado de longo prazo, porque normalmente é liquidado mediante a geração de lucros no negócio. Assim, no prazo acordado para saldar o crédito, são incluídos os juros e amortização do empréstimo.

Empréstimos para cobertura de ativos

Nas cooperativas de crédito, esse tipo de empréstimo é típico para produtores que, normalmente, comercializam a produção de grãos com empresas exportadoras (*trading companies*), cujas características e volumes dos produtos geralmente estão atrelados às *commodities*.

Exemplo

Suponhamos um grupo de produtores da soja, trigo, milho etc. associado a determinada cooperativa de crédito. Nesse caso, os dirigentes do CA ou profissionais da área financeira precisam conhecer as peculiaridades operacionais e comerciais próprias dos produtos sazonais e perecíveis. Tais cuidados, porque os produtos agrícolas estão sujeitos a safras inesperadas, como supersafra ou quebra de safra, condições que podem gerar variações nos preços de mercado e, consequentemente, atrair ou afastar os tradicionais fornecedores e compradores.

Portanto, esse tipo de empréstimo deve ser garantido por um suficiente volume de ativos dos tomadores de recursos, a fim de assegurar, mesmo na hipótese de deterioração de preços de venda, meios para satisfazer suas obrigações perante a cooperativa. Assim, antes de conceder o crédito é necessário avaliar a capacidade dos ativos dos potenciais tomadores de recursos, como também as possibilidades de desvalorização desses ativos.

Valor do dinheiro no tempo baseado no juro, taxa equivalente, desconto comercial e valor presente

Para avaliar os recursos em diferentes dimensões temporais, os dirigentes do CA ou profissionais que atuam na área financeira das cooperativas de crédito precisam obter conhecimentos básicos de cálculos financeiros, como ferramenta de apoio às decisões de financiamento e investimento, uma vez que o valor do dinheiro no decorrer do tempo sofre alterações por influência das taxas de juros e, também, devido a processos inflacionários.

O principal conceito da matemática financeira, aplicado nas operações de financiamento e investimento, está associado a juros. Assim, os juros são a remuneração paga pela utilização do capital em um determinado período de tempo. Esse conceito, conforme a teoria econômica, decorre da escolha do indivíduo entre consumir ou poupar. Se o indivíduo decide adiar a sua necessidade de consumo, possibilitando aos outros indivíduos o consumo imediato, por esse ato poderá obter um ganho adicional na forma de juros.[159]

Portanto, o sucesso econômico-financeiro das cooperativas de crédito irá depender da capacidade de conceder o crédito e, ao mesmo tempo, fazer com que esse crédito se reproduza na forma de ativos, retornando em maior valor, tanto para a cooperativa quanto para o associado investidor ou tomador de recurso. É a ideia de juros abordada a seguir.

Juros simples

É utilizado em operações financeiras de curto prazo (até 30 dias), quando as operações são realizadas em moeda estrangeira, e em alguns casos de cobrança de juros por atraso no pagamento do principal. Assim, os juros simples são calculados apenas sobre o capital principal.

Exemplo

Um sócio empreendedor fez um empréstimo de R$ 100 mil, pelo prazo de três meses, a uma taxa de juros de 4% ao mês. Nesse caso, para conhecer quanto se pagará de juros, aplica-se a fórmula dos juros simples:

$$J = C \, i \, n$$

Onde:
J = juros;
C = capital inicial;
i = taxa de juros;
n = número de períodos.
Substituindo valores na fórmula, teremos:

$$J = 100.000 \times 0,04 \times 3$$
Juros iguais a R$ 12 mil

Continua

---

[159] Gitman, 1997; Oldcorn e Parker, 1998.

Suponha que o referido sócio empreendedor aplicou R$ 80 mil, por um período de quatro meses, à taxa de juros de 3% ao mês. Nesse caso, para conhecer quanto o empreendedor receberá, emprega-se a fórmula do montante:

$$M = C\ (1 + i \times n)$$

Substituindo valores na fórmula, teremos:

$$M = 80.000\ (1 + 0,03 \times 4)$$
$$\text{Montante é igual a R\$ 89.600}$$

Taxas equivalentes

Podemos considerar duas taxas equivalentes, quando aplicadas sobre um mesmo capital, durante o mesmo período, rendendo juros iguais.

Exemplo

Um sócio empreendedor pode aplicar, em determinada cooperativa de crédito, o capital de R$ 200 mil, sob duas condições, A e B. Nesse caso, as taxas de 2% ao mês e de 12% se equivalem, porque o valor e o período das aplicações são iguais e, consequentemente, juros iguais, conforme dados discriminados abaixo.

Condição A
Taxa: 2% ao mês
Período: 12 meses
$J = 200.000 \times 0,02 \times 12$
Juros iguais a R$ 48.000

Condição B
Taxa: 12% ao semestre
Período: 2 semestres
$J = 200.000 \times 0,12 \times 2$
Juros iguais a R$ 48.000

Desconto comercial

A operação de desconto comercial consiste na negociação de um título de crédito (duplicata, nota promissória, letra de câmbio etc.) em uma data anterior à de seu vencimento.

Exemplo

Suponhamos que um sócio empreendedor entregou, para determinada cooperativa de crédito, uma duplicata no valor de R$ 10 mil, à taxa de 3% ao mês, faltando 60 dias para o seu vencimento. Nesse caso, o valor a ser descontado pela cooperativa, a título de juros, é calculado pela seguinte fórmula:

$$d = N \times i \times n$$

Onde:
d = valor do desconto comercial;
N = valor do título descontado;
i = taxa de desconto;
n = período de tempo.
Teremos:

$$N = 10.000,00$$
$$n = 60 \text{ dias}$$
$$i = 3\% \text{ ao mês ou } 0,03 \text{ ao mês ou } 0,001 \text{ ao dia}$$
$$d = 10.000 \times 60 \times 0,001$$
$$d = R\$ 600$$

Conforme os cálculos, o empreendedor receberá da cooperativa a quantia de R$ 9.400, ficando nesta o valor de R$ 600. O valor de R$ 9.400 recebido pelo sócio empreendedor é chamado de valor atual comercial.

Juros compostos

A característica dos juros compostos é que os juros ao final de cada período são incorporados ao capital, formando novo capital inicial e consequentemente a nova base de cálculo para o próximo período.

Exemplo

Um sócio investiu o capital de R$ 150 mil, pelo prazo de quatro meses, a uma taxa de juros de 4% ao mês, em determinada cooperativa de crédito. Nesse caso, a cooperativa devolverá o montante, conforme os cálculos das fórmulas dos juros compostos e do montante:

Continua

$$J = C\ [(1 + i)^n - 1] \qquad M = C\ (1 + i)^n$$

Onde:

J = juros;

C = capital;

i = taxa de juros;

n = número de períodos;

M = montante.

Substituindo valores na fórmula, teremos:

$$M = 150.000\ (1 + 0{,}04)^4$$
$$M = 150.000 \times 1{,}169859$$

Montante é igual a R$ 175.478,85

Suponhamos agora o capital de R$ 50 mil, aplicado à taxa de 2,5% ao mês, por um prazo de seis meses, pelo método da capitalização composta. Nesse caso, calculam-se os juros da seguinte maneira:

$$J = 50.000\ [(1 + 0{,}025)^6 - 1]$$
$$J = 50.000\ [1{,}159693 - 1]$$
$$J = 50.000 \times 0{,}159693$$

Juros são iguais a R$ 7.984,65

Valor presente

Esse método consiste em transformar, em valores atuais, valores que serão pagos ou recebidos em datas futuras.

Exemplo

Um sócio empreendedor quer resgatar hoje, junto à cooperativa de crédito X, uma aplicação com vencimento para cinco meses, no valor de R$ 509.133,70, com taxa de 2,5% ao mês. Nesse caso, o valor a ser resgatado é calculado pela fórmula do valor presente:

$$VP = VF \left(\frac{1}{1 + i} \right)^n$$

Continua

Onde:

VP = valor presente;

VF = valor futuro;

i = taxa de juros por período;

n = número de períodos.

Substituindo valores na fórmula, teremos:

$$VP = 509.133,70 \ (1/1 + 0,025)^5$$
$$VP = 509.133,70 \ (1/1,025)^5$$
$$VP = 509.133,70 \ (0,975609756)^5$$
$$VP = 509.133,70 \ (0,883854288)$$

Valor presente é igual a R$ 450.000

No que diz respeito ao empréstimo pessoal, nas cooperativas de crédito o valor do crédito geralmente está condicionado ao valor das cotas-partes de cada sócio na cooperativa, conforme visto nos exemplos apresentados no capítulo 3.

De qualquer forma, para implementar as diferentes modalidades dos empréstimos ou investimentos nos negócios internos e externos das cooperativas de crédito, é preciso obter conhecimentos básicos sobre a função da análise econômico-financeira. Assunto tratado no capítulo seguinte.

Capítulo 8

Função da análise econômico-financeira nos negócios internos e externos das cooperativas de crédito[160]

Enquanto a função contábil visa organizar dados financeiros provenientes das diversas atividades de determinado empreendimento, transformando-os em demonstrativos contábeis, a função financeira ou análise econômico-financeira procura transformar os dados contidos nesses demonstrativos contábeis em informações para diagnosticar a situação operacional do empreendimento em questão.[160]

Portanto, a função da análise econômico-financeira, nas operações internas e externas das cooperativas de crédito, tem como objetivo extrair dos demonstrativos contábeis, além dos fatos contábeis, informações estratégicas para a tomada de decisão relativa aos investimentos ou financiamentos em ativos (conversão de ativos, fluxo de caixa e cobertura de ativos), conforme as modalidades dos empréstimos vistas no capítulo anterior.

Exemplo

Suponhamos um empreendimento mantido por um sócio de determinada cooperativa de crédito. Nesse caso, durante o exercício X, o negócio apresentou as seguintes movimentações:

❑ compra de equipamentos por R$ 100 mil, tendo pago no exercício 70% do valor devido;
❑ venda a crédito de produtos no valor de R$ 200 mil com recebimento no exercício de 80% do total;

Continua

---

[160] Gitman, 1997; Schrickel, 2000; Garrison e Noreen, 2001.

> ❑ compra de matérias-primas a crédito no valor de R$ 120 mil, tendo pago no decorrer do exercício 90% do total;
> ❑ venda de um equipamento a crédito por R$ 80 mil a ser recebido no exercício seguinte.

Os quadros 2 e 3 apresentam o demonstrativo de resultados, apurado com base na função contábil, e o demonstrativo de fluxo de caixa, apurado com base na função financeira.

Quadro 2
Demonstrativo de resultados

Vendas de produtos	R$ 200.000
Venda de equipamentos	R$ 80.000
Total das vendas	R$ 280.000
(–) Compra de materiais	R$ 120.000
(–) Compra de equipamentos	R$ 100.000
Custo total	R$ 220.000
Lucro no período	R$ 60.000

Quadro 3
Demonstrativo de fluxo de caixa

Recebimento das vendas de produtos	R$ 160.000
Total das entradas de caixa	R$ 160.000
(–) Pagamento pela compra de materiais	R$ 108.000
(–) Pagamento pela compra de equipamentos	R$ 70.000
Total das saídas de caixa	R$ 178.000
Fluxo de caixa líquido	R$ (–)18.000

Como se observa, no demonstrativo de resultados das operações contábeis obteve-se um resultado positivo de R$ 60 mil ao final do exercício, que pode até satisfazer os objetivos empresariais do sócio empreendedor. Por outro lado, no demonstrativo de fluxo de caixa das operações financeiras detectou-se um problema de liquidez no empreendimento analisado, já que no exercício em apreciação houve R$ 160 mil de entradas de caixa e é preciso desembolsar R$ 178 mil para fazer frente às suas despesas no período.

É por meio dos demonstrativos contábeis que os dirigentes do CA ou profissionais da área financeira das cooperativas de crédito poderão averiguar, periódica e sistematicamente, a liquidez, a eficiência operacional, a rentabilidade, o endividamento e a evolução operacional, contábil e econômica dos negócios da cooperativa, tanto internos (contas da própria cooperativa) quanto externos (contas dos empreendimentos mantidos pelos associados).

O quadro 4 mostra os principais índices da análise econômico-financeira e respectivas funções, aplicáveis nos negócios internos e externos de todo e qualquer tipo de cooperativa. No anexo A, referente ao plano de negócios, na seção do planejamento financeiro, mostra-se como calcular e interpretar cada um desses índices, a partir de dados extraídos do balanço patrimonial (BP) e do demonstrativo de resultados do exercício (DRE).

Quadro 4
Índices da análise econômico-financeira

Índice	Função
Liquidez	Possibilita saber se os empreendimentos mantidos pelos sócios da cooperativa estão em condições de honrar os compromissos assumidos com ela.
Eficiência operacional	Permite checar se os prazos de recebimento das vendas, estocagem e pagamento a fornecedores, relativos aos empreendimentos mantidos pelos sócios da cooperativa, estão dentro dos padrões aceitáveis.
Endividamento	Permite analisar se o nível de endividamento dos empreendimentos mantidos pelos sócios da cooperativa é compatível com os investimentos.
Rentabilidade	Possibilita averiguar se a atividade operacional dos empreendimentos mantidos pelos sócios da cooperativa está gerando o retorno desejado.
Evolução	Facilita acompanhar a evolução histórica de desempenho dos empreendimentos mantidos pelos sócios da cooperativa, bem como a projeção e tendências de crescimento dos negócios.

Fonte: Adaptado de Gitman (1997), Garrison e Noreen (2001) e Machado (2002).

Os demonstrativos contábeis nas análises econômico-financeiras dos negócios internos e externos das cooperativas de crédito

Os principais demonstrativos contábeis para a análise econômico-financeira são o balanço patrimonial (BP), o demonstrativo de resultados do exercício (DRE) e o demonstrativo de fluxo de caixa. No anexo A, relativo ao plano de negócios, na seção do planejamento financeiro, mostra-se como aplicar dados extraídos do BP, DRE e demonstrativo de fluxo de caixa na avaliação de projetos de investimento ou financiamento, isto é, a TIR, o prazo de *payback*, o VPL, o ponto de equilíbrio (*break even*) entre as receitas e despesas do negócio em questão.

Estrutura do BP

No lado esquerdo do BP, sob o título de ativo, são apresentados todos os bens e direitos que compõem o patrimônio do empreendimento em questão, em um determinado momento, geralmente indicado a zero hora de 31 de dezembro de cada ano, conforme esquema demonstrado no quadro 5. Já no lado direito do BP são apresentados os mesmos recursos sob o título de passivo, indicando a quem pertence o patrimônio do empreendimento analisado. Assim, o passivo exigível retrata as obrigações com terceiros, enquanto o patrimônio líquido reflete os investimentos dos proprietários ou acionistas, bem como os lucros auferidos no negócio.

Quadro 5
Estrutura básica do BP

Balanço patrimonial	
Ativo	Passivo exigível
	Patrimônio líquido

As contas do ativo e suas funções, quadro 6, compreendem o ativo circulante, o ativo realizável a longo prazo e o ativo permanente. Essas contas devem ser lançadas no balanço conforme a liquidez, isto é, primeiro as contas que transformam em disponibilidade e maior liquidez. No anexo A, relativo ao plano de negócios, na seção do planejamento econômico-financeiro, mostra-se como aplicar no BP cada uma das contas do ativo.

Quadro 6
Contas do ativo

Conta	Função
Ativo circulante	Abrange um grupo de contas que se transformarão em disponibilidade no prazo máximo de um ano, referente ao exercício social do empreendimento.
Disponível	Fazem parte dessa conta os recursos disponíveis em caixa, que se encontram sob a guarda direta do empreendimento, os valores depositados na cooperativa de crédito que serão utilizados para fazer frente às transações correntes e os títulos negociáveis, aplicações de curto prazo, resgatáveis a qualquer momento, cuja finalidade é proteger recursos temporariamente ociosos e sem rentabilidade.
Duplicatas a receber	São os direitos originários das vendas a prazo de produtos ou serviços. No balanço patrimonial, esses direitos são deduzidos do total da conta de duplicatas a receber, com a denominação duplicatas descontadas.

Continua

Estoques	São bens que sustentam as atividades operacionais do empreendimento através dos processos produtivos. Os estoques se dividem em: *matérias-primas* (são insumos adquiridos pelo empreendimento e que serão utilizados na fabricação de seus produtos); *produtos em elaboração* (são produtos que já se encontram no processo de fabricação, mas não estão totalmente acabados); *produtos acabados* (são os produtos que já passaram pelo processo de fabricação e continuam estocados à espera de serem vendidos).
Despesas antecipadas	São direitos provenientes de pagamentos antecipados efetuados pelo empreendimento, de despesas que somente serão apropriadas contabilmente, no exercício social seguinte ou em mais de um exercício social. Por exemplo, prêmios de seguros, assinaturas de jornais e revistas técnicas etc.
Ativo realizável a longo prazo	São os direitos cuja realização ou transformação em disponibilidades se dará em longo prazo, mais de um ano, ou nos próximos exercícios sociais. Nessa conta figuram os adiantamentos aos diretores ou acionistas e outros direitos cujos prazos se estendem aos próximos exercícios sociais.
Ativo permanente	São os bens e direitos que não se destinam à venda, já que fazem parte da estrutura produtiva do empreendimento ou do seu patrimônio. O que gera resultados para o empreendimento é sua utilização e não sua venda, embora nada impeça que eles sejam transacionados, conforme as contas discriminadas na sequência.
Investimentos	São os investimentos efetuados pelo empreendimento e que não se destinam à sustentação de sua atividade. Incluem-se as participações em outros empreendimentos, os imóveis não destinados ao uso etc.
Imobilizado	São os bens utilizados pelo empreendimento para manutenção de sua atividade operacional, como os imóveis onde está instalado o negócio, veículos, instalações, equipamentos etc.
Diferido	São os gastos incorridos pelo empreendimento com o propósito de melhorar os resultados nos próximos exercícios sociais. Por exemplo, as despesas com pesquisa e desenvolvimento de novos produtos e os gastos pré-operacionais, que são os desembolsos efetuados antes do negócio entrar em funcionamento, tais como: as despesas com abertura de firmas, contratação e treinamento de mão de obra, propaganda etc.

Fonte: Adaptado de Gitman (1997), Garrison e Noreen (2001) e Machado (2002).

As contas do passivo e suas funções, quadro 7, compreendem o passivo circulante, o passivo exigível a longo prazo, os resultados dos exercícios futuros e o patrimônio líquido. Essas contas devem ser lançadas no balanço por ordem de exigibilidade, isto é, primeiro as contas de vencimento mais recente. No anexo A, relativo ao plano de negócios, na seção do planejamento econômico-financeiro, mostra-se como aplicar no BP cada uma das contas do passivo.

Quadro 7
Contas do passivo

Conta	Função
Passivo circulante	São compromissos assumidos em curto prazo, até um ano após o levantamento do balanço patrimonial, conforme as contas discriminadas na sequência.
Fornecedores	Referem-se à compra de matérias-primas e mercadorias a crédito.
Contas a pagar	São obrigações provenientes de serviços já recebidos e não pagos, como salários a pagar, impostos a pagar etc.
Empréstimos	São os empréstimos contraídos pelo empreendimento a serem pagos até um ano do levantamento do balanço patrimonial, isto é, em curto prazo.
Provisões	São despesas que ainda não foram pagas, mas já são devidas, tais como: férias, 13º salário, imposto de renda etc.
Passivo exigível a longo prazo	São todos os compromissos assumidos pelo empreendimento com prazo superior a um ano, tais como empréstimos de longo prazo efetuados na cooperativa de crédito, as debêntures etc.
Resultados dos exercícios futuros	São receitas e despesas cujo resultado exato é desconhecido, pois dependem da conclusão do negócio. Ocorre quando a produção contratada é de longa duração e exige pagamento de adiantamento por conta, bem como de dispêndios.
Patrimônio líquido	São os investimentos dos proprietários mais os lucros auferidos, relativos a determinado empreendimento, conforme as contas discriminadas na sequência.
Capital social	Representado pelos recursos investidos no empreendimento pelos proprietários, constituído por bens ou recursos financeiros.
Reserva de capital	Recursos oriundos de ágio na subscrição de ações, doações e subvenções para investimento, prêmio recebido na emissão de debêntures etc.
Reservas de reavaliação	Aumento do ativo em função de reavaliação de imóveis de propriedade do empreendimento, reavaliação de participações em outros negócios na forma de empresa etc.
Reserva de lucros	São reservas constituídas através da apropriação de parte dos lucros auferidos. Necessariamente devem se destinar a uma finalidade específica. Essas reservas somente poderão ser constituídas em consequência de imposição legal ou por determinação do estatuto do empreendimento. Por exemplo, reservas para reposição de ativos, reservas para expansão etc.
Lucros ou prejuízos acumulados	São provenientes da atividade operacional do empreendimento. Se no final do exercício for apurado lucro, os recursos ficam retidos nessa conta até terem uma destinação. Podem ser incorporados ao capital social ou distribuídos aos acionistas etc.
Ações em tesouraria	Referem-se às ações adquiridas de outras instituições e que se encontram em poder do empreendimento

Fonte: Adaptado de Gitman (1997), Garrison e Noreen (2001) e Machado (2002).

Estrutura do DRE

As contas do DRE possibilitam apurar o lucro a partir das vendas, deduzindo-se todos os custos e despesas do empreendimento em questão. No quadro 8, apresentam-se essas contas e respectivas funções. No anexo A, relativo ao plano de negócios, na seção do planejamento econômico-financeiro, mostra-se como aplicar cada uma das contas do DRE.

Quadro 8
Contas do DRE

Conta	Função
Venda bruta	São todas as vendas realizadas pelo empreendimento.
Vendas de subprodutos	São os produtos provenientes das sobras de matérias-primas utilizadas no processo produtivo e que são vendidos para outras empresas.
Vendas de mercadorias	São os itens de estoque adquiridos pelo empreendimento para revenda.
Serviços prestados	São as receitas decorrentes de serviços prestados a terceiros.
Deduções das vendas	São os abatimentos após a venda, registrados nas seguintes contas: abatimentos incondicionais (são os descontos concedidos aos clientes após a entrega dos bens ou serviços). Devolução de produtos vendidos (produtos vendidos aos clientes e posteriormente devolvidos à empresa em função de alguma irregularidade) e impostos (incidentes sobre as vendas (ISS, PIS, Cofins, ICMS, IPI, impostos de exportação).
Custos dos produtos vendidos	São todos os custos relativos à produção dos bens destinados à venda, obtidos através da soma do valor dos estoques no início do período, mais os custos de produção do período, menos o valor dos estoques apurado no final do exercício.
Despesas/receitas operacionais	São as despesas decorrentes da atividade operacional do empreendimento.
Despesas com vendas	Incluem as despesas com pessoal da área de vendas, comissões sobre vendas, gastos com propaganda etc.
Despesas administrativas	São os gastos com honorários administrativos, salários e encargos sociais do pessoal administrativo, material de escritório, despesas com viagens etc.
Despesas/receitas financeiras	São os juros pagos referentes aos empréstimos contraídos (despesas), ou juros dos rendimentos obtidos sobre aplicações financeiras (receitas).
Despesas/receitas não operacionais	São os lucros ou prejuízos resultantes da venda de ativo imobilizado.
Provisão para imposto de renda	São as despesas decorrentes do imposto de renda do exercício, apurada com base em estimativas. Após a apresentação da declaração do imposto de renda do empreendimento o valor é corrigido e transferido da conta provisão para a conta imposto de renda a pagar.

Fonte: Adaptado de Gitman (1997), Garrison e Noreen (2001) e Machado (2002).

Vale observar, na transação comercial entre a cooperativa e o associado ou entre cooperativas, não há incidência de impostos nos resultados positivos, como o Cofins, PIS, IR ou outros tributos, sujeitos às empresas de capital. No quadro 9, apresentam-se outros demonstrativos financeiros, também relevantes para a análise econômico-financeira nas operações internas e externas das cooperativas em geral.

Quadro 9
Outros demonstrativos financeiros

Tipo	Função
Demonstrativo de fluxo de caixa	Objetiva mostrar como determinado empreendimento empregou seus recursos financeiros em um determinado período. É um relatório financeiro que demonstra todas as entradas e saídas de recursos disponíveis no período analisado.
Demonstrativo de origem e aplicação de recursos (Doar)	Demonstra a variação ocorrida no capital de giro líquido de um empreendimento em um determinado período e as origens de tal variação. Capital de giro líquido significa a diferença entre o ativo circulante e o passivo circulante, ou seja, o demonstrativo retrata o confronto dos bens e direitos de curto prazo com as obrigações de curto prazo.
Demonstrativo de lucros ou prejuízos acumulados	Mostra todas as modificações ocorridas na conta de lucros retidos durante um período determinado. Essas modificações, normalmente, são proporcionadas por distribuição de parte dos lucros aos acionistas ou pela incorporação parcial ou total dos lucros retidos no capital social.
Demonstrativo das alterações de capital	Indica as modificações ocorridas na conta de capital do empreendimento em determinado período. Essas mudanças são geralmente motivadas por emissão de ações, incorporação de lucros retidos, correção monetária do capital etc.

Fonte: Adaptado de Gitman (1997), Garrison e Noreen (2001) e Machado (2002).

Especificidades nos demonstrativos contábeis das cooperativas de crédito

Nas demonstrações financeiras das operações internas de todo e qualquer tipo de cooperativa é preciso incluir, na estrutura do DRE, algumas contas específicas, conforme a Lei nº 5.764/71. Ademais, outros aspectos contábeis específicos das cooperativas, conforme a norma contábil NBC T 10.8. No quadro 10, apresentam-se essas contas e respectivas funções e, no quadro 11, como adequá-las na estrutura geral do balanço das cooperativas.

Quadro 10
Contas específicas do DRE das cooperativas

Conta	Função
Sobra bruta	É o valor resultante de diminuição da venda líquida menos o custo das vendas.[1]
Sobras operacionais	É o resultado da subtração sobra bruta menos despesas operacionais.
Sobra antes do imposto de renda	É a sobra operacional menos as despesas, e mais as receitas não operacionais.
Previsão para o imposto de renda	É o valor apurado no livro de apuração do lucro real, sobre o resultado obtido nas operações com terceiros não associados da cooperativa.
Sobras depois do imposto de renda	É o valor da sobra da qual podem ser abatidas as eventuais participações previstas no estatuto de cada cooperativa e decididas pela AGS.
Sobra líquida dividida pelo número de cotas	Indica o desempenho econômico-financeiro da cooperativa em termos de sobra líquida por cota-parte.
Reservas e fundos	Inclui a reserva para o Fundo de Assistência Técnica e Educacional (Fates), reserva legal, reserva de desenvolvimento, reserva especial etc., conforme o estatuto social de cada cooperativa.
Retorno das sobras aos cooperados	Inclui o retorno sobre o movimento dos sócios da cooperativa.

Fonte: Adaptado de Matulis (1982).

[1] Sobre critérios, percentuais e cálculos das sobras líquidas, ver Crúzio (2000, 2006a).

Quadro 11
Estrutura do balanço geral das cooperativas

Balanço patrimonial	
Ativo	Passivo exigível Patrimônio líquido
Demonstração de resultado do exercício	
Vendas (–) Custos = Sobra bruta (–) Despesas = Sobra líquida	
Demonstração das sobras e perdas acumuladas	
Sobra anterior + Sobra do exercício = Saldo atual (–) Distribuição da sobra Retorno aos associados = Saldo que passa para o exercício seguinte	

Continua

Demonstração das mutações do patrimônio líquido				
		Contas do patrimônio líquido		
Movimentação	Capital	Reservas	Fundos	Total
Saldo inicial				
Apropriações de resultado (reserva legal)				
Saldo final				
Demonstração de origens e aplicações de recursos				
Origens Sobras (–) Aplicações = Aumento no capital circulante líquido				
		19 × 1	19 × 2	Evolução

Ativo circulante
  – Passivo circulante
  = Capital circulante líquido				

Fonte: Adaptado de Matulis (1982).

Conclusão

Como vimos, as cooperativas de crédito podem viabilizar financeira e economicamente desde pequenos negócios até grandes empreendimentos, nos diferentes setores da economia, mediante o crédito produtivo e poupança local em escala. Igualmente o financiamento para a pessoa física, independentemente da classe social a qual pertence o trabalhador.

Além disso, as cooperativas de crédito podem viabilizar e operacionalizar o microcrédito ou microfinanças para a grande massa de trabalhadores brasileiros que exerce alguma atividade por conta própria ou na informalidade, que vive à margem do crédito e dos benefícios das novas tecnologias da informação e comunicação (TIC), sem nenhuma qualificação profissional, renda fixa, direito trabalhista, serviços de saúde, lazer básico etc.[161] Em suma, as cooperativas de crédito estimulam a geração de renda, pelo autoemprego, e constituem importantes agentes de inclusão social, viabilização da responsabilidade social ou sustentabilidade de seus atores principais (associados).[162]

Para tornar as cooperativas de crédito empreendimentos coletivos, independentes, autônomos, competitivos, lucrativos e autossustentáveis, deve-se:

❑ disponibilizar infraestrutura física e material, como também pessoal capacitado, tanto no conhecimento técnico quanto nos princípios básicos do cooperativismo para orientar, treinar e acompanhar as iniciativas cooperativas *in loco* de modo que os indivíduos ou grupos interessados ou necessitados da ação comunitária de base possam se desenvolver com seus próprios recursos (conhecimento tácito), motivações etc.;

---

[161] Pereira, 2001c; "Objetivo é integrar..." (*Observatório Econômico*, abr./maio/jun. 2006); "O Sebrae investe...", "Atendimento...", "Dois instrumentos...", "O avanço..." (*Rumos*, nov./dez. 2004, mar./abr. 2005, maio/jun. 2005, jan./fev. 2006); Reis, 2005; "Microcrédito precisa..." (Prado, 2006; "Expansão do volume...", "Pesquisa do Sebrae..." (*O Globo*, 13 ago. 2006, 13 ago. 2006); "Pobreza e desigualdade" (*O Estado de S. Paulo*, 25 ago. 2006).

[162] Ação considerada sustentável é economicamente viável, socialmente justa e ecologicamente correta (Hawken, 2008).

- profissionalizar tanto a direção do CA, fiscais do CF quanto o pessoal de apoio técnico ou gerencial, no que se refere à gestão do conhecimento, gestão contábil, gestão financeira, gestão mercadológica etc., sem, contudo, transformar a cooperativa numa empresa comum ou de capital. Noutros termos, tornar a cooperativa de crédito tão competitiva quanto a rede de bancos ou financeiras e, ao mesmo tempo, preservar a missão social, política e econômica de seus fundadores;[163]
- prezar a equidade, justiça e bem comum nos benefícios financeiros e econômicos da cooperativa, independentemente da posição social, política e econômica de seus associados dentro e fora da associação. Ademais, promover a governança corporativa financeira e ética, a começar pela apresentação de balanços confiáveis e informações precisas, tanto para os públicos internos (associados) quanto externos (cooperativas centrais de crédito, bancos cooperativos, agentes financeiros de controle, organizações não governamentais de fomento às cooperativas de crédito, fornecedores etc.);[164]
- unir MPEs ou APLs na forma de pequenas cooperativas singulares organizadas em rede e, por meio da própria cooperativa de crédito, gerar economia de escala nos serviços do crédito produtivo e poupança local, integrar processos, instalar banco de dados corporativo, gerar informações contábeis seguras e confiáveis, criar fundo de aval na forma de recebíveis ou outros mecanismos de garantias coletivas, reduzir risco de crédito e agilizar os fluxos de crédito. Ademais, viabilizar, manter e disponibilizar a qualquer momento uma estrutura de técnicos ou especialistas para assessorar os empresários associados, quanto à avaliação de projetos de investimento, treinamento e capacitação em gestão financeira, logística, gestão de pessoas, gestão mercadológica etc.;[165]
- transformar as cooperativas de crédito em centros de ensino e aprendizagem, especialmente quanto à prática do plano de negócios por parte dos associados (micro, pequenos, médios ou grandes empresários). Tudo isso no sentido de fazer prosperar financeira e economicamente os negócios mantidos pelos sócios da cooperativa, evitar a inadimplência, gerar poupança e, dessa forma, fortalecer a economia da cooperativa a partir dos retornos financeiros e econômicos nas operações de crédito e poupança;[166]

---

[163] Sobre estratégias e técnicas para profissionalizar dirigentes e o quadro funcional da cooperativa, determinar direitos e deveres estatutários, estabelecer processos de decisão e controle, envolvendo a AGS, CA, CF e profissionais contratados para cargos-chave e operacionais da cooperativa, ver Crúzio (2000).

[164] Sobre estratégias e técnicas para planejar, implementar e monitorar códigos de condutas éticas nos negócios internos e externos das cooperativas, ver Crúzio (2003a).

[165] Sobre estratégias e técnicas para unir MPEs ou APLs na forma de pequenas cooperativas singulares em rede, ver Crúzio (2006a).

[166] Sobre estratégias e técnicas para transformar cooperativas em centros de ensino e aprendizagem via CE, ver Crúzio (2006a).

❑ implantar o programa de marketing específico aos negócios internos e externos de cada tipo de cooperativa de crédito, principalmente com relação ao plano de promoções ou incentivo, a fim de levar o crédito aonde os empreendedores formais ou informais exercem suas atividades e geram trabalho e renda. Ademais, o plano de publicidade para criar e divulgar informações favoráveis à missão social, política e econômica da cooperativa, diante da comunidade local, como também junto às organizações não governamentais locais e internacionais envolvidas com projetos sociais autossustentáveis;[167]

❑ reconstruir de baixo para cima todas as representações de classe, especialmente as OCEs em cada estado brasileiro e a OCB sediada no Distrito Federal, de modo a reduzir despesas com os inúmeros cargos de confiança, o excesso de órgãos de assessorias e níveis hierárquicos de controle;[168]

❑ unir todas as representações locais (Unicafes, OCB, OCEs etc.), para fortalecer o movimento, institucionalmente dentro e fora do país, e poder influenciar as políticas públicas de governo e de interesse, em vez de sujeitar-se às relações políticas de poder e dominação do Estado. Tudo isso levando em conta os anseios sociais, políticos e econômicos diversos e heterogêneos de suas bases de sustentação ou cooperativas singulares;[169]

❑ descentralizar os recursos arrecadados tanto pelo "Sescoop Nacional" quanto pelas unidades estaduais nas centrais, federações ou confederações de cooperativas, a fim de aproveitar melhor e gerenciá-los conforme as demandas de ensino e aprendizagem de cada cooperativa singular em seus respectivos segmentos, municípios, cidades, estados e regiões. Noutros termos, decidir com base no princípio "um homem um voto" e agir localmente, sobre onde, quando, como e quanto investir as verbas arrecadadas;

❑ desenvolver, reproduzir, revitalizar e socializar dentro e fora das cooperativas de crédito os valores e princípios básicos do cooperativismo, a fim de prevalecer a cultura organizacional própria das cooperativas, em vez da cultura organizacional "tecnoburocrática" das organizações mecanicistas ou hierárquicas verticais.[170]

---

[167] Sobre estratégias e técnicas de propaganda, promoção, publicidade, relações publicas em marketing, envolvendo negócios internos e externos das cooperativas, ver Crúzio (2003a).

[168] Sobre estratégias e técnicas para reestruturação das cooperativas, como também promover alianças estratégicas para torná-las organizações não hierárquicas, enxutas, flexíveis e dinâmicas, ver Crúzio (2006a).

[169] Sobre alianças estratégicas para fortalecer o movimento e tornar cada cooperativa singular independente, autônoma, competitiva, lucrativa e autossustentável, ver Crúzio (2006a).

[170] Sobre estratégias e técnicas para desenvolver, reproduzir, revitalizar e socializar a cultura organizacional baseada nos valores e princípios básicos do cooperativismo, ver Crúzio (2000, 2003a, 2006a).

Referências

AÇÃO social não tira famílias da pobreza, diz economista. *Folha de S. Paulo*, 10 abr. 2006. Caderno Folha Ciência.

AÇÕES cobram concurso para Sistema S contratar. *O Estado de S. Paulo*, 23 ago. 2008. Caderno Nacional.

AGRICULTURA vota dia 14 sobre cooperativa. *DCI — Comércio, Indústria & Serviços*, 26 jan. 2006.

AGRONEGÓCIO mantém apoio a Rodrigues. *DCI — Comércio, Indústria & Serviços*, 17-19 jul. 2004. Caderno Pesquisa DCI.

AGRONEGÓCIO sofre com falta de gestão. *Administrador Profissional*, v. 30, n. 240, jul. 2006.

ALTERNATIVA promissora. *Rumos — Economia & Desenvolvimento para Novos Tempos*, Rio de Janeiro, v. 30, n. 224, nov./dez. 2006.

ANDERSON, P. *Linhagens do Estado absolutista*. Porto: Afrontamento, 1984.

ANSART, P. *Ideologias, conflitos e poder*. Rio de Janeiro: Zahar, 1978.

APOIO técnico aos pequenos está atrasado, diz Embrapa. *O Estado de S. Paulo*, 19 dez. 2006. Caderno Economia.

APROVAÇÃO do PL 269/05 é vitória de todos cooperativistas. Disponível em: <www.portalcooperativismo.org.br>. Acesso em: 14 dez. 2005.

ARAÚJO, S. M. P. de. *Eles*: a cooperativa — um estudo sobre a ideologia da participação. Porto Alegre: Projeto, 1982.

ARCO, J. L. Del doctrina y principios cooperativos. In: *Anuario de Estudios Cooperativos*. Bilbao: Universidad de Deust, Instituto de Estudios Cooperativos, 1986. p. 138.

ARMBRUSTER, P.; ARZBACH, M. *O setor financeiro cooperativo da Alemanha*. 3. ed. San José, Costa Rica: Confederação Alemã das Cooperativas (DGRV), 2004.

ARRENDAMENTO pode trazer problemas no longo prazo. *Valor Econômico*, 14 dez. 2006. Caderno Micro e Pequenas Empresas.

ASSEMBLEIA aprova compra de nova sede da Ocesp. Disponível em: <www.portaldoco-operativismo.org.br/sescoop>. Acesso em: 4 jun. 2007.

ASSOCIATIVISMO e articulação empresarial estimulam mudanças estruturais no sistema financeiro e impulsionam desenvolvimento socioeconômico. *Rumos — Economia & Desenvolvimento para Novos Tempos*, Rio de Janeiro, v. 30, n. 228, jul./ago. 2006.

ATENDIMENTO/mudança de paradigma. *Rumos — Economia & Desenvolvimento para Novos Tempos*, Rio de Janeiro, v. 30, n. 223, set./out. 2005.

ATUAÇÃO de Teixeira divide-se entre aviação e cooperativas habitacionais. *Valor Econômico*. 13, 14 e 15 jun. 2008. Caderno Política.

O AVANÇO das MPEs. *Rumos — Economia & Desenvolvimento para Novos Tempos*, Rio de Janeiro, v. 30, n. 225, jan./fev. 2006.

BALCÃO moderno. *Valor Econômico*, 26 jul. 2006. Caderno Especial.

BANCO CENTRAL DO BRASIL. Diretoria de Normas e Organização do Sistema Financeiro. Disponível em: <www.bcb.gov.br>. Acesso em: nov. 2004.

BANCO de cooperativa tem um bom retorno. *Gazeta Mercantil*, 5 mar. 2002. Caderno Internacional.

BANCO do Brasil. Disponível em: <www.portalcooperativismo.org.br>. Acesso em: 18 set. 2006.

BANCOS das cooperativas de crédito. *DCI — Comércio, Indústria & Serviços*. 15 ago. 2003. Caderno Especial.

OS BANCOS e o custo do crédito. *O Estado de S. Paulo*, 18 ago. 2006. Caderno Economia.

BARRETO, N. Processo de participação em cooperativas de produtores rurais do Rio Grande do Sul. *Perspectiva Econômica*, São Leopoldo, n. 27, p. 99-205, 1980.

BARROS, M. Presente e futuro do cooperativismo paulista. *Preços Agrícolas*, v. 14, n. 167, set./out. 2000.

BC amplia a fiscalização a cooperativas. *Valor Econômico*, 5 set. 2005. Caderno Finanças.

BC detecta até fraudes em cooperativas. *Folha de S. Paulo*, 13 abr. 2003. Caderno Dinheiro.

BC vai usar cooperativas para baratear o crédito. *Valor Econômico*, 2 jun. 2003. Caderno Finanças.

BENETTI, M. D. *Origem e formação do cooperativismo empresarial no Rio Grande do Sul*: uma análise do desenvolvimento da Cotrijuí, Cotrisa e Fecotrigo — 1975/1980. Porto Alegre: FEE, 1982.

_____; FANTZ, T. R. *Desenvolvimento e crise do cooperativismo empresarial do Rio Grande do Sul 1957-84*. Porto Alegre: Fundação de Economia e Estatística, 1985.

BNDES financiará a expansão da rede de entidades de microcrédito. *DCI — Comércio, Indústria & Serviços*. 16, 17 e 18 dez. 2006. Caderno Finanças.

BOA governança é condição para a sustentabilidade. *Gestão Cooperativa*, Brasília, v. 9, n. 26, jun./jul. 2006.

BOBBIO, N. *Estado, governo e sociedade*: para uma teoria geral da política. 3. ed. São Paulo: Paz e Terra, 1990.

BOLSA-FAMÍLIA chega até onde governo não leva água. *Folha de S. Paulo*, 11 jun. 2006. Caderno Dinheiro.

BONDADES beneficiam cooperativas de crédito. *Gazeta Mercantil*, 11 mar. 2006. Caderno Política.

BONFIM, A. de A. O Bancoob e o crédito cooperativo no Brasil. *Rumos — Economia & Desenvolvimento para Novos Tempos*, Rio de Janeiro, v. 29, n. 221, maio/jun. 2005.

BONNER, A. *British cooperation, the history, principles and organisation of the British cooperative movement*. Manchester: Co-operative Union Ltd./Holyoake House, 1961.

BORDA, O. F. Formação e deformação da política de cooperativismo na América Latina. *Cooperativismo & Nordeste*, Recife, v. 7, n. 1, jan./abr. 1972.

BREALEY, R.; MYERS, S. *Principles of corporate finance*. 5. ed. New York: McGraw-Hill, 1996.

BUENO, M. Tábua de salvação. *Agroanalysis*, Rio de Janeiro, v. 21, n. 10, out. 2000.

BUGARELLI, W. *Tratado geral de crédito cooperativo*. São Paulo: Instituto Superior de Pesquisas e Estudos Cooperativos, 1965.

BUROCRACIA emperra cooperativismo. *Folha de S. Paulo*, 11 dez. 2005. Caderno Negócios.

CABRAL, C. Cooperativas: engenhos do futuro. *Rumos — Economia & Desenvolvimento para Novos Tempos*, Rio de Janeiro, v. 27, n. 206, mar. 2003.

CADEIRA cativa na Junta Comercial. *MundoCoop*, São Paulo, v. 3, n. 10, maio/jun. 2005.

CARBONELL DE MASY, R. *Comercialización cooperativa agrária*: experiencias extranjeras. Madrid, 1969.

CARRARO, F. A. Entrevista com Joseph Stiglitz. Lições para o crescimento. *Rumos — Economia & Desenvolvimento para Novos Tempos*, Rio de Janeiro, v. 30, n. 227, maio/jun. 2006.

CARVALHO, R. S. de. Crédito. *Gestão Cooperativa*, Brasília, v. 9, n. 27, ago./set. 2006.

CAVENDISH, S. Cooperativismo e dominação. In: LOUREIRO, M. R. *Cooperativas agrícolas e capitalismo no Brasil*. São Paulo: Cortez, 1981.

CECO propõe à Fazenda melhorias para cooperativas. Disponível em: <www.brasilcooperativo.com.br>. Acesso em: 24 ago. 2006.

CENTRAL orienta criação de cooperativas de empresas de comércio. *DCI — Comércio, Indústria & Serviços*. 21 maio 2002. Caderno Comércio.

CENTRAL quer promover a abertura de cooperativas. *DCI — Comércio, Indústria & Serviços*. 15, 16 e 17 out. 2005. Caderno Finanças.

CGU vê irregularidades na administração do sistema. *Folha de S. Paulo*, 1 out. 2007. Caderno Dinheiro.

CÓDIGO CIVIL. Artigos 1.093 a 1.096 da Lei nº 10.406. In: LOPES, M. A. R. *Das sociedades cooperativas*. São Paulo: Revista dos Tribunais, 2000.

COLE, G. D. H. *A century of co-operation*. Manchester: Co-operative Union/Holyoak House, 1944.

COMÉRCIO e indústria aderem à cooperativa. *Gazeta Mercantil*, 11 out. 2000. Caderno Por Conta Própria.

COMUNIDADE internacional envia manifesto de apoio à OCB a parlamentares brasileiros. Disponível em: <www.brasilcooperativo.coop.br>. Acesso em: 26 abr. 2006.

CONCURSO de monografias jurídicas. Disponível em: <www.brasilcooperativo.com.br>. Acesso em: 22 set. 2006.

CONFLITOS de terra pressionam o governo Lula. *Valor Econômico*, 14 dez. 2004. Especial.

CONGRESSO das Cooperativas de Trabalho do Estado do Rio de Janeiro. Rio de Janeiro: Fetrabalho/RJ, 2007.

CONSTITUIÇÃO DA REPÚBLICA FEDERATIVA DO BRASIL. Belém: Banco da Amazônia S.A., 1988.

COOPERATIVA de crédito. *Gazeta Mercantil*, 25 abr./1 maio 2001. Caderno Por Conta Própria.

COOPERATIVA de crédito. *Rumos — Economia & Desenvolvimento para Novos Tempos*, Rio de Janeiro: ABDE, v. 30, n. 227, maio./jun. 2006.

COOPERATIVA de crédito da região é exemplo de juros baixos para o presidente da República. *Diário do Grande ABC*, 30 abr. 2005.

COOPERATIVA de crédito e desenvolvimento. *Gazeta Mercantil*, 6 jul. 2004. Caderno Opinião.

COOPERATIVA de crédito em expansão. *Diário do ABC*, 27 abr. 2003. Caderno Economia.

COOPERATIVA disputa pequena empresa com bancos. *Gazeta Mercantil*, 26 set. 2006. Caderno Finanças & Mercados.

COOPERATIVA é caminho para facilitar acesso a crédito rural. *DCI — Comércio, Indústria & Serviços*. 29 maio 2003. Caderno Agronegócio.

COOPERATIVA é organização "criminosa", diz promotor. *Folha de S. Paulo*, 11 jun. 2008. Caderno Brasil.

COOPERATIVA lucra com produtor rural. *Gazeta Mercantil*, 7-13 nov. 2001. Caderno Por Conta Própria.

COOPERATIVA-MODELO agoniza no Nordeste. *Folha de S. Paulo*, 19 nov. 2006. Caderno Dinheiro.

COOPERATIVA perde espaço para banco. *Valor Econômico*, 19 jul. 2005. Caderno Finanças.

COOPERATIVA tem taxa mais competitiva. *Valor Econômico*, 29, 30 e 31 ago. 2008. Caderno Especial.

COOPERATIVA vira opção às micro. *Valor Econômico*, 27 jun. 2005. Caderno Finanças.

COOPERATIVAS. *DCI — Comércio Indústria & Serviços*, 18 out. 2006. Caderno Especial.

COOPERATIVAS avançam no vazio do crédito. *Gazeta Mercantil*, 6, 7 e 8 set. 2002. Caderno Finanças.

COOPERATIVAS criam nova entidade de representação. *Gestão Cooperativa*, Brasília, v. 7, n. 20, jun./jul. 2005.

COOPERATIVAS de crédito. Serviços financeiros mais baratos para as MPEs. *Rumos — Economia & Desenvolvimento para Novos Tempos*, Rio de Janeiro, n. 227, maio/jun. 2006.

AS COOPERATIVAS de crédito buscam ampliar o mercado. *DCI — Comércio, Indústria & Serviços*, 24 ago. 2005. Caderno Política Econômica.

COOPERATIVAS de crédito crescem com verbas do BNDES e apoio do Banco Central. *DCI — Comércio, Indústria & Serviços*, 24 maio 2006. Caderno Especial.

COOPERATIVAS de crédito já emprestam R$ 3,5 bilhões. *DCI — Comércio, Indústria & Serviços*, 12 set. 2002. Caderno Finanças.

COOPERATIVAS de crédito miram o interior de São Paulo. *DCI — Comércio, Indústria & Serviços*, 6 jul. 2006. Caderno Especial.

COOPERATIVAS de crédito são isentas do PIS, decide STJ. *Gazeta Mercantil*, 12 jan. 2006. Caderno Legislação.

COOPERATIVAS dinamarquesas: empreendimentos econômicos. *Preços Agrícolas*, v. 14, n. 167, set./out. 2000.

COOPERATIVAS disputam empresas com bancos. *DCI — Comércio, Indústria & Serviços*, 3 abr. 2008. Caderno Finanças.

COOPERATIVAS do ramo crédito fazem intercâmbio no Canadá. Disponível em: <www.portaldocooperativismo.org.br/sescoop>. Acesso em: 4 jun. 2007.

COOPERATIVAS estão reduzindo juros. *Folha de S. Paulo*, 18 jun. 2001. Caderno Folha Invest.

COOPERATIVAS ganham mais poder de captação de crédito. *DCI — Comércio, Indústria & Serviços*, 1 set. 2006. Caderno Finanças.

COOPERATIVAS investem para competir com os bancos. *DCI – Comércio, Indústria & Serviços*, 23 jun. 2005. Caderno Finanças.

COOPERATIVAS já são 6% do total da economia. *DCI — Comércio, Indústria & Serviços*, 28 mar. 2003. Caderno Política Econômica.

COOPERATIVAS paulistas fazem intercâmbio nos Estados Unidos. Disponível em: <www.portalcooperativismo.org.br>. Acesso em: 8 ago. 2007.

COOPERATIVAS pedem mais dinheiro público. *Valor Econômico*, 10, 11 e 12 jan. 2003.

COOPERATIVAS perdem terreno. *Valor Econômico*, 9 mar. 2004. Caderno Finanças.

COOPERATIVAS procuram ampliar base. *DCI — Comércio, Indústria & Serviços*, 25, 26 e 27 jun. 2005. Caderno Finanças.

COOPERATIVAS serão fiscalizadas pelo BC. *Folha de S. Paulo*, 24 jul. 2005. Caderno 2005.

COOPERATIVISMO avança 14% ao ano. *O Estado de S. Paulo*, 15 maio 2006. Caderno Economia.

COOPERATIVISMO brasileiro: uma história. São Paulo: OCB, 2004.

COOPERATIVISMO empresarial: expansão recomenda profissionalismo e transparência. *Gestão Cooperativa*, Brasília, v. 9, n. 26, jun./jul. 2006.

CONSIGNADO faz cooperativas perderem espaço no mercado. *DCI — Comércio, Indústria & Serviços*, 22 ago. 2006. Caderno Finanças.

NA CONTRAMÃO da maioria das instituições financeiras, que não consideram a operação rentável, banco já tem 5,5 mil clientes. *O Estado de S. Paulo*, 8 jun. 2005. Caderno Negócios.

CORADINI, O. L. *Agricultura, cooperativas e multinacionais*. Rio de Janeiro: Zahar, 1982.

COSTA, L. Bancoob avança para uma nova era. Cooperativa: um mundo diferente. *Gestão Cooperativa*, Brasília, v. 9, n. 28, out./nov. 2006.

CRÉDITO cedido por cooperativa de crédito deve crescer até 15%. *DCI — Comércio, Indústria & Serviços*, 15 a 19 jun. 2006. Caderno Finanças.

CRÉDITO cooperativo soma R$ 8 bi. *DCI — Comércio, Indústria & Serviços*. 11 maio 2005. Caderno Finanças.

CRÉDITO de cooperativa deve crescer 25% até dezembro. *DCI — Comércio, Indústria & Serviços*. 26 jan. 2006. Caderno Finanças.

CRÉDITO só atinge 3,5% das empresas. *Gazeta Mercantil*, 20, 21 e 22 maio 2005. Caderno Nacional.

CRESCE o sistema de livre adesão. *Valor Econômico*, 19 jun. 2006. Caderno Finanças.

CRESCEM as cooperativas de crédito. *O Estado de S. Paulo*, 4 out. 2000. Caderno Agrícola.

CRÚZIO, H. de O. *Problemas organizacionais e administrativos das cooperativas agropecuárias e agroindustriais no estado da Bahia*. Dissertação (Mestrado) — Esal, Lavras, 1989.

_____. O processo organizacional e administrativo nos níveis institucional, organizacional e técnico das cooperativas. *Caderno de Administração Rural*, Lavras, v. 2, n. 2, jul./dez. 1990.

_____. Problemas estruturais e decisórios das cooperativas agroindustriais e agropecuárias no estado de Rondônia. In: ENANPAD, 15., 1991, Salvador. *Anais...* Rio de Janeiro: Anpad, 1992.

_____. *Anomalias de uma organização, estrutura, administração e fiscalização que inviabilizam a comercialização do pequeno produtor na cooperativa*. São Paulo, 1993.

_____. *Ideologia e autogestão; contradição do cooperativismo agropecuário/agroindustrial brasileiro*: o caso da inversão decisória. Tese (Doutorado) — Eaesp/FGV, São Paulo, 1994.

_____. Organização e administração de cooperativas: problemas e alternativas. In: ENANPAD, 21., 1997, Rio das Pedras. *Anais...* Rio de Janeiro: Anpad, 1997.

_____. Organização e administração de cooperativas. *RAP*, Rio de Janeiro, v. 33, n. 2, mar./abr. 1999a.

_____. Por que as cooperativas agropecuárias e agroindustriais brasileiras estão falindo? *RAE*, São Paulo, v. 39, n. 2, abr./jun. 1999b.

_____. *Como organizar e administrar uma cooperativa*: uma alternativa para o desemprego. Rio de Janeiro: FGV, 2000.

_____. *Marketing social e ético nas cooperativas*. Rio de Janeiro: FGV, 2003a.

_____. *Não se engane com as falsas cooperativas*. São Paulo: On Line, 2003b.

_____. As vantagens do cooperativismo. In: CABRAL, C. Cooperativas: engenhos do futuro. *Rumos — Economia & Desenvolvimento para Novos Tempos*, Rio de Janeiro, v. 27, n. 206, mar. 2003c.

_____. Jogada de marketing. *MundoCoop*, São Paulo, v. 3, n. 10, maio/jun. 2005.

_____. *Cooperativas em rede e autogestão do conhecimento*: o trabalho flexível, em torno de processos, sob habilidades e equipes. Rio de Janeiro: FGV, 2006a.

_____. Autogestão do conhecimento enquanto fator de liderança nas organizações cooperativas. In: FIGUEREDO, J. (Org.). *Profissão líder*: desafios e perspectivas. São Paulo: Saraiva, 2006b.

_____. *Marketing social e ético nas cooperativas*. In: CONGRESSO DAS COOPERATIVAS DE TRABALHO DO ESTADO DO RIO DE JANEIRO. *Anais...* Rio de Janeiro: Fetrabalho/RJ, 2007.

CUIDADOS na gestão evitam a falência de microempresas. *Diário do Grande ABC*, 29 set. 2002. Caderno Economia.

CURSOS ajustados às realidades brasileiras. *Gazeta Mercantil*, 8 abr. 2003. Caderno Recursos Humanos & Carreiras.

DAMATTA, R. *A casa & a rua*: espaço, cidadania, mulher e morte no Brasil. São Paulo: Brasiliense, 1985.

DENAULT, B. État-cooperatives: la cohabitation paradoxale. In: COLLOQUE INTERNATIONAL LES RELATIONS ÉTAT-COOPERATIVES, 1987, Sherbrooke. *Actes...* Irecus/Université de Sherbrooke, 1989. p. 120.

DESROCHE, H. *Coopération et developpement*: mouvements coopératifs et stratégie developpemment. Paris: PUF, 1964. (Col. Tiers Monde).

DESVIOS fazem cooperativa do ES virar banco informal. *Folha de S. Paulo*, 24 jul. 2001. Caderno Brasil.

DOIS instrumentos de inclusão. *Rumos — Economia & Desenvolvimento para Novos Tempos*, Rio de Janeiro, v. 29, n. 221, maio/jun. 2005.

DUARTE, L. M. G. *Capitalismo e cooperativismo no RS*: cooperativismo empresarial e a expansão do capitalismo no setor rural do Rio Grande do Sul. Porto Alegre: Anpocs, 1986.

DÜLFER, E.; HAMM, W. (Eds.). *Co-operatives in the clash between member participation, organisational development and bureaucratic tendencies*: a complete guide to the creation, promotion and supervision of co-operative societies resulting from an international symposium in Marburg. London: Quiller Press, 1985.

DUVERGER, M. *As modernas tecnoburocracias*: poder econômico e poder político. Rio de Janeiro: Paz e Terra, 1975.

EMPREENDEDORAS lideram a tomada de microcrédito. *DCI — Comércio, Indústria & Serviços*, 22, 23 e 24 jul. 2006. Caderno Estilo Pessoal.

EMPRESÁRIOS aderem à cooperativa de crédito. *A Tribuna*, 20 jul. 2003. Caderno Economia.

EMPRESÁRIOS recorrem a "atalhos". *Folha de S. Paulo*, 7 maio 2006. Caderno Negócios.

EM RELATÓRIO, Ministério Público aponta "graves crimes" da cúpula do Bancoop. *O Estado S. Paulo*, 26 jun. 2008. Caderno Nacional.

ENCONTRO de educadores será este mês em MG. Disponível em: <www.ocb.org.br/site/agencia_noticias>. Acesso em: 14 jan. 2009.

ESTUDO questiona destino de recursos para o campo. *Valor Econômico*, 4 jul. 2006. Caderno Agronegócio.

EXPANSÃO do volume de empréstimos no país deixou de fora informais e baixa renda. *O Globo*, 13 ago. 2006. Caderno Economia.

FALABELLA, P. Empréstimo ou doação disfarçada. *Rumos — Economia & Desenvolvimento para Novos Tempos*, Rio de Janeiro, v. 30, n. 226, mar./abr. 2006.

FALTA marketing. *Agroanalysis*, Rio de Janeiro, v. 21, n. 2, fev. 2001.

FAO critica resultados do Fome Zero. *O Estado de S. Paulo*, 8 dez. 2005. Caderno Nacional.

FAUQUET, G. *II settore cooperativo*. Milano: Edizioni di Comunità, 1948. p. 23-24 e 69-77.

FERGUSON, C. E. A teoria dos custos. In: _____. *Microeconomia*. 4. ed. Rio de Janeiro: Forense Universitária, 1981.

FERNANDES, B. Qual a razão da hegemonia, na OCB, das cooperativas agropecuárias? *Agroanalysis*, Rio de Janeiro, v. 21, n. 5, out. 2001.

FINANCEIRAS disputam crédito. *DCI — Comércio, Indústria & Serviços*, 18 out. 2006. Caderno Especial.

FLEURY, M. T. L. *Cooperativas agrícolas e capitalismo no Brasil*. São Paulo: Global, 1983.

FONTES de custeio devem ser diversificadas. *Gestão Cooperativa*, Brasília, v. 9, n. 26, jun./jul. 2006.

FRANTZ, T. *Cooperativismo empresarial e desenvolvimento agrícola*: o caso da Cotrijuí, Ijuí. Paraná: Cotrijuí/Fidene, 1982.

FREITAS, M. L. A revitalização que não veio. *Agroanalysis*, Rio de Janeiro, v. 21, n. 10, out. 2001.

FRENCOOP paulista apoia manifesto da OCB a favor do cooperativismo. Disponível em: <www.portalcooperativismo.org.br>. Acesso em: 20 mar. 2006.

FREYRE, G. *Casa-grande & senzala:* formação da família brasileira sob o regime da economia patriarcal. São Paulo: Global, 2006.

NO "FUNDO do poço", Coagri ameaça fechar as portas. *Valor Econômico*, 16 set. 2008. Caderno Agronegócio.

GARCIA, C.; PINAZZA, L. A. Cooperativismo: uma visão estratégica. *Agroanalysis*, Rio de Janeiro, v. 23, n. 1, fev./mar. 2003.

GARRISON, R. H.; NOREEN, E. W. *Contabilidade gerencial.* Rio de Janeiro, LTC, 2001.

GASTOS subsidiados e programas sociais ameaçam lado fiscal. *Folha de S. Paulo*, 11 jun. 2006. Caderno Dinheiro.

GESTÃO competitiva. *Valor Econômico*, 28 mar. 2005. Caderno Valor Especial.

GITMAN, L. J. *Princípios de administração financeira.* 7. ed. São Paulo: Harbra, 1997.

GOMES, E. R.; ADDIS, C. *Corporativismo, liberalização e democratização*: um estudo a partir dos serviços do Sistema S. Rio de Janeiro: FGV, 2006.

GOVERNO amplia atuação das cooperativas. *Folha de S. Paulo*, 13 abr. 2003. Caderno Dinheiro.

GOVERNO amplia Bolsa Família, mas não ajuda beneficiário a gerar renda. *O Estado de S. Paulo*, 25 dez. 2005. Caderno Nacional.

GOVERNO apresenta novo projeto para cooperativas de trabalho. Disponível em: <www.brasilcooperativo.coop.br>. Acesso em: 9 maio 2006.

GOVERNO estuda capitalização das cooperativas de crédito. *DCI — Comércio, Indústria & Serviços.* 7 jul. 2004. Caderno Finanças.

GOVERNO federal não entende a realidade do cooperativismo. Disponível em: <www.portalcooperativismo.org.br>. Acesso em: 24 mar. 2006.

GOVERNO regulamenta cooperativa de trabalho. *DCI — Comércio, Indústria & Serviços*, 9 maio 2006. Caderno Política.

GOVERNO vai liberar recursos para as cooperativas. *Folha de S. Paulo*, 19 fev. 2006. Caderno Dinheiro.

O GOVERNADOR no olho do furacão. *Veja*, 29 set. 2004. Especial.

GUEDES recebe 16 lideranças cooperativistas. Disponível em: <www.portalcooperativismo.org.br>. Acesso em: 11 ago. 2006.

HAWKEN, P. *The ecology of commerce*: a declaration of sustainability. New York: HarperCollins Publishers, 2008.

ICA (International Cooperative Alliance). *Report of the proceedings of the thirteenth international co-operative congress*: Viena, 25th to 28th August, 1930. London: Co-operative Printing Society, 1930. Fifth session: "The Rochdale Priciples", p. 155-162. Seventh session: "The principles of Rochdale co-operation and modern systems of credit trading", by V. Klepzig.

_____. *Report of the proceedings of the 14th. Congress of the ICA at London.* London: Co-operative Printing Society, 1934. p. 138-139.

_____. *Report of the proceedings of the International Co-operative Alliance at Paris*, 6th to 9th September, 1937. London: Co-operative Printing Society, 1938. "Report on the present application of the Rochdale principles", p. 145-173; "The place of co-operation in different economic systems", p. 185-229; appendix I: "Co-operation and planned economy", p. 309-318.

_____. *Report of the twenty-third congress at Viena.* 5th to 78th September, 1966, Discussion on the Report and Resolution, p. 185-215.

_____. *Vingt-quatrième congrès*: agenda et rapports, Hambourg, du 1er. au 4 du septembre 1969. London, 1969.

IDEIAS para um sistema cooperativo de crédito. *Gazeta Mercantil*, 17 abr. 2001. Caderno Finanças.

INCENTIVO de cooperativas e taxa de juro menor. *Folha de S. Paulo*, 5 abr. 2003. Caderno Dinheiro.

JOUVENEL, B. de. *Du pouvoir*: histoire naturelle de sa croissance. Gèneve: Constant Bourquin, 1974.

KERINEC, R.; THEDIN, N. La démocratie coopérative contemporaine. *REC*, Paris, n. 157, p. 245-251, 3. trim. 1969.

KOTLER, P. *Marketing para organizações que não visam o lucro.* São Paulo: Atlas, 1988.

_____. *Administração de marketing*: edição do novo milênio. São Paulo. Prentice Hall, 2000.

LACROIX, J. La coopération de consumation comme expérience de participation. *Asscod*, Paris, v. 25, p. 84-111, jan./juin 1969.

LARS, Marcus. Co-operatives and basic values, a report to the ICA Congress. In: ACI CONGRESS, 29. *Proceedings...* Stockholm, 1988.

LASSERRE, G. La crise de la démocratie coopérative. *REC*, Paris, v. 155, p. 15-57, 1. trim. 1969.

LAUSCHNER, R.; SCHNEIDER, J. O. *O cooperativismo no Brasil*: evolução e situação atual do cooperativismo brasileiro; enfoque, análise e contribuições. São Leopoldo: FNS & Assoler, 1974. p. 5-7.

LEI cooperativista deve ser aprovada até maio de 2005. *DCI — Comércio, Indústria & Serviços*, 5 ago. 2004. Caderno Política Economica.

LIAN, J. A. O cooperativismo e Pepro, segundo o Cecafé. *Gazeta Mercantil*, 14 ago. 2008. Caderno Agonegócio.

LINTNER, J. Security prices, risk and maximal gains. *Journal of Finance*, Dec. 1965.

LOBBY consegue impedir controle externo sobre gastos do Sistema S. *O Estado de S. Paulo*, 16 jul. 2007. Caderno Nacional.

LOPES, M. de R.; SOUZA, G. da S. As cooperativas vistas por dentro (primeira parte). *Agroanalysis*, Rio de Janeiro, v. 21, n. 12, dez. 2001.

LOUREIRO, M. R. G. *Cooperativas agrícolas e capitalismo no Brasil*. São Paulo: Cortez, 1981.

LULA recomenda uso de cooperativas de crédito para fugir de juros altos. *Valor Econômico*, 7 jun. 2004. Caderno Brasil.

LULA sugere "boicote" a crédito para juro. *Folha de S. Paulo*, 7 jul. 2004. Caderno Dinheiro.

LUZ FILHO, F. História do cooperativismo brasileiro. In: SCHNEIDER, J. O. *Democracia* — participação e autonomia cooperativa. São Leopoldo, Unisinos, 1991.

MACHADO, J. R. *Administração de finanças empresariais*. Rio de Janeiro: Qualitymark, 2002.

MAIS capital para as cooperativas. *Rumos — Economia & Desenvolvimento para Novos Tempos*, Rio de Janeiro, v. 31, n. 229, set./out. 2006.

MAIS de R$ 1 bilhão a 2%. *Jornal do Brasil*, 28 set. 2003. Caderno Especial JB.

MAIS serviços nos bancos cooperativos. *Gazeta Mercantil*, 13 dez. 2000. Caderno Por Conta Própria.

MANOBRA de senadores governistas adia novamente a votação do PLS 171/99. Disponível em: <www.portalcooperativismo.org.br>. Acesso em: 29 mar. 2006.

MARTINS, I. As funções de um banco público. *IstoÉ Dinheiro*, n. 466, 22 ago. 2006.

MATULIS, H. Administração financeira de cooperativa. In: PINHO, D. B. (Org.). *Bases operacionais do cooperativismo*. São Paulo: CNPq, 1982.

MEINEN, Ê. Cooperativismo de crédito: raízes, evolução e particularidades. In: _____; DOMINGUES, J. N.; DOMINGUES, J. A. S. *Cooperativas de crédito no direito brasileiro.* Porto Alegre: Sagra Luzzatto, 2002.

MELHORES pautas cooperativistas ganharão prêmio. Disponível em: <www.portaldoco-operativismo.org.br/sescoop>. Acesso em: 4 jun. 2007.

MELLO, J.; MESQUITA, R. Banco do Nordeste (BNB). *Rumos — Economia & Desenvolvimento para Novos Tempos,* Rio de Janeiro, v. 29, n. 220, mar./abr. 2005.

MEMBRO de cooperativa pode financiar a compra de cotas. *DCI — Comércio, Indústria & Serviços,* 10 fev. 2006. Caderno Finanças.

MESMO sem acordo, Lei do Cooperativismo pode ser votada na quarta-feira. Disponível em: <www.portalcooperativismo.org.br>. Acesso em: 23 jan. 2006.

METALÚRGICOS lutam contra projeto sobre cooperativismo. *DCI — Comércio, Indústria & Serviços,* 15 fev. 2006. Caderno Política.

MICROCRÉDITO atinge 57% da meta. *DCI — Comércio, Indústria & Serviços,* 22 jul. 2005. Caderno Finanças.

MICROCRÉDITO chega a R$ 1 bi, mas ainda não atinge meta. *Valor Econômico,* 5 jan. 2006. Caderno Finanças.

MICROCRÉDITO deve ir aonde o pobre está. *Valor Econômico,* 28 fev. 2005. Caderno Finanças.

MICROCRÉDITO muda e aposta na parceria de bancos com ONGs. *O Estado de S. Paulo,* 23 abr. 2005. Caderno Economia.

O MICROCRÉDITO não avança. *O Estado de S. Paulo,* 28 out. 2006. Caderno Economia.

MICROCRÉDITO precisa de mais recursos e de menos limites, afirma a Abcred. *Valor Econômico,* 22 set. 2005. Caderno Finanças.

MICROCRÉDITO tem prejuízo e inadimplência. *Folha de S. Paulo,* 12 dez. 2005. Caderno Dinheiro.

MINISTÉRIO DA AGRICULTURA/SUPLAN/PLANAVE. *Pesquisa socioeconômica das cooperativas de produtores e de produção agrícola brasileira.* Brasília, 1977. 14v., v. 13.

MINISTROS finalizam estudo a favor do cooperativismo. *DCI — Comércio, Indústria & Serviços,* 1 dez. 2003. Caderno Legislação.

MLADENATZ, G. *História de las doctrinas cooperativas.* Buenos Aires: Intercoop, 1969.

MORIN, E. *Science avec conscience.* Paris: Seuil, 1990.

MOURA, V. Caráter e tendências do movimento cooperativo no Brasil. In: PINHO, D. B. *A problemática cooperativista no desenvolvimento econômico.* São Paulo: Artegráfica, 1973. p. 73-100.

MULHERES comandam empresas informais. *O Estado de S. Paulo*, 25 jul. 2006. Caderno Negócios.

MÜLLER, G. Contrijuí: tentativa de criação de um conglomerado de capital nacional. In: MÜNKNER, H. H. *Principios cooperativos y derecho cooperativo*. Bonn: Friedrich Ebert Stiftung, 1988.

NORDESTE e APLs/espaço aberto para investir. *Rumos — Economia & Desenvolvimento para Novos Tempos*, Rio de Janeiro, v. 29, n. 220, mar./abr. 2005.

NOVA diretoria da Unisol é eleita para mandato de 2 anos. *Diário do Grande ABC*, 2 ago. 2004. Caderno Economia.

NOVA lei cooperativista deve ser votada no Senado nesta quinta-feira. Disponível em: <www.brasilcooperativo.com.br>. Acesso em: 13 dez. 2005.

NOVA lei quer coibir cooperativas de fachada. *O Globo*, 9 maio 2006. Caderno Economia.

NOVA linha de crédito para cooperativas. *Valor Econômico*, 25, 26 e 27 jun. 2005. Caderno Agronegócio.

NOVAES, J. R. P. Cooperativismo: acumulação e mundo social. In: LOUREIRO, M. R. G. *Cooperativas agrícolas e capitalismo no Brasil*. São Paulo: Cortez, 1981.

OBJETIVO é integrar políticas sociais. *Observatório Econômico*, Santo André, v. 4, n. 12, abr./maio/jun. 2006.

OCB (Organização das Cooperativas Brasileiras). *Educação e capacitação cooperativista do sistema*. Brasília: OCB, 1996. 46p.

_____. *Manual de atendimento às demandas para constituição de cooperativa*. Brasília: Sescoop, 2007.

OLDCORN, R.; PARKER, D. *Decisão estratégica para investidores*. São Paulo: Nobel, 1998.

ORWELL, G. *1903-1950*. A revolução dos bichos. Barueri: Flashster, 1999.

PADUAN, R. A discussão em torno do bilionário Sistema S tem mérito de jogar luzes sobre o crônico problema da falta de qualificação da mão de obra brasileira. *Exame*, n. 919, 29 maio 2008.

PAIVA, C. A. *Administração de risco de crédito*. Rio de Janeiro: Qualitymark, 1997.

O PAPEL das finanças no empreendimento. *O Estado de S. Paulo*, 27 jan. 2004. Caderno Painel dos Negócios.

PARAÍSO, B. T. Democracia. *Rumos — Economia & Desenvolvimento para Novos Tempos*, Rio de Janeiro, v. 29, n. 217, set. 2004.

PARA ONGs, soja acentua desmatamento. *Folha de S. Paulo*, 16 jan. 2005. Caderno Dinheiro.

PEQUENO varejo paulistano cria cooperativa de crédito. *DCI — Comércio, Indústria & Serviços*, 2, 3 e 4 dez. 2006. Caderno Comércio.

PEREIRA, A. F. O cooperativismo em mudança e suas repercussões institucionais. In: _____. *Cooperativas*: mudanças, oportunidades e desafios, Brasília: OIT, 2001a.

_____. Crédito, poupança e outros serviços financeiros. In: _____. *Cooperativas*: mudanças, oportunidades e desafios. Brasília: OIT, 2001b.

_____. Mudanças sociais. In: _____. *Cooperativas*: mudanças, oportunidades e desafios. Brasília: OIT, 2001c.

_____. Novo papel do Estado na promoção do cooperativismo. In: _____. *Cooperativas*: mudanças, oportunidades e desafios. Brasília: OIT, 2001d.

PERIUS, V. Anotações sobre o direito cooperativo brasileiro. *Perspectiva Econômica*, São Leopoldo, v. 24, p. 43-77, 1990.

_____. *Problemas estruturais do cooperativismo*. Porto Alegre: Ocergs, 1993.

PESQUISA do Sebrae-SP mostra que maior dificuldade é apresentar garantias. *O Globo*, 13 ago. 2006b. Caderno Economia.

PF descobre fraude em cooperativa de agente. *Jornal do Brasil*, 19 nov. 2001. Caderno Cidade.

PF vai investigar venda de títulos da Bancoop. *Folha de S. Paulo*, 29 jun. 2008. Caderno Brasil.

PINAZZA, L. A.; ALIMANDRO, R. O PPCA chega ao poder. *Agroanalysis*, Rio de Janeiro, v. 23, n. 1, fev./mar. 2003.

PINHEIRO, M. A. H. *Cooperativas de crédito* — história da evolução normativa no Brasil. Brasília: Banco Central do Brasil, 2005.

_____. Cooperativas de crédito — história da evolução normativa no Brasil. In: _____. *Banco Central do Brasil*. Disponível em: <www.bcb.gov.br>. Acesso em: dez. 2005.

PINHO, A. B. *A problemática cooperativista no desenvolvimento econômico*. São Paulo: Artegráfica, 1973.

_____. Cooperativismo. *Rumos — Economia & Desenvolvimento para os Novos Tempos*, Rio de Janeiro, v. 27, n. 212, nov. 2003.

_____. *O cooperativismo no Brasil*: da vertente pioneira à vertente solidária. São Paulo: Saraiva, 2004.

PINHO, D. B. O crédito é sua espinha dorsal. *Rumos — Economia & Desenvolvimento para Novos Tempos*, Rio de Janeiro, v. 28, n. 212, nov./dez. 2003.

PL 171/99 pode ser votado nesta quarta-feira. Disponível em: <www.portalcooperativismo.org.br>. Acesso em: 10 abr. 2006.

PL do governo para cooperativas de trabalho prejudica autogestão. Disponível em: <www.brasilcooperativo.coop.br>. Acesso em: 9 maio 2006.

POBRES distanciam de ricos e dependem mais do governo. *Folha de S. Paulo*, 25 dez. 2005. Caderno Brasil.

POBREZA e desigualdade. *O Estado de S. Paulo*, 25 ago. 2006. Caderno Aliás Debate.

POBREZA rural e políticas públicas. *O Estado de S. Paulo*, 6 dez. 2005. Caderno Economia.

POR QUE a cooperativa cobra juro mais baixo. *O Estado de S. Paulo*, 12 jul. 2004. Caderno Economia.

POR QUE alguém paga juro de 12% ao mês? *O Estado de S. Paulo*, 7 jul. 2004. Caderno Economia.

PRADO, M. C. M. Pobres pagam mais impostos. *Valor Econômico*, 3 ago. 2006. Caderno Especial.

PROCHNOW, H. *Fusão e incorporação de cooperativas*: um estudo de caso. 1978. Dissertação (Mestrado) — PUC-RS, Porto Alegre.

PRODUTIVIDADE agrícola cortou emprego, aponta OIT. *Valor Econômico*, 8 dez. 2004. Caderno Brasil.

PRODUTORES e esmagadores do grão põem em ação estratégia para prescindir de benefícios fiscais e "atropelar" cooperativas. *Folha de S. Paulo*, 19 nov. 2006. Caderno Dinheiro.

PROFISSIONALISMO é a nova vocação do cooperativismo. *Gazeta Mercantil*, 7 jul. 2003. Caderno Rede Gazeta do Brasil.

PROGRAMAS sociais mudaram base de Lula. *O Estado de S. Paulo*, 7 maio de 2006. Caderno Nacional.

PROJETOS e parcerias. Disponível em: <www.ocbms.org.br/sescoop>. Acesso em: 18 ago. 2006.

QUEM ganha e quem perde com a expansão do agronegócio. *CartaCapital*, São Paulo, v. 11, n. 306, set. 2004.

RECURSO do microcrédito fica parado em banco. *Folha de S. Paulo*, 26 mar. 2005. Caderno Dinheiro.

REDIG, A. Receita francesa de solidariedade. *Rumos — Economia & Desenvolvimento para Novos Tempos*, Rio de Janeiro, v. 29, n. 219, jan./fev. 2005.

REELEIÇÃO provoca novas expectativas. *Gazeta Mercantil*, 2 nov. 2006. Caderno Política.

REIS, L. C. D. Inserção digital. *Rumos — Economia & Desenvolvimento para Novos Tempos*, Rio de Janeiro, v. 30, n. 223, set./out. 2005.

RENDA financeira do rico sobe 66%; a do trabalhador, 19%. *Folha de S. Paulo*, 9 jul. 2006. Caderno Brasil.

REPORTAGENS sobre o sistema cooperativista podem concorrer a prêmio. Disponível em: <www.portaldocooperativismo.org.br/sescoop>. Acesso em: 17 maio 2007.

RIOS, G. S. L. *Cooperativas agrícolas no Nordeste brasileiro e mudança social.* 1976. Dissertação (Mestrado) — Escola Superior de Agricultura Luiz de Queiroz, Universidade de São Paulo, Piracicaba.

RODRIGUES, R. Por que é preciso apoiar a Cotia. *O Estado de S. Paulo*, 25 maio 1993. Caderno Opinião.

ROMEIRO, M. do C. et al. Microcrédito favorece renda e inclusão social. *Observatório Econômico*, v. 2, n. 6, out./nov./dez. 2004.

ROZENBAUM, S.; LEITÃO, S. P. Para um agronegócio sem exclusão. *RAP*, Rio de Janeiro, v. 40, n. 2, mar./abr. 2006.

SANTORI, M. Banco ético e comércio justo. *Rumos — Economia & Desenvolvimento para Novos Tempos*, Rio de Janeiro, v. 29, n. 220, mar./abr. 2005.

SANTOS, C. A. dos. Confiança no futuro. *Rumos — Economia & Desenvolvimento para Novos Tempos*, Rio de Janeiro, v. 30, n. 226, mar./abr. 2006.

SCHARDONG, A. *Cooperativa de crédito*: instrumento de organização econômica da sociedade. Porto Alegre: Rigel, 2002.

SCHNEIDER, J. O. *Democracia*: participação e autonomia cooperativa. São Leopoldo: Unisinos, 1991.

SCHRICKEL, W. K. *Análise de crédito*: concessão e gerência de empréstimo. 5. ed. São Paulo: Atlas, 2000.

O SEBRAE investe na inclusão bancária. *Rumos — Economia & Desenvolvimento para Novos Tempos*, Rio de Janeiro, v. 29, n. 218, nov./dez. 2004.

OS SEGREDOS para controlar custos e aumentar lucros. *Diário de S. Paulo*, 25 abr. 2004. Caderno Negócios.

SEM as cooperativas, as perdas do produtor seriam líquidas e certas. *Agroanalysis*, Rio de Janeiro, v. 20, n. 9, set. 2000.

NO SERTÃO da Bahia, cigano é "banqueiro". *Folha de S. Paulo*, 11 jun. 2005. Caderno Dinheiro.

SESCOOP. *Manual de governança cooperativa.* Brasília: Sescoop, 2007. (Série Gestão Cooperativa).

SESCOOP/PRESTAÇÃO de contas. Disponível em: <www.portaldocooperativismo.org. br/sescoop>. Acesso em: 4 jun. 2007.

SESCOOP/SP ALERTA para preenchimento correto da GEP. Disponível em: <www.portalcooperativismo.org.br/sescoop/comunicação/noticias/>. Acesso em: 29 ago. 2006.

SESCOOP/SP OFERECE cinco cursos em junho. Disponível em: <www.portalcooperativismo.org.br/sescoop/comunicação/noticias/>. Acesso em: 5 jun. 2006.

SESCOOP/RS PROMOVE festival de cultura. Disponível em: <www.portaldocooperativismo.org.br/sescoop>. Acesso em: 26 jun. 2007.

SESCOOP TOCANTINS promove atividades recreativas para cooperados. Disponível em: <www.ocb.org.br/site/agencia_noticias/>. Acesso em: 4 out. 2008.

SHARE, W. Capital asset prices: a theory of market equilibrium under conditions of risk. *Journal of Finance*, Sept. 1964.

SILVA, E. C. da. *Governança corporativa nas empresas*. São Paulo: Atlas, 2006.

SOB a informalidade, um PIB de R$ 248 bi. *O Globo*, 30 jul. 2006. Caderno O País.

SUCESSO exige mais que boas ideias. *Folha de S. Paulo*, 13 out. 2003. Caderno Folha Negócios.

TAGLIAPIETRA, J. R. C. *O princípio de identidade e participação numa organização burocrática*. 1979. Dissertação (Mestrado) — Universidade Federal do Rio Grande do Sul, Porto Alegre.

THIERRY, J. *Léconomie européenne*. Paris: Ciem, 1999.

TRABALHO bate Bolsa-família na redução de desigualdade. *Folha de S. Paulo*, 5 mar. 2006. Caderno Brasil.

TRÊS anos depois, Guaribas não vive sem Fome Zero. *O Estado de S. Paulo*, 5 fev. 2006. Caderno Nacional.

TREUHERZ, R. M. *Análise financeira por objetivos*. 5. ed. São Paulo: Pioneira, 1999.

UE BUSCA gestão econômica comum. *O Estado de S. Paulo*, 19 out. 2008. Caderno Economia.

WATKINS, W. P. *Co-operative principles today & tomorrow*. Manchester: Holyoake Books, Co-operative Union, 1986. p. 7.

WHYTE, W. F. *Making Mondragon;* the growth anol dynamics of the worker cooperative complex. 2. ed. Ithaca: ILR, 1991.

ZONTA contesta ementa do governo ao novo projeto de lei cooperativista. Disponível em: <www.portalcooperativismo.org.br>. Acesso em: 20 abr. 2006.

ZYLBERSZTAJN, D. Dificuldades de gerenciamento. *Gazeta Mercantil*, 6 abr. 1994. p. 1-16.

Apêndice A

Plano de negócios para decidir racionalmente sobre o crédito e profissionalizar a gestão dos empreendimentos mantidos pelos sócios das cooperativas de crédito

O plano de negócios é a forma mais apropriada para colocar uma ideia em prática. Noutros termos, o plano de negócios é um documento usado para descrever um empreendimento e o modelo de organização e administração que sustentará o negócio, permitindo ao empreendedor situar-se no seu ambiente operacional interno e externo.

Eis as principais vantagens de um plano de negócios:

❑ identificar oportunidades de mercado e transformá-las em diferencial competitivo, a fim de gerar valor aos clientes e vencer a concorrência;

❑ obter financiamentos junto às cooperativas de crédito, instituições financeiras públicas e privadas, organizações não governamentais ligadas ao crédito solidário, investidores ou capitalistas de risco etc.;

❑ avaliar a capacidade ou desempenho econômico-financeiro do empreendimento, tendo em vista a expansão, a segurança e a permanência do negócio no mercado;

❑ gerenciar o empreendimento de forma profissional, mediante identificação dos pontos fortes e fracos do negócio e decisões de ajustes econômico-financeiros ou de apoio à logística de fornecimento, manufatura e distribuição dos produtos ou serviços no mercado;

❑ apresentar proposta ou projeto do negócio, detalhando tanto a organização quanto a administração do empreendimento. Em suma, o plano de negócios possibilita ao empreendedor criar meios organizacionais e administrativos para gerenciar o seu negócio de forma eficiente (*executar um serviço ou produto benfeito*), eficaz (*um serviço ou produto benfeito, executado em menos tempo e com menor custo*), produtiva (*um serviço ou produto benfeito, executado em menos tempo, com menor custo e em quantidade acima da capacidade inicial estabelecida*) e competitiva (*um serviço ou produto benfeito, executado em menos tempo, com menor custo, em quantidade acima da capacidade inicial estabelecida e diferenciado para agregar valor ao cliente diante da concorrência*).[171]

O quadro A1 mostra algumas questões-chave para o empreendedor começar a desenvolver o seu plano de negócios.

Quadro A1
Questões-chave para desenvolver o plano de negócios

O quê?	Qual o propósito do projeto empresarial ou negócio?
	O que se busca apresentar no plano de negócios?
	O que é o empreendimento ou negócio?
	Qual é o serviço ou produto do empreendimento?
Onde?	Onde o empreendimento será ou está instalado?
	Onde se encontra o mercado para os produtos ou serviços do empreendimento e, em termos percentuais, qual o potencial de compra do público-alvo?
Por quê?	Por que o empreendimento precisa do empréstimo requisitado na cooperativa de crédito?
Como?	Como serão aplicados, no empreendimento, os recursos solicitados na cooperativa de crédito?
	Como se apresenta o desempenho financeiro-econômico do empreendimento (vendas, liquidez, endividamento, rentabilidade etc.)?
	Como se comporta o crescimento do empreendimento (projeções de faturamento considerando-se três anos)?
Quanto?	Quanto de recursos o empreendimento necessita?
	Quanto será o retorno sobre o investimento?
Quando?	Quando o empreendimento foi criado ou será criado?
	Quando o empreendimento precisará do empréstimo solicitado na cooperativa de crédito?
	Quando começará a saldar o empréstimo solicitado na cooperativa de crédito?

Fonte: Adaptado de Kotler (2000) e Crúzio (2003a).

---

[171] Crúzio, 2000, 2003a, 2006a.

Estrutura básica do plano de negócios

Não existe uma estrutura única ou específica para desenvolver um plano de negócios, já que cada negócio tem suas particularidades. No entanto, qualquer plano de negócios deve conter um mínimo de seções e subseções que proporcionarão um entendimento completo do empreendimento. Um plano de negócios desorganizado prejudicará a leitura do interessado, como também causará má impressão do próprio empreendimento. Ademais, dificultará ao leitor acessar de forma fácil e rápida determinado assunto mencionado no texto do plano de negócios.

Portanto, é preciso desenvolver as seções e subseções do plano de negócios de forma lógica, a fim de permitir a qualquer leitor o entendimento sobre o empreendimento em questão. Noutros termos, facilitar ao máximo a leitura e compreensão do plano de negócios, principalmente com relação aos objetivos do empreendimento, produtos ou serviços envolvidos no negócio, ponto forte do negócio diante da concorrência, viabilidade econômico-financeira como também o retorno financeiro do empreendimento.

Apresentação do plano de negócios

É recomendável preparar tanto a capa quanto o texto do plano de negócios conforme a padronização: papel tamanho A4; margens esquerda 3cm, superior 3cm, direita 2cm e inferior 2cm; escrito com letras tamanho 12 (Times New Roman). Na capa, conforme exemplo mostrado no quadro A3, deve constar o nome da empresa e razão social (Ltda. ou S/A); o endereço completo da empresa, incluindo bairro, CEP; número do telefone (DDD), endereço eletrônico e logotipo, caso tenha; os nomes, cargos-chave e endereços dos proprietários ou principais executivos da empresa; o mês e ano em que o plano de negócios foi elaborado, como também o nome de quem o fez.

Vale observar, o sumário do plano de negócios, logo depois da capa, é constituído pelas seções e subseções conforme sequenciadas no texto. É possível numerar o sumário automaticamente, mediante as técnicas do Word (janela inserir índice). As páginas referentes a capa, índice e introdução não aparecem numeradas no papel, porém são acumuladas no total geral de páginas. Artifício também possível na janela do Word inserir índice, conforme o sumário do plano de negócios aqui desenvolvido.

Conteúdo básico do plano de negócios

Um plano de negócios abrangente, completo, seguro e profissional deve abordar, pelo menos, os principais temas referentes a organização, administração e operações do empreendimento, subdivididos em tópicos e subtópicos, conforme apresentados no quadro A2. Estes tópicos e subtópicos constituirão a base para desenvolver as seções e subseções do plano de negócios, conforme modelo aqui apresentado.

Quadro A2
Temas centrais para compor um plano de negócios

Temas (Tópicos)	Especificações (Subtópicos)
Introdução	Origem do empreendimento
	Equipe administrativa e operacional
	Estrutura organizacional
	Aspectos social e legal do negócio
	Localização e infraestrutura
	Manutenção de registros
	Seguro envolvido no negócio
	Segurança interna
	Serviços terceirizados
Produtos ou serviços do empreendimento	Natureza do produto
	Característica do serviço
	Diferencial mercadológico do produto ou serviço
Análise mercadológica do empreendimento	Definir o mercado
	Segmentar o mercado
	Posicionar o mercado
	Harmonizar o mercado
Pesquisa de mercado do empreendimento	Necessidades dos consumidores
	Percepções dos consumidores
	Preferências dos consumidores
	Grau de satisfação dos consumidores
Programa de marketing (produto, preço, ponto de venda e promoção) do empreendimento	Decisões estratégicas sobre o nível do produto
	Decisões estratégicas sobre a linha do produto
	Decisões estratégicas sobre o ciclo de vida do produto ou serviço
	Decisões estratégicas sobre a marca do produto ou serviço
	Decisões estratégicas sobre a embalagem e rotulagem do produto
	Decisões estratégicas sobre os preços do produto ou serviço
	Decisões estratégicas sobre o ponto de venda do produto ou serviço
	Decisões estratégicas sobre a propaganda do produto ou serviço
	Decisões estratégicas sobre a promoção do produto ou serviço
Planejamento estratégico da carteira de negócios	Decisões estratégicas sobre o crescimento/participação no mercado-alvo
	Novos negócios *versus* redução de negócios superados
	Planejamento estratégico das unidades de negócios

Continua

Temas (Tópicos)	Especificações (Subtópicos)
Planejamento econômico-financeiro do empreendimento	Balanço patrimonial do negócio
	Demonstrativo de resultado do exercício do negócio
	Análise econômico-financeira do negócio
	Planos financeiros do negócio
	Ponto de equilíbrio (*break even*) entre os custos e as receitas do negócio
	Projeto de investimento e retorno financeiro do negócio

Vale observar, embora o tópico da introdução se encontre logo no início do plano de negócios, recomenda-se desenvolvê-lo após os tópicos da análise mercadológica e pesquisa de mercado, relativas ao negócio em questão, já que constituem as ferramentas para levantar o potencial de marcado-alvo e, principalmente, a viabilidade econômico-financeira do(s) produto(s) ou serviço(s) almejado(s) pelo empreendedor.

Exemplo

Suponha que o empreendedor queira produzir itens das confecções e vender diretamente no mercado peças de artesanato, como roupas, toalhas, almofadas, bolsas, colchas etc. Nesse caso, o empreendedor precisa iniciar o plano de negócios a partir da identificação do público de interesse comercial, localização do mercado-alvo, determinação do tamanho e do potencial de compras de cada segmento de mercado. Em seguida, deve fazer a pesquisa de mercado para levantar as necessidades e preferências dos consumidores em cada segmento selecionado, conforme as seguintes etapas:

- identificar o público de interesse comercial (todas as pessoas que compram bordados manuais e mecânicos) e selecionar um mercado-alvo, onde a empresa acredita ter o seu ponto forte;
- localizar o mercado-alvo (todas as pessoas que compram bordados confeccionados artesanalmente) e em seguida identificar os segmentos de mercado, por ordem de prioridades produtiva e comercial (bordados dos tecidos, bordados de fibras, bordados com pedrarias etc.);
- determinar o tamanho e o potencial de compras de cada segmento de mercado, levando em conta os seguintes critérios: *geográficos* (identifica os consumidores por território de vendas: cidade, estado, região, país ou continente), *demográficos* (identifica os consumidores por classe: alta, média ou baixa), *psicológico* (identifica os consumidores por posição social, *status*, interesse por moda, marca etc.), e *comportamental* (identifica os consumidores por sensibilidades à qualidade, ao preço etc.);
- procurar conhecer as necessidades e preferências dos consumidores em cada segmento selecionado, através de questionários, mala direta ou amostras do item ofertado etc.

No capítulo 5 deste livro mostramos, detalhadamente, como desenvolver as seções e subseções do plano de negócios, relativas a análise mercadológica e pesquisa de mercado.

Fonte: Adaptado de Crúzio (2003a) e Kotler (2000).

Conforme o exemplo, pode-se observar que as seções da análise mercadológica e pesquisa de mercado são essenciais para o desenvolvimento das demais seções do plano de negócios. A seguir, mostra-se como desenvolver passo a passo todas as seções e subseções de um plano de negócios abrangente, completo, seguro e profissional.

Quadro A3
Modelo de capa de plano de negócios

Costuras Artesanais S/A
Rua..........., nº....., Bairro........., CEP.........
Cidade.........., Estado..........
Tel......, endereço eletrônico........., e-mail.......... (caso tenha)

Espaço reservado para o logotipo do empreendimento (caso tenha)

Fulano de tal.... (Presidente)
Rua.........., nº....., Bairro........., CEP....., Cidade....., Estado.....
Fulano de tal...... (Diretor administrativo financeiro)
Rua.........., nº....., Bairro........., CEP....., Cidade....., Estado.....

Este plano de negócios foi elaborado em (mês, ano) por Fulano de tal....

Sumário

1. Introdução
   1.1 Origem do empreendimento
   1.2 Equipe administrativa e operacional
   1.3 Estrutura organizacional
   1.4 Aspectos social e legal do negócio
   1.5 Localização e infraestrutura
   1.6 Manutenção de registros
   1.7 Seguro envolvido no negócio
   1.8 Segurança interna
   1.9 Serviços terceirizados

2. Produtos ou serviços do empreendimento
   2.1 Natureza do produto
   2.2 Característica do serviço

3. Análise mercadológica do empreendimento
   3.1 Definir o mercado
   3.2 Segmentar o mercado
   3.3 Posicionar o mercado
   3.4 Harmonizar o mercado

4. Pesquisa de mercado do empreendimento
   4.1 Necessidades dos consumidores
   4.2 Percepções dos consumidores
   4.3 Preferências dos consumidores
   4.4 Grau de satisfação dos consumidores

5. Programa de marketing do empreendimento
   5.1 Decisões estratégicas sobre o nível do produto
   5.2 Decisões estratégicas sobre a linha do produto
   5.3 Decisões estratégicas sobre o ciclo de vida do produto ou serviço
   5.4 Decisões estratégicas sobre a marca do produto ou serviço
   5.5 Decisões estratégicas sobre a embalagem e rotulagem do produto
   5.6 Decisões estratégicas sobre os preços do produto ou serviço
   5.7 Decisões estratégicas sobre o ponto de venda do produto ou serviço
   5.8 Decisões estratégicas sobre a propaganda do produto ou serviço
   5.9 Decisões estratégicas sobre a promoção do produto ou serviço

6. Planejamento estratégico do empreendimento
   6.1 Decisões estratégicas sobre o crescimento/participação no mercado-alvo

6.2 Novos negócios *versus* redução de negócios superados

6.3 Planejamento estratégico das unidades de negócio

7. Planejamento econômico-financeiro do empreendimento

7.1 Balanço patrimonial do negócio

7.2 Demonstrativo de resultado do exercício do negócio

7.3 Análise econômico-financeira do negócio

7.4 Planos financeiros do negócio

7.5 Ponto de equilíbrio (*break even*) entre os custos e as receitas do negócio

7.6 Projeto de investimento e retorno financeiro do negócio

1. Introdução

Nesta seção o empreendedor apresenta um resumo geral do negócio em questão, levando em conta tipo de sociedade, participação de sócios (caso tenha), aspectos legais do empreendimento, estrutura organizacional, número de colaboradores administrativos e operacionais ou técnicos, habilidades e competências/essências exigidas nos processos administrativos e operacionais ou técnicos, montante do capital próprio e/ou de terceiros, capacidade empresarial do negócio ante os concorrentes, diferencial competitivo do negócio, tamanho e potencial do mercado local ou internacional no qual atua, localização e tamanho das instalações, matéria-prima adquirida localmente ou importada, atividade fiscalizada ou não por órgãos públicos, tipos de tecnologias requeridas nos processos administrativos e operacionais, atividades terceirizadas (caso tenha) etc. conforme desenvolvidos nas seções e subseções subsequentes.

1.1 Origem do empreendimento

Nesta subseção o empreendedor deve apresentar de forma resumida a história da organização, envolvendo os motivos e seus atores. É uma descrição sucinta da organização, mostrando o porquê de sua criação, sua missão econômica, social ou política.

Enfatiza também as características únicas do empreendimento e demonstra o diferencial dos produtos ou serviços aos prováveis clientes. Expõe o que se pretende alcançar pelo menos nos próximos três anos. Relata a natureza dos produtos ou serviços, o porte do empreendimento e como está ou será enquadrado na legislação no que se refere às micro, pequenas ou médias empresas; sociedade cooperativa, sociedade civil limitada, sociedade anônima. No anexo B apresentamos os critérios para abrir e classificar as empresas ou organizações cooperativas, os aspectos legais, como também a incidência ou isenção de impostos e encargos trabalhistas envolvidos em cada modalidade de sociedade.

1.2 Equipe administrativa e operacional

Nesta subseção o empreendedor relata a qualificação das pessoas que gerenciarão o empreendimento, como também a capacidade e habilidades dos funcionários em relação ao produto ou serviço ofertados. É importante esse relato porque tanto a cooperativa de crédito quanto os investidores externos, agentes financeiros, bancos etc. querem saber onde seus recursos serão aplicados.

As microempresas normalmente começam com os donos que executam todas as tarefas, atividades ou funções, tanto operacionais (operação de uma máquina, confecção do produto, carga e descarga de mercadorias etc.), quanto administrativas (pagamento de uma duplicata, venda e entrega dos produtos, compra de matéria-prima etc.). Mas se o negócio prospera, as vendas podem aumentar, assim como a compra de matéria-prima. Igualmente pode surgir a necessidade de novas máquinas, equipamentos e materiais, a expansão das instalações e infra-estrutura geral do empreendimento. Consequentemente o negócio precisará de mais colaboradores, para dar conta das novas tarefas, atividades e funções, tanto na área operacional quanto administrativa.

Tais crescimentos precisam ser projetados nesta subseção, especialmente com relação às possibilidades de novas contratações. Assim, é necessário elaborar as descrições de cargos, evidenciando as capacidades e habilidades dos colaboradores atuais e futuros, em cada área operacional e administrativa do empreendimento, como mostrado a seguir.[172]

1.3 Estrutura organizacional

Nesta subseção o empreendedor apresenta a estrutura organizacional que sustentará o negócio em questão, levando em conta número de cargos, funções e órgãos em razão da natureza dos produtos ou serviços almejados. As formas mais comuns para estruturar tarefas, atividades e funções nas organizações são por função, produto, localização geográfica, clientela e projeto, podendo o empreendedor adequá-las ao tamanho e necessidades de seu negócio, disponibilidade de recursos etc. Ademais, conforme as vantagens e desvantagens organizacionais, administrativas e operacionais de cada tipo de estrutura.[173]

Estruturação por função

Esse tipo de estrutura é adequado para empreendimento que divide o trabalho por áreas específicas, conforme a importância e impacto no negócio, como se pode ver no organograma da figura A1.

---

[172] Sobre estratégias e técnicas para identificar capacidades e habilidades, conforme o negócio principal (*core business*) de cada empreendimento, ver Crúzio (2006a).
[173] Sobre outros modelos de estruturas não hierárquicas, não centralizadas, horizontais, enxutas, flexíveis, dinâmicas, ver Crúzio (2006a).

Exemplo

Suponha um empreendimento voltado para a produção de caju. Nesse caso, o negócio beneficia a castanha, processa sucos naturais, extrai o bagaço para ração, pastas ou gomas diversas etc.

A estrutura organizacional que sustentará o empreendimento poderá exigir profissionais da área de *pesquisa de marketing, desenvolvimento de novos produtos, propaganda e promoção de vendas e atendimento a clientes*. Assim, torna-se necessário contratar profissionais especializados tanto para a área de marketing, quanto para a área administrativa de apoio.

A estrutura de funções e órgãos pode ser composta a partir de uma *gerência de marketing* (GMK) e outra *gerência administrativa* (GAD), ambas sob responsabilidade da *direção administrativa e comercial* (DAC). Como mostra o organograma da figura A1, as funções de pesquisa de marketing (FPM), desenvolvimento de novos produtos (FDP) e vendas externas (FVE) ficam sob responsabilidade da GMK, enquanto as funções de seleção, treinamento etc. (FST) e de relações trabalhistas (FRT) ficam sob responsabilidade da GAD.

Figura A1
Estrutura organizacional por função

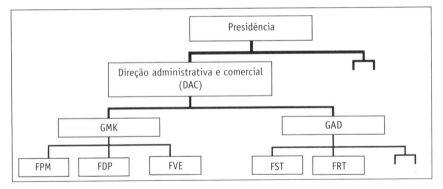

A descrição de cargo da gerência de marketing seria: desenvolver estratégias de longo prazo para os produtos derivados de caju, elaborar planos anuais de marketing e previsões anuais de vendas, desenvolver a propaganda e campanhas mercadológicas, compor a força de vendas e selecionar os canais de distribuição, reunir informações sobre o desempenho da produção de caju e derivados, o comportamento dos clientes e intermediários, e problemas e novas oportunidades de mercado, aprimorar os atributos dos derivados de caju, visando atender a mercados locais ou internacionais mais exigentes, coordenar as atividades de marketing e outras atividades afins.

Continua

> A descrição de cargo da gerência administrativa seria: elaborar o plano de seleção e admissão de pessoal, elaborar o plano de cargos e salários (PCS) dos empregados, elaborar o plano de treinamento, desenvolvimento e fixação de pessoal no cargo, coordenar a administração de pessoal e outras atividades afins.

Fonte: Adaptado de Crúzio (2003a).

A estruturação por funções pode trazer algumas vantagens organizacionais: agrupar subfunções técnicas sob responsabilidade de especialista; atualizar e utilizar ao máximo as competências técnicas e habilidades dos profissionais em determinada área.

Mas também há desvantagens: perder a eficácia funcional à medida que os produtos e mercados se diversificam; engessar o planejamento com relação a novos produtos e mercados específicos; criar conflitos entre grupos funcionais distintos (competição orçamentária ou de *status*).

Estruturação por produto

Esse tipo de estrutura é adequado para empreendimentos que operam com uma linha de produtos, como se pode ver no organograma da figura A2.

Exemplo

Suponha um empreendimento de produtores agropecuários cujo objetivo seja comercializar o leite *in natura* de produção orgânica e beneficiar e vender diretamente no mercado leite tipo C (1), leite longa vida (2), manteiga (3) e iogurte (4).

Figura A2
Estrutura organizacional por produtos

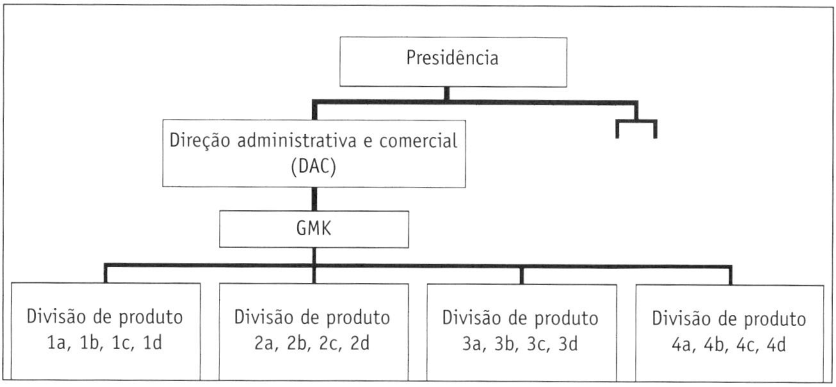

Continua

> A estrutura de funções e órgãos pode ser desenhada conforme as especificidades dos processos produtivos, como mão de obra, maquinário, conservação e distribuição (*a*), força de venda (*b*), mídia (*c*) e orçamento (*d*). Assim, as particularidades dos produtos e processos seriam agrupadas por divisão de produtos, todas elas sob responsabilidade de uma gerência de marketing. O organograma da figura A2 mostra a estruturação do departamento de marketing por divisão de produtos (1), (2), (3), (4), em função dos processos administrativos e industriais (*a*), (*b*), (*c*) e (*d*).

Fonte: Adaptado de Crúzio (2003a).

A estruturação organizacional por produtos pode trazer vantagens organizacionais: concentrar esforços administrativos e reduzir custos, no que se refere ao desenvolvimento do *mix de marketing* para um produto específico; reagir mais prontamente às mudanças no mercado ou no consumo com mais rapidez; incrementar itens menos importantes da linha de produtos.

Mas pode haver desvantagens: restringir a capacidade do profissional a um único produto; fragmentar o propósito global do empreendimento em subgrupos de interesses concentrados em determinados produtos; aumentar os gastos com pessoal, devido à especialização por produtos.

Estruturação por localização geográfica

Esse tipo de estrutura é adequado para empreendimentos que operam em mercados dispersos, como se pode ver no organograma da figura A3.

Exemplo

Tomando novamente o caso do empreendimento dos produtores de caju, suponhamos que seu objetivo comercial seja comprar o caju e derivados nos municípios X, Y e Z, e vender o produto industrializado nos mercados das regiões Nordeste, Sul, Sudeste, Centro-Oeste e Norte, bem como nos mercados europeu e norte-americano. Nesse caso, a estrutura de funções e órgãos pode ser desenhada a partir de uma força de vendas para o mercado doméstico, sob responsabilidade da gerência de marketing, e, no mercado internacional, usar canais de distribuição de terceiros especializados na exportação de produtos de origem tropical, como mostrado no organograma da figura A3.

Conforme o organograma da figura A3, a gerência de marketing ficaria encarregada da coordenação de cinco *supervisores regionais de vendas* (SRV), que circulariam, respectivamente, pelas regiões Nordeste, Sul, Sudeste, Centro-Oeste e Norte.

Continua

Esses supervisores, por sua vez, seriam responsáveis por uma *força de vendas* (FVE) de no máximo 10 vendedores, conforme o potencial de vendas de cada região.

Figura A3
Estruturação por localização geográfica

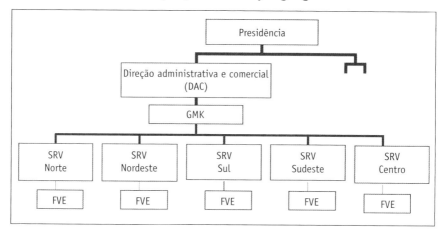

A descrição de cargo da gerência de marketing seria: incentivar os supervisores de vendas e também os canais intermediários, estabelecendo cotas de vendas de caju e derivados, levantar dados estatísticos sobre as vendas nos mercados doméstico e internacional e compará-los com as metas de vendas preestabelecidas, elaborar relatório mensal de vendas, comparando os resultados estimados com aqueles efetivamente alcançados, e submetê-lo à direção administrativa e comercial, identificar novas oportunidades nos mercados doméstico e internacional, e outras atribuições afins.

A descrição de cargo dos supervisores regionais de vendas: estipular a carga de trabalho dos vendedores, atribuir cotas de vendas, avaliar o desempenho de cada vendedor e repassar as bonificações, elaborar planilhas de vendas mensais e submetê-las à apreciação da gerência de marketing.

A descrição de cargo da força de vendas seria: procurar satisfazer às necessidades de compra da clientela em cada distrito de vendas, contatar novos clientes, elaborar ficha de vendas quinzenal e submetê-la à supervisão regional de vendas, e outras atribuições afins.

Fonte: Adaptado de Crúzio (2003a).

A estruturação do departamento de marketing por localidades geográficas pode trazer algumas vantagens organizacionais: definir responsabilidades por cotas de vendas, lucro e desempenho; adequar as cotas de vendas à demanda dos mercados territoriais, regionais ou internacionais; a proximidade com o mercado-alvo possibilita obter mais informações.

Quanto às desvantagens: concentrar esforços administrativos e operacionais num determinado mercado regional em detrimento de outras áreas funcionais importantes do empreendimento; facilitar o desvio do objetivo global do empreendimento, devido à autonomia concedida à força de vendas.

Estruturação por clientela

Esse tipo de estrutura é adequado para empreendimentos que atuam em mercados variados (consumidores diretos, redes de varejo, atacadistas, restaurantes, lojas especializadas etc.) podendo estruturar suas funções e órgãos por clientela, como mostra o organograma da figura A4.

A estruturação por clientela apresenta as seguintes vantagens organizacionais: dar maior atenção a diferentes tipos de clientes, conforme suas necessidades de compras; adequar embalagem, transporte e canais de distribuição conforme o tipo de cliente; resolver problemas de demanda por clientela específica.

Mas também pode ter desvantagens: relegar as demais áreas funcionais do empreendimento, devido à prioridade conferida ao cliente; negligenciar outros objetivos importantes para as finanças do empreendimento, como lucratividade, produtividade e eficiência, por visar sobretudo a satisfação do cliente.

Exemplo

Suponha um empreendimento de avicultores cujo objetivo comercial seja comprar a produção de aves e vendê-la diretamente para consumidores, restaurantes, redes de supermercados, feirantes e indústrias de beneficiamento e também para o mercado exportador. Nesse caso, poderia constituir sua força de vendas própria por clientela.

Figura A4
Estruturação por clientela

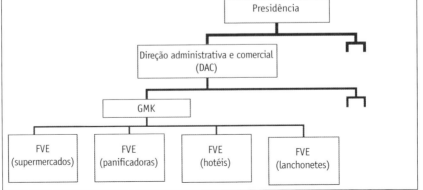

Continua

> Para tanto proporcionaria aos vendedores treinamento específico e adequaria suas ofertas às exigências de cada tipo de cliente, conforme o organograma da figura A4.

Fonte: Adaptado de Crúzio (2003a).

Estruturação por projeto

Esse tipo de estrutura é adequado para empreendimentos que prestam serviços de consultoria nas áreas de administração, engenharia etc., conforme organograma da figura A5.

Eis algumas vantagens da estruturação organizacional por projetos: criar cronograma para várias atividades especializadas, em diferentes tipos de projetos, adaptar rapidamente a estrutura de funções e órgãos do empreendimento às exigências de cada projeto, agrupar temporariamente diversos especialistas para prestar determinados serviços, facilitar a coordenação de especialistas para cumprir tarefas em projetos diversos; possibilitar um fluxo de trabalho contínuo aos especialistas, conforme a quantidade de projetos assumidos.

Há também as desvantagens: gerar ociosidade de materiais, equipamentos, máquinas, mão de obra qualificada etc. nos intervalos entre projetos; gerar ansiedade entre as pessoas envolvidas num determinado projeto, quando não há perspectiva de novos trabalhos.

Exemplo

Suponha um empreendimento de profissionais consultores cujo objetivo comercial seja prestar serviços especializados nas áreas de administração, contabilidade, advocacia e engenharia junto a empresas, indústrias, escritórios médicos etc. Nesse caso, poderia estruturar suas funções e órgãos por projetos e equipes de trabalho autogerenciadas, conforme as competências ou habilidades de seus integrantes, em função da demanda de serviços especializados.[174]

Por exemplo, na figura A5 consultores de administração para reengenharia, de direito para auditoria fiscal, de contabilidade para análise de balanço, de engenharia para manutenção de plantas industriais e assim por diante. Assim, a gerência de marketing designa um especialista para trabalhar numa determinada fase do projeto em questão; tão logo ele encerre suas atividades, designa outro especialista e assim sucessivamente até o término do projeto.

Continua

---

[174] Sobre estratégias e técnicas de gestão do conhecimento para desenvolver equipes de trabalho de autodesempenho ou autogerenciadas, ver Crúzio (2006a).

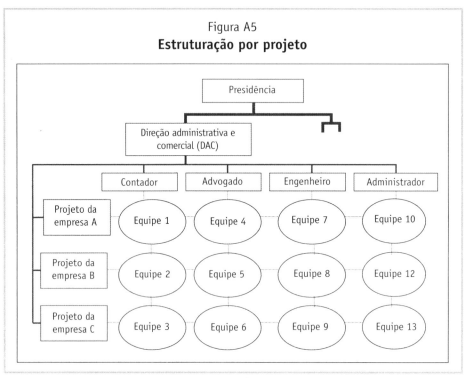

Fonte: Adaptado de Crúzio (2003a e 2006a).

1.4 Aspectos social e legal do negócio

Nesta subseção o empreendedor descreve sobre a constituição da sociedade, isto é, quem é e qual a participação de cada sócio no negócio, devendo explicar o envolvimento dos sócios. Por exemplo, se todos retiram pró-labore (retirada mensal dos sócios de uma empresa, similar ao salário), se há sócios com dedicação parcial, sócios capitalistas ou investidores etc. Igualmente como será feita a distribuição dos lucros e de quem é a responsabilidade financeira por qualquer perda.

Explica também o tamanho da organização, podendo ser enquadrada na forma de micro, pequena ou média empresa. Ademais, quais os impostos que incidem sobre o negócio, e se o mesmo tem algum benefício fiscal, no caso de uma sociedade cooperativa. Veja no anexo B os aspectos legais para classificar o tipo de sociedade, os impostos e outras informações sobre a formação e registro de pequenos e médios empreendimentos.

1.5 Localização e infraestrutura

Nesta subseção o empreendedor faz breve descrição a respeito da localização do empreendimento, levando em conta a disponibilidade de acesso e de infraestrutura. Por exemplo, se as instalações são próprias ou alugadas (qual o valor do aluguel e prazo do contrato), se estão localizadas numa região predominantemente empresarial, como centro empresarial, e se é fácil obter linha telefônica, linha de dados ou acesso rápido à internet.

Além disso, apresenta a planta baixa do empreendimento, evidenciando o *layout* dos escritórios, máquinas, depósitos, estacionamentos, incluindo os fluxos de acesso. É preciso descrever também sobre o processo produtivo e/ou administrativo do produto ou serviço escolhido, evidenciando suas etapas técnicas, operacionais ou comerciais.[175] Lista todos os equipamentos utilizados nesses processos, capacidade de produção ou índice de produtividade. Aponta as necessidades de materiais, peças, componentes industriais e matéria-prima, bem como suas características (são fornecidas em lotes, de forma unitária etc.), fornecedores locais ou internacionais, perdas ou refugos, custos de manutenção ou reposição etc. Indica o número de funcionários, a qualificação da mão de obra requerida e onde encontrá-la. Descreve os turnos de trabalho, salários, horas/homem, horas/máquina, políticas de treinamento e qualidade etc.

Tudo isso é necessário, porque na seção do planejamento financeiro o empreendedor deverá fazer suas previsões de compras e outras despesas, para incluir na projeção do fluxo de caixa, conforme veremos.

1.6 Manutenção de registros

Nesta subseção o empreendedor apresenta como é ou será feita a contabilidade do empreendimento, podendo ser realizada por profissionais habilitados do próprio empreendimento ou terceirizada. É fundamental atentar para os aspectos gerenciais da contabilidade, já que constituem os meios e as formas para contabilizar todas as entradas e saídas de caixa, isto é, o gerenciamento do fluxo de caixa do empreendimento. Assim, a decisão de manter a própria contabilidade ou terceirizá-la irá depender tanto da capacidade profissional dos possíveis executores quanto do grau de segurança e confiabilidade que se deseja obter nas contas do empreendimento.

Além disso, a contabilidade através de seus demonstrativos contábeis constituirá peça-chave para a análise econômico-financeira de qualquer empreendimento, devendo receber certa prioridade no plano de negócios, como demonstrado na seção relativa ao planejamento financeiro do empreendimento.

1.7 Seguro envolvido no negócio

Nesta subseção o empreendedor expõe todos os aspectos relacionados com o seguro do empreendimento. Ou melhor, os custos envolvidos com o seguro do

---

[175] Sobre estratégias e técnicas para identificar processos essenciais ao negócio principal (*core business*) do empreendimento, ver Crúzio (2006a).

imóvel, bens (máquinas, equipamentos, computadores, móveis etc.), mercadorias em estoque e produzidas, veículos etc. Seguro com transportes de cargas de materiais, equipamentos ou produtos acabados.

Deve mencionar também o tipo de apólice, período, valor, nome da seguradora e quais são os itens cobertos pelo seguro. São registros necessários para as projeções do fluxo de caixa do empreendimento.

1.8 Segurança interna

Nesta subseção o empreendedor relata sobre os dispositivos de segurança internos, contra furtos de mercadorias. Igualmente sobre as medidas preventivas, principalmente quando o negócio está ou será localizado em local de risco. Relata sobre o tipo de segurança própria ou terceirizada, possíveis dispositivos eletrônicos, como câmeras, alarmes, automatização dos armazéns etc.

1.9 Serviços terceirizados

Nesta subseção o empreendedor menciona os serviços terceirizáveis e imprescindíveis ao desempenho administrativo e operacional do empreendimento. Por exemplo, os serviços de contabilidade, assessoria jurídica, treinamento, alimentação dos funcionários, manutenção predial ou maquinários.

Relata também os possíveis parceiros estratégicos do empreendimento. A parceria estratégica diz respeito à importância ou influência do fornecedor, revendedor no negócio. Por exemplo, a depender de cada negócio, uma aliança empresarial para a aquisição de matéria-prima em larga escala, armazenagem ou transporte de mercadorias em conjunto etc. Os critérios dessas parcerias também podem ser analisados a partir dos custos *versus* benefícios e importância ou impacto no negócio principal do empreendimento.[176]

2. Produtos ou serviços do empreendimento

Nesta seção, o empreendedor deve informar todos os aspectos sobre a natureza do(s) produto(s) pretendido no negócio. Em caso de decidir trabalhar no setor dos serviços, precisa esclarecer todas as características do serviço almejado.

2.1 Natureza do produto

Nesta subseção, caso o empreendedor decida pela industrialização de produtos, precisa esclarecer sobre sua natureza, considerando a classe dos bens não duráveis ou duráveis, bens de consumo, bens de compras comparadas, bens de especialidades, bens empresariais.

---

[176] Sobre critérios para identificar as atividades essenciais ao negócio e terceirizar atividades secundárias, mediante parcerias estratégicas com fornecedores, varejistas, atacadistas etc., ver Crúzio (2006a).

Exemplo

Com relação aos *bens não duráveis*, o leite tipo C é produto de consumo rápido e adquirido com frequência. Quanto às implicações de marketing, é preciso estratégia para torná-lo disponível em muitos locais de venda. Igualmente campanhas publicitárias destinadas a induzir o consumidor potencial à experimentação, não só para ganhar a preferência deles, mas também uma pequena margem de lucro no varejo.

No que se refere aos *bens duráveis*, como churrasqueiras, cafeteiras etc. como são itens não comprados com tanta frequência, implica estratégias voltadas para a venda pessoal. Por exemplo, oferecer serviços adicionais, como itens sob encomenda e com as garantias necessárias.

Fonte: Adaptado de Crúzio (2003a) e Kotler (2000).

Há também a classe dos bens de consumo que o consumidor compra com frequência e com um mínimo de esforço. São os bens básicos, bens de impulso e bens de emergência que exigem estratégias de marketing específicas.

Exemplo

Bens básicos, como pão, frutas, uma vez adquiridos com certa regularidade, implicam estratégias para facilitar o hábito de compra das pessoas. Por exemplo, melhorar a exposição dos itens e aprimorar o acondicionamento, levando em conta a higiene, ou seja, introduzir adaptações para estimular a decisão de compra pelo sabor, aroma, cor etc.

Bens de impulso, como barras de chocolate, revistas etc., uma vez adquiridos sem nenhum planejamento implicam estratégias para facilitar o processo de compra. Por exemplo, expor tais produtos junto às caixas da loja.

Bens de emergência, como guarda-chuvas, capas etc., uma vez adquiridos para atender alguma emergência, implicam estratégias para a quantidade de pontos de venda, ou seja, distribuir ao máximo esses itens, a fim de facilitar a sua compra imediata.

Fonte: Adaptado de Crúzio (2003a) e Kotler (2000).

Se a oferta do empreendimento consiste em bens de compras comparadas (homogêneos ou heterogêneos), é necessário adequar estratégias de marketing para atender aos critérios de compra dos consumidores potenciais. Esses critérios são: qualidade, preço ou modelo do produto.

> ## Exemplo
>
> *Bens homogêneos*, como os bordados, já que são de mesma natureza, exigem estratégias voltadas para a confecção de peças de qualidade semelhante, mas com preços diferentes, de modo que as pessoas possam comprá-las comparando qualidade e preço.
>
> *Bens heterogêneos*, como biquínis, roupas para ginástica etc., já que são de natureza diversa, exigem estratégias voltadas para a confecção de peças com detalhes diferenciados, a fim de que os compradores possam escolhê-las pela variedade, e não pelo preço.

Fonte: Adaptado de Crúzio (2003a) e Kotler (2000).

Se a oferta do empreendimento consiste em bens de especialidades, é preciso adequar estratégias de marketing que valorizem a marca. Já para os bens não procurados, é necessário estratégias para divulgar onde encontrá-los.

> ## Exemplo
>
> Com relação à classe dos bens de especialidades, as jaquetas e botas especiais, como são incomuns e não envolvem comparações, exigem estratégias visando principalmente esclarecer os compradores potenciais quanto à localização da loja, bem como oferecer-lhes itens sob encomenda, conforme as necessidades.
>
> No tocante à classe dos bens não procurados, por exemplo: lápides, urnas etc., como são bens conhecidos, mas não procurados com frequência, exigem estratégias visando divulgar onde encontrá-los, bem como oferecer serviços adicionais de instalação etc.

Fonte: Adaptado de Crúzio (2003a) e Kotler (2000).

Se a oferta do empreendimento consiste em bens empresariais, como matérias-primas (produtos agropecuários, como o trigo, algodão, gado etc., ou produtos naturais, como peixe, madeira, minério de ferro etc.), materiais (ferro, fibras têxteis, cimento, fios condutores etc.) ou peças manufaturadas (produtos componentes, como pequenos motores, conjunto de ignição de veículos etc.), torna-se necessário adequar estratégias de marketing voltadas para a divulgação de uso no processo de produção, como também para a competitividade no que se refere ao custo de obtenção.

Exemplo

Grãos, como arroz, feijão etc., como são itens de natureza perecível e sazonal, exigem estratégias visando atrair um número substancial de compradores, reduzir gastos com propaganda e oferecer preços competitivos, além de serviços adicionais como beneficiamento, acondicionamento, armazenagem e transporte.

Matérias-primas naturais, como pescados, já que são produtos de fornecimento limitado e de baixo valor unitário exigem estratégias para conquistar a confiança dos clientes oferecendo-lhes preços competitivos e contratos de garantia.

Produtos têxteis, como tecido, já são itens submetidos a processos fabris adicionais e de natureza padronizada, exigem estratégias para competir no preço e na confiabilidade das entregas, de modo a manter os clientes atuais e atrair novas indústrias processadoras.

Peças manufaturadas, como conjunto de ignição de veículos, já que não sofrem nenhuma modificação e são vendidas diretamente às indústrias sob encomenda, exigem estratégias visando competir nos preços e oferecer serviços adicionais de pós-venda, como manutenção etc.

Fonte: Adaptado de Crúzio (2003a) e Kotler (2000).

Se a oferta do empreendimento consiste em bens de capital, como os bens de instalação ou bens equipamentos, é preciso adequar as estratégias de marketing para o suporte ao cliente no pós-venda.

Exemplo

Bens de instalação, como apartamentos, cuja venda normalmente é precedida por um longo período de negociação, exigem estratégias voltadas para a força de vendas, visando adequar os projetos das unidades residenciais às necessidades dos compradores e dar-lhes o devido suporte no que se refere a condições de pagamento, financiamento, prazos, contratos etc.

Bens equipamentos, molduras, batentes etc., como são itens que vão fazer parte de um produto acabado, o mercado é geograficamente disperso, existem muitos compradores e o volume de pedidos é pequeno, exigem estratégias visando ao aprimoramento da qualidade e a diferenciação nos preços, bem como a prestação de serviços pós-vendas, como instalação, adaptação etc.

Fonte: Adaptado de Crúzio (2003a) e Kotler (2000).

Se a oferta do empreendedor consiste em bens de suprimentos empresariais é necessário adequar estratégias de marketing para o desenvolvimento e gerenciamento do produto acabado.

> ## Exemplo
>
> *Bens de suprimentos empresariais*, como canetas, agendas, pastas etc., já que são itens adquiridos com o mínimo esforço, de baixo valor unitário e vendidos por um grande número de intermediários, exigem estratégias visando atender a um grande número de clientes dispersos geograficamente, bem como oferecer-lhes preços competitivos, condições de pagamento acessíveis, força de vendas e serviços adicionais de encomenda e entrega.

Fonte: Adaptado de Crúzio (2003a) e Kotler (2000).

2.2 Características do serviço

Nesta subseção o empreendedor, caso decida trabalhar com serviços, precisa esclarecer suas características básicas, considerando a inseparabilidade dos serviços (são consumidos imediatamente), a variabilidade dos serviços (diferem conforme o fornecedor) e a perecibilidade dos serviços (não podem ser estocados). Para cada produto ou serviço selecionado, o empreendedor precisa descrever sua implicação ou exigência de marketing, isto é, o diferencial mercadológico relativo ao produto ou serviço escolhido.

> ## Exemplo
>
> *A intangibilidade dos serviços* — ao contrário dos produtos físicos, como um par de sapatos, um saco de tomate etc., os serviços não podem ser vistos nem provados antes de ser adquiridos. Por isso, exigem estratégias voltadas para reduzir ao máximo as incertezas da clientela. Isto é, implicam investimentos na qualidade e confiabilidade do serviço antes da execução.
>
> *A inseparabilidade dos serviços* — diferentemente dos bens materiais, que são fabricados e depois distribuídos por um grande número de intermediários, revendedores etc., os serviços são produzidos e consumidos imediatamente. Por isso, requerem o aprimoramento da qualidade da relação entre o prestador de serviço e o cliente.
>
> *A variabilidade dos serviços* — visto que dependem de quem os fornece e de onde e quando são fabricados, os serviços são considerados altamente variáveis. Para reduzir essa variabilidade, o empreendedor precisa investir no treinamento dos empregados e na padronização dos métodos de trabalho.
>
> *A perecibilidade dos serviços* — como os serviços não são estocados, podem surgir certos problemas mercadológicos relativos ao suprimento. Por isso é necessário gerenciar possíveis desequilíbrios entre a oferta e a demanda dos serviços prestados, a partir de políticas de preços diferenciados etc.

Fonte: Adaptado de Crúzio (2003a) e Kotler (2000).

3. Análise mercadológica do empreendimento

Nesta seção o empreendedor, antes de desenvolver o produto ou implementar o serviço, precisa identificar os principais públicos e mercados, segmentar o mercado-alvo selecionado e examinar as forças dos concorrentes e também do macroambiente operacional.

É importante a análise da estrutura de mercado, porque possibilitará estimar o potencial de mercado-alvo, como também desenvolver estratégias mercadológicas específicas para abordá-lo.

Exemplo

Suponha um empreendimento voltado para confecções que tenha por objetivo produzir e vender diretamente no mercado peças de artesanato, como roupas, toalhas, almofadas, bolsas, colchas etc. Nesse caso, o empreendedor precisa revisar o ambiente operacional de marketing, considerando os aspectos a seguir.

Identificar o público de interesse comercial (todas as pessoas que compram bordados manuais e mecânicos) e selecionar um mercado-alvo, no qual a empresa acredita ter o seu ponto forte.

Localizar o mercado-alvo (todas as pessoas que compram bordados confeccionados artesanalmente) e em seguida identificar os segmentos de mercado, por ordem de prioridades produtiva e comercial (bordados dos tecidos, bordados de fibras, bordados com pedrarias etc.).

Determinar o tamanho e o potencial de compras de cada segmento de mercado, levando em conta os seguintes critérios: *geográficos* (identifica os consumidores por território de vendas: cidade, estado, região, país ou continente), *demográficos* (identifica os consumidores por classe: alta, média ou baixa), *psicológico* (identifica os consumidores por posição social, *status*, interesse por moda, marca etc.), e *comportamental* (identifica os consumidores por sensibilidades à qualidade, ao preço etc.).

Procurar conhecer as necessidades e preferências dos consumidores em cada segmento selecionado, por meio de questionários, mala direta ou amostras do item ofertado etc.

Examinar as forças dos possíveis concorrentes, no que se refere a:

- ❑ concorrência genérica — é uma categoria mais ampla de produto que pode satisfazer a mesma necessidade; nesse caso, a empresa poderia produzir bordados artesanais para concorrer com bordados mecânicos;
- ❑ concorrência de forma de produto — é a versão específica de produto que pode ser competitiva; nesse caso, a empresa poderia produzir bordados de tecidos para concorrer com bordados de fibras;

Continua

- concorrência empresarial — itens similares produzidos por outros concorrentes; nesse caso, a empresa poderia produzir bordados com pedrarias, para concorrer com bordados de tecidos confeccionados mecanicamente;
- analisar as forças do macroambiente operacional da empresa nos aspectos: *demográfico* (verificar a distribuição geográfica do público-alvo por faixa etária etc.); *econômico* (examinar as condições de demanda, com relação aos custos de materiais); *tecnológico* (apurar o custo do item acabado, comparando a produção manual com a mecânica); *governamental* (examinar as forças econômicas, com relação à tributação) e *cultural* (verificar a transformação de valores, de estilo de vida etc. dos consumidores).

Fonte: Adaptado de Crúzio (2003a) e Kotler (2000).

3.1 Definir o mercado

Nesta subseção o empreendedor precisa identificar todos os membros efetivos e potenciais do mercado no qual pretende atuar, relacionando os atributos do produto ou serviço em questão às necessidades, preferências e percepções desse público-alvo.

Exemplo

Suponha um empreendimento de bordados. Nesse caso, pretende-se expandir a linha dos bordados, incluindo costuras manuais para roupas despojadas, jogo americano, almofadas, porta-copos etc., bem como novos itens das confecções mecânicas, como biquínis, jeans, lingerie etc.

Dessa forma, podemos representar o mercado total do empreendimento pela união de todos os mercados para cada um dos itens da linha dos bordados e demais confecções. Como se pode observar nas situações *A*, *B* e *C*, a seguir, para cada novo item acrescido, haverá um aumento no tamanho do mercado total do empreendimento.

A extensão desse aumento irá depender do grau de superposição dos produtos existentes, no caso os bordados, com os novos itens de confecções mecânicas.

Situação *A*: a oferta da empresa em função de um único item

Item de bordado   Mercado dos bordados

Continua

Na situação *A* de mercado o empreendimento ofereceria apenas o item do bordado para vestido de noiva, isto é, atuaria num único mercado específico onde as preferências do público estão voltadas para um único item.

Situação *B*: a oferta da empresa em função de uma linha de itens homogêneos

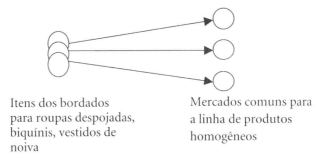

Itens dos bordados para roupas despojadas, biquínis, vestidos de noiva

Mercados comuns para a linha de produtos homogêneos

Na situação *B* de mercado o empreendimento estenderia a produção de bordados para outros itens. Cada item é de interesse para um mercado potencial. No entanto, há grande superposição nesses mercados potenciais por causa da estreita semelhança entre os itens ofertados.

Situação *C*: a oferta da empresa em função de uma linha de itens heterogêneos

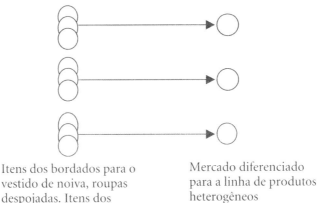

Itens dos bordados para o vestido de noiva, roupas despojadas. Itens dos biquínis, jeans e lingerie

Mercado diferenciado para a linha de produtos heterogêneos

Na situação *C* de mercado, o empreendimento expande sua linha de produtos, nela incluindo tanto bordados manuais quanto confecções mecânicas e passando a satisfazer diferentes preferências. Assim ele conseguirá atrair novos públicos, totalmente diferenciados, aumentando substancialmente o seu potencial de mercado. Dessa forma, o tamanho e a composição do mercado de cada empreendimento irão depender do número de produtos ofertados e de sua heterogeneidade.

Continua

> Uma vez definido o mercado-alvo em função dos objetivos de marketing, passa-se à segmentação desse mercado, a fim de conhecer melhor seus públicos e servi-los bem.
>
> Suponha que o referido empreendimento tenha definido o mercado-alvo para os itens dos bordados, e que o empreendedor conheça quem está interessado em sua oferta (*o mercado efetivo*), quem poderá interessar-se (*o mercado potencial*) e quem não se interessará (*o mercado inexistente*). Ele também reconhece que nem todos, dentro do mercado dos bordados, têm o mesmo grau de interesse pelos itens ofertados. Por outro lado, tampouco o empreendedor tem o mesmo grau de interesse por todos os públicos desse mercado.
>
> Portanto, é preciso segmentar o mercado-alvo dos bordados — por exemplo, variando a linha dos produtos (bordados para almofadas, travesseiros, toalhas, vestidos de noiva, roupas despojadas etc.). Mercadologicamente, segmentar o mercado é dividi-lo em partes homogêneas, de modo que se possa selecionar cada uma delas como um mercado a ser atingido por um composto de marketing (produto, preço, praça e promoção).

Fonte: Adaptado de Crúzio (2003a) e Kotler (2000).

3.2 Segmentar o mercado

Nesta subseção o empreendedor mostra o mercado previamente selecionado dividido em partes homogêneas, de modo que se possa selecionar cada uma delas como um mercado a ser atingido por um composto de marketing (produto, preço, ponto de venda e promoção).

> **Exemplo**
>
> Novamente o caso do empreendimento dos bordados. As situações *A*, *B*, *C*, *D* e *E*, a seguir, mostram estruturas de mercado em cada um desses pontos. Nesse caso, o mercado é constituído por seis pontos de revenda situados na metrópole X.
>
> Situação *A*: nenhuma segmentação de mercado
>
>

Continua

Na situação *A*, a estrutura de mercado é *homogênea*, isto é, há um mesmo interesse dos consumidores potenciais pelos itens dos bordados. Nesse caso, não se reconhece nenhuma diferença de interesses, o que levaria ao marketing *não diferenciado*: manter um mesmo relacionamento comum com os consumidores.

Situação *B*: segmentação completa de mercado por faixa etária

Na situação *B*, a estrutura de mercado é diferenciada por *faixa etária*. Nesse caso, divide-se o mercado geral dos bordados em seis partes, a fim de aplicar o marketing *diferenciado*; ou seja, um dos pontos de revenda ofereceria somente os itens dos bordados para roupas despojadas, para o mercado do público jovem.

Situação *C*: segmentação de mercado por classe de renda 1, 2 e 3

Na situação *C*, a estrutura de mercado é diferenciada por *classes de renda*. Nesse caso, divide-se o mercado em três classes, respectivamente identificadas pelos números 1, 2 e 3, conforme a renda dos consumidores de cada grupo. A classe de maior renda poderia ser a classe de renda 2. Assim, aplica-se o marketing *diferenciado*, oferecendo à classe 2 os bordados com pedrarias.

Situação *D*: segmentação de mercado por localidade e renda a e b

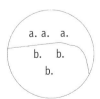

Continua

Na situação *D*, a estrutura de mercado é diferenciada por *localidade e renda*. Nesse caso, divide-se o mercado em duas classes, representadas pelas letras *a* e *b*. A classe *a* poderia ser constituída de públicos de renda baixa e média, residentes nos bairros X, Y e Z. Assim, aplica-se o marketing *diferenciado*, oferecendo no ponto de revenda da classe *a* bordados de costura manual para vestidos de noiva, e no ponto de revenda da classe *b*, bordados para vestidos de noiva confeccionados com pedrarias.

Situação *E*: segmentação de mercado por renda, localidade e faixa etária

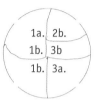

Na situação *E*, a estrutura de mercado é *conjunta*, sendo segmentada por *faixa etária*, *renda* e *localidade*. Tais variáveis, em conjunto, irão pesar no comportamento de compra dos consumidores. Assim, divide-se o mercado em seis partes: 1*a*, 1*b*, 2*a*, 2*b*, 3*a* e 3*b*. O segmento 1*a* e 1*b* teria dois compradores para os bordados com pedrarias. O segmento 2*a* não teria comprador para nenhum tipo de bordado (segmento nulo). Os demais segmentos teriam cada qual um tipo de comprador para os bordados sem pedrarias.

Como se pode observar, na situação *E* criam-se segmentos menores e mais numerosos à medida que o mercado é dividido com base num grupo maior de características conjuntas. Por isso, quanto maior for a diversidade das características de um dado mercado, maior será o número de segmentos.

Fonte: Adaptado de Crúzio (2003a) e Kotler (2000).

No quadro A4, apresentam-se as principais classes de variáveis para dividir os mercados.

Quadro A4
Variáveis para segmentar mercados

Variáveis geográficas	Bairros, municípios, cidades, estados, regiões, países ou continentes
Variáveis demográficas	Idade, sexo, tamanho da família, renda, profissão, instrução, ciclo de vida familiar, religião, nacionalidade ou classe social
Variáveis psicográficas	Atitudes, valores, personalidade ou estilo de vida
Variáveis comportamentais	Benefício procurado, taxa de uso, regularidade nas compras, status de fidelidade ou ocasiões

Fonte: Adaptado de Crúzio (2003a) e Kotler (1988).

Vale observar, tais variáveis devem ser adequadas à segmentação de mercado-alvo conforme a base de mercado do empreendimento. Se constituída de consumidores diretos pode ser dividido segundo as características pessoais, atitudes e comportamento dos compradores. Se constituída de revendedores deve ser dividido segundo as características geográficas, os benefícios procurados, o índice de utilização dos produtos ofertados etc.

Identificadas e avaliadas as oportunidades no(s) segmento(s) de mercado(s) pretendido(s), o empreendedor precisa decidir como abordá-los, conforme as estratégias expostas no quadro A5.

Quadro A5

Tipos de abordagens mercadológicas

Estratégia de marketing não diferenciado	
É recomendável quando o empreendedor decide tratar todo o mercado de maneira homogênea. Assim, focaliza uma necessidade básica de compra em determinado mercado, em vez das diferenças entre clientes.	
Vantagem	Desvantagem
O empreendedor mantém linha limitada de produtos, o que pode reduzir os custos com desenvolvimento de novos produtos, estoque, propaganda e gerenciamento. Assim ele pode baixar seus preços e aumentar sua participação num determinado mercado sensível a preço.	O empreendedor busca atender a numerosos públicos, isso pode prejudicar a qualidade de suas ofertas. Ou seja, ele não procura conhecer as necessidades, preferências ou percepções dos clientes.
Estratégia de marketing concentrado	
É recomendável quando o empreendedor decide dividir o mercado em segmentos significativos, direcionando seus esforços de marketing para um público diferenciado. Ou seja, em vez de atuar superficialmente nas diversas partes do mercado, concentra-se em servir bem um único segmento de mercado que acredita ser seu trunfo comercialmente.	
Vantagem	Desvantagem
O empreendedor pode alcançar reputação num segmento de mercado e conhecer melhor as necessidades de seu público. Assim, pode obter economias de escala devido à especialização no produto ofertado, diminuir os custos de distribuição e promoção. Isso lhe permitiria a liderança no mercado e obter alto retorno sobre o investimento (ROI).	O empreendedor correria maior risco externo. Ou seja, o segmento poderia desaparecer, devido a mudanças tecnológicas, culturais, econômicas etc., ou vir a ser dominado por um concorrente mais bem preparado.
Estratégia de marketing diferenciado	
É recomendável quando o empreendedor decide operar em dois ou mais segmentos de mercado. Para tanto é preciso desenvolver produtos ou serviços específicos, associados a programas de marketing igualmente específicos, para cada um dos segmentos.	

Continua

Vantagem	Desvantagem
O empreendedor poderá obter maior impacto em cada um dos segmentos escolhidos. A atuação de maneira satisfatória em vários segmentos de mercado permitirá identificar a empresa global e especificamente.	O empreendedor terá que demandar esforços mercadológicos para a especialização em cada um dos segmentos, no que se refere à propaganda, promoção, distribuição etc.

Fonte: Adaptado de Crúzio (2003a) e Kotler (1988).

3.3 Posicionar o mercado

Nesta subseção o empreendedor precisa identificar no mercado previamente selecionado um ou mais segmentos viáveis economicamente, a fim de obter êxito quanto aos produtos ou serviços almejados no negócio.

Exemplo

Suponha que o empreendedor vinculado ao ramo das confecções tenha como objetivo comercial vender roupas de ginástica, peças íntimas, confecções para adultos e crianças, confecções de grifes, confecções em *lycra* e itens de costura manual (bordados, crochê etc.).

Como se vê, são mercados muito amplos e variados, e o empreendedor poderá ainda se defrontar com grandes concorrentes já estabelecidos no mercado. Nesse caso, é preciso examinar as lacunas ou prioridades no mercado da costura mecânica ou manual, levando em conta: quais são os nichos de mercado não servidos pelas grandes empresas? Quais são os pontos fortes da empresa para atender a esses nichos de mercado? Quais são as condições físicas, materiais, financeiras e técnicas da empresa?

Por fim, a empresa deverá selecionar um ou mais segmentos de mercado que ela considere como seu forte comercial e que sejam economicamente atraentes. A figura A6 mostra os passos para posicionar o mercado, considerando as costuras manuais e mecânicas dos bordados.

Definir o mercado: compradores potenciais dos itens de costuras manuais e mecânicas dos bordados.

Segmentar o mercado: compradores potenciais dos itens de costuras manuais e mecânicas dos bordados (crochê etc.).

Posicionar o mercado: compradores potenciais dos itens de costuras manuais e mecânicas dos bordados para vestidos de noiva (*A*); bordados para toalhas de mesa (*B*); bordados para roupas despojadas (*C*); bordados para jogo americano (*D*); e bordados para almofadas (*E*).

Continua

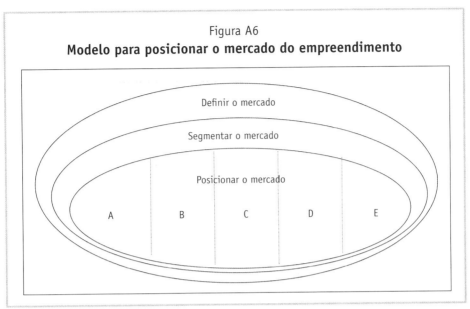

Fonte: Adaptado de Crúzio (2003a).

3.4 Harmonizar o mercado

Nesta subseção o empreendedor mostra quantos e quais são os segmentos de mercado que farão parte do programa de marketing, isto é, levantamentos para as projeções dos produtos ou serviços no mercado almejado.

Exemplo

Novamente o caso do empreendimento de confecções. A figura A7 mostra como concluir a análise da estrutura de mercado, última etapa da harmonização de mercado.

Definir o mercado: compradores potenciais dos itens de costuras manuais e mecânicas dos bordados.

Segmentar o mercado: compradores potenciais dos itens de costuras manuais e mecânicas dos bordados (crochê etc.).

Posicionar o mercado: compradores potenciais dos itens de costuras manuais e mecânicas dos bordados para vestidos de noivas (A); bordados para toalhas de mesa (B); bordados para roupas despojadas (C); bordados para jogo americano (D); e bordados para almofadas (E).

Continua

Harmonizar o mercado: compradores potenciais dos itens de costuras manuais e mecânicas dos bordados para vestidos de noiva (*A* — 45%); bordados para roupas despojadas (*B* — 60%); bordados para toalhas de mesa (*C* — 15%); bordados para jogo americano (*D* — 42%); e bordados para almofadas (*E* — 30%).

Figura A7
Modelo para harmonizar o mercado do empreendimento

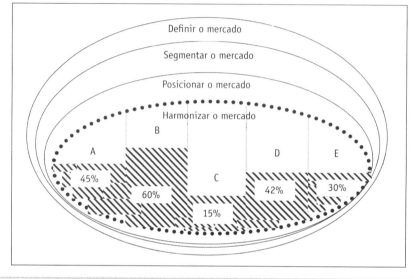

Fonte: Adaptado de Crúzio (2003a).

No diagrama da figura A7, as partes sombreadas representam os percentuais da demanda em cada um dos segmentos de mercado analisados, ou melhor, o número de públicos interessados nos itens oferecidos e não atendidos pela concorrência. Nesse caso, o segmento mais atraente em termos de demanda de mercado para o empreendedor é o representado pela letra *B*, com uma demanda latente de 60% para os bordados de roupas despojadas.

Com relação aos demais segmentos, o empreendedor poderia revê-los conforme os prós e os contras das estratégias de marketing indiferenciado, concentrado ou diferenciado, tal como visto anteriormente na etapa da segmentação de mercado, quadro A5.

4. Pesquisa de mercado do empreendimento

Nesta seção o empreendedor deverá descrever as necessidades, preferências, percepções e grau de satisfação do público que constitui o mercado-alvo selecionado, com relação às suas ofertas de produtos ou serviços.

4.1 Necessidades dos consumidores

Nesta subseção o empreendedor identifica as necessidades dos consumidores potenciais, com relação aos produtos ou serviços que deseja colocar no mercado-alvo previamente selecionado.

Exemplo

Suponha um empreendedor que lida com produtos hortifrutigranjeiros. Nesse caso, o objetivo da pesquisa de mercado é identificar as necessidades de seus diversos públicos no que se refere à variedade de produtos nas gôndolas da loja. Para tanto, poderia empregar um dos métodos a seguir para iniciar a *pesquisa de mercado*.

O método *direto* — permite ao entrevistado descrever diretamente suas necessidades. As entrevistas podem ser feitas por meio de questionários com perguntas abertas (*o que você gostaria que fosse acrescentado nos itens dos produtos naturais à base dos hidrogenados?*) ou questões mais específicas (*indique nas listas dos serviços quais as melhoras necessárias*). Como vantagem, as perguntas abertas permitem obter mais dados que as específicas. No entanto, são mais difíceis de serem codificados ou resumidos no que se refere às descobertas representativas.

O método da *projeção* — permite ao entrevistado projetar suas necessidades diante de determinada situação ou objeto. A vantagem é que o entrevistado pode assim revelar seus verdadeiros sentimentos com relação a um produto, serviço etc., sem se sentir coibido. Por outro lado, requer o trabalho de especialistas para criar os meios apropriados às projeções.

O método da *simulação* — consiste em apresentar ao entrevistado o protótipo de produto ou serviço para conhecer a reação desperta antes de ser lançado no mercado. A vantagem é a obtenção de resposta imediata. No entanto, o impulso imediato pode não representar uma reação de compra.

Fonte: Adaptado de Crúzio (2003a) e Kotler (2000).

4.2 Percepções dos consumidores

Nesta subseção o empreendedor mostra não só como os consumidores potenciais percebem os produtos ou serviços oferecidos, mas também qual a imagem que eles têm sobre o próprio negócio.

Exemplo

Toma-se novamente o caso do empreendedor hortifrutigranjeiro. Nesse caso, o objetivo da pesquisa de mercado é conhecer a imagem do negócio diante dos consumidores.

Para tanto, poderia empregar o método da *diferencial semântica*. Esse método permite conhecer a imagem do negócio em questão a partir de escalas adjetivas bipolares, como mostra a figura A8. Por meio delas o entrevistado pode estabelecer uma comparação entre um negócio que trata seus clientes de qualquer maneira e aquele que trata seus clientes com cortesia.

Assim, a concentração de respostas à direita (x) indicaria um tratamento com cortesia, e à esquerda um tratamento sem cortesia. Tal método permite ao empreendedor traçar o perfil da loja e verificar o que estaria comprometendo sua imagem. Os questionários podem ser recolhidos em caixas de sugestões, não sendo necessário que o respondente se identifique, o que o deixaria mais à vontade para fazer suas reclamações.

Figura A8
Imagem do empreendimento

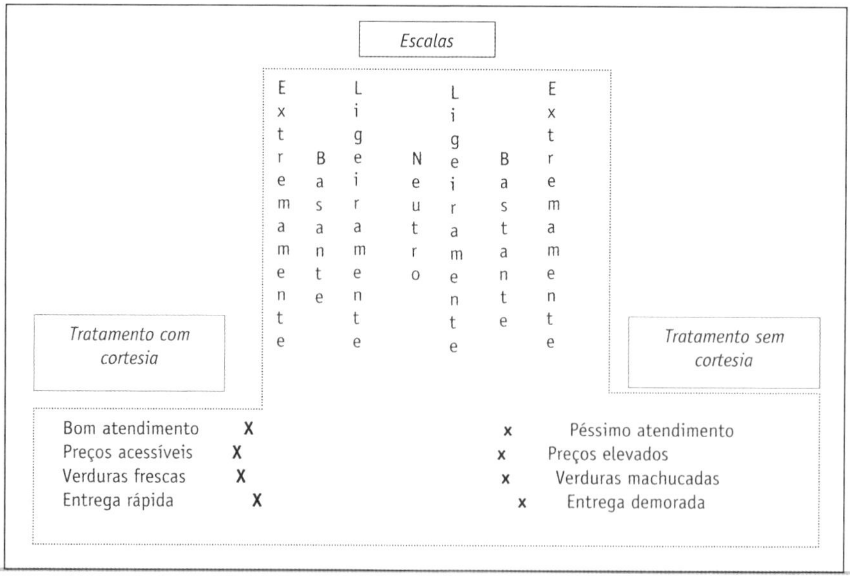

Fonte: Adaptado de Crúzio (2003a) e Kotler (1988).

4.3 Preferências dos consumidores

Nesta subseção o empreendedor expõe como os consumidores formam suas preferências entre um conjunto de ofertas alternativas de produtos ou serviços oferecidos no mercado. Conhecendo-se os critérios de decisão que levam os clientes às compras, é mais fácil projetar melhores atributos e agregar valor às relações de troca.

Exemplo

Suponha um empreendimento relacionado aos serviços de plano de saúde. Nesse caso, o objetivo da pesquisa de mercado pode ser identificar as preferências dos clientes com relação à oferta de três tipos de plano de assistência médico-hospitalar. Para tanto, poderia empregar o método das *monograduações*, que permite levantar a opinião da clientela com relação a três planos de saúde, levando em conta uma escala numérica uniforme. Por exemplo, na escala principal de preferências da escala A1 há uma graduação de sete pontos que permite ao respondente atribuir pontuações: plano $A = 6$, plano $B = 5$ e plano $C = 3$.

Escala A1
Medidas de preferências dos clientes às ofertas de produtos

Esse método permite conhecer os níveis qualitativos da preferência pelos planos apresentados, como também a distância aproximada entre as preferências. Assim, pode-se tirar uma média das graduações feita por um grande número de clientes, como se vê nas escalas das graduações médias por grupos de clientes da escala A1. E, em seguida, elaborar mapa das preferências de determinado grupo de clientes com relação aos planos apresentados (por exemplo, plano $A = 6{,}15$, plano $B = 4{,}50$, plano $C = 2{,}90$).

Escala das graduações médias por grupos de clientes

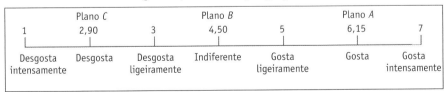

Nesse caso, os diferentes escores derivados da escala principal de preferências mostram que o grupo de clientes gosta do plano *A*; está entre ser indiferente e gostar ligeiramente do plano *B*; e desgosta do plano *C*.

Fonte: Adaptado de Crúzio (2003a) e Kotler (1988).

4.4 Grau de satisfação dos consumidores

Nesta subseção o empreendedor descreve a satisfação dos consumidores, levando em conta o atendimento, preços, qualidade das mercadorias etc.

> **Exemplo**
>
> Suponha que o objetivo da pesquisa de mercado de um empreendimento ligado à produção agrícola seja examinar o grau de satisfação de seus consumidores. Nesse caso, poderia empregar um dos métodos a seguir para iniciar a pesquisa.
>
> O método das *reações não solicitadas* — consiste em colher informações por meio de caixas de sugestões instaladas nas dependências da empresa e em locais de fácil acesso para os consumidores. A vantagem é que os consumidores poderão assim demonstrar sua satisfação ou insatisfação com as atividades da empresa. Como desvantagem, se houver pouquíssimas reclamações, os pesquisadores serão levados a acreditar que há um alto grau de satisfação.
>
> O método da *observação* — possibilita ampliar as respostas obtidas pelo método das reações não solicitadas. Para tanto, os pesquisadores se infiltram nos grupos de consumidores para descobrir sua verdadeira atitude com relação a produtos, atendimento etc.
>
> A vantagem desse método é permitir comparar os resultados de tais observações com as informações obtidas pelo método das reações não solicitadas e também com os dados estatísticos de compras e vendas. A desvantagem é que tal observação pode ter resultados limitados devido, por exemplo, à percepção seletiva do observador.
>
> O método da *satisfação diretamente relatada* consiste em aferir o grau de satisfação de grupos de consumidores por meio de questionários encaminhados pelo correio ou aplicados por telefone.
>
> No caso de um empreendimento ligado à produção de grãos, seria possível elaborar um questionário, solicitando aos respondentes que assinalassem numa escala o número correspondente ao seu grau de satisfação com os serviços do negócio em questão. Na escala A2, por exemplo, o valor pago pelo arroz tipo A, saco de 1kg, comparado às ofertas de mercado, conforme a escala abaixo.
>
> Escala A2
> **Grau de satisfação**
>
>

Continua

> Tal questionário permite ao empreendedor tirar certas conclusões. Por exemplo, a tendência de respostas mais à esquerda da escala pode significar que o negócio não mantém boas relações de troca com seus consumidores; as respostas no meio da escala refletem um nível de satisfação razoável; e as respostas à direita da escala indicam um alto grau de satisfação.

Fonte: Adaptado de Crúzio (2003a) e Kotler (1988).

5. Programa de marketing do empreendimento

Nesta seção o empreendedor apresentará o seu programa de marketing para o(s) produto(s) ou serviço(s) escolhido(s), em função do mercado-alvo definido e necessidades, preferências, percepções e grau de satisfação de seu público constituinte, conforme visto nas seções 3 e 4. É uma das partes mais importantes do plano de negócios porque possibilita ao empreendedor expor sua criatividade e inovação. Ou melhor, mostrar o diferencial mercadológico com relação às ofertas de produtos ou serviços, levando em conta os 4 Ps (produto, preço, ponto de venda e promoção).

Para tanto, precisa decidir sobre os níveis dos produtos, bem como descrever a sua classificação, linha, ciclo de vida, marca, embalagem e rotulagem. Apresentar suas estimativas de custos, o preço do(s) produto(s) ou serviço(s) oferecido, o canal de venda ou distribuição, a mensagem de propaganda, o veículo da mídia para a divulgação e as promoções de vendas.

5.1 Decisões estratégicas sobre os níveis do produto

Nesta subseção o empreendedor, a partir dos resultados da pesquisa de mercado, avalia como os consumidores adquirem, usam, adaptam ou descartam o produto em questão, o que pode levá-lo a atuar no nível do produto básico, esperado, ampliado ou potencial. Tal decisão irá depender das disponibilidades de recursos do empreendimento, do poder de compra dos consumidores naquele mercado-alvo, como também da concorrência.

Exemplo

Suponha um empreendimento voltado para os hortifrutigranjeiros. Nesse caso, conforme a hierarquia de valores e decisões de compra dos consumidores, o empreendedor poderia atuar nos seguintes níveis:

Continua

- nível de *benefício central* — diz respeito ao benefício fundamental que o cliente está realmente comprando. No caso, o cliente quer comprar *legumes*;
- nível de *produto básico* — trata-se da transformação do benefício central num produto básico. O cliente quer comprar *legumes frescos*;
- nível de *produto esperado* — refere-se a uma série de atributos que os clientes normalmente esperam encontrar no produto. Aqui o cliente, além de querer legumes frescos, quer também legumes *não machucados*;
- nível de *produto ampliado* — diz respeito à ampliação do produto além da expectativa do cliente. Além de querer legumes frescos e não machucados, ele também quer legumes *higienizados*;
- nível de *produto potencial* — refere-se a todas as transformações a que se pode submeter futuramente um produto. Nesse caso, poderia ser a oferta de *legumes frescos, não machucados, higienizados e à base dos hidrogenados* (produção sem produtos químicos).

5.2 Decisões estratégicas sobre a linha do produto

Nesta subseção o empreendedor apresenta a linha de produtos pretendida, considerando a *amplitude* (variedade de produtos ofertados), a *profundidade* (número médio de itens ofertados dentro de uma classe de produtos) e a *diversificação* (diferenças de utilização final do produto, métodos de produção e canais de distribuição).

Exemplo

Suponha um empreendimento voltado para confeitos. Nesse caso, o empreendedor poderia escolher sua linha de produtos mediante os critérios mercadológicos a seguir.

Quanto à amplitude — expandir a linha de bolos (trigo, milho e arroz).

Quanto à profundidade — acrescentar à linha de bolos, confeitos e iguarias diversas, como brigadeiro, paçoca etc.

Quanto à diversificação — além dos itens da linha de bolos, confeitos e iguarias diversas, oferecer massa de milho, trigo e arroz para o preparo doméstico, incluindo receitas na embalagem dos produtos.

Definidas a amplitude, a profundidade e a diversidade da linha de produtos, formulam-se as estratégias de crescimento nos mercados potenciais do empreendimento, podendo ser:

Continua

- *estratégia de penetração no mercado* — possibilita ao empreendedor aumentar sua participação no mercado atual apenas com a linha de bolos de trigo;
- *estratégia de desenvolvimento de mercado* — permite ao empreendedor levar seus diversos itens, como bolos, confeitos e iguarias diversas, para novos mercados;
- *estratégia de desenvolvimento de produto* — possibilita ao empreendedor desenvolver novos itens derivados da massa de trigo, como o pão caseiro etc.;
- *estratégia de diversificação* — permite ao empreendedor explorar novos mercados, internos ou externos, tanto para os bolos, confeitos etc. quanto para os itens de preparo doméstico. No mercado local, podem-se introduzir itens como pamonha caseira etc.

Fonte: Adaptado de Crúzio (2003a) e Kotler (2000).

5.3 Decisões estratégicas sobre o ciclo de vida do produto ou serviço

Nesta subseção o empreendedor analisa, ao longo do tempo, a dinâmica do produto ou serviço pretendido, naquele mercado-alvo. Ou melhor, verificar como o produto ou serviço em questão está sendo aceito pelo público, quais são as tendências de mercado etc., conforme o padrão CVP/S, figura A9.

Exemplo

Suponha um empreendimento ligado à pecuária cujo objetivo industrial e comercial seja produzir e beneficiar o leite *in natura* tipo C e sua venda diretamente no mercado. Nesse caso, a oferta do leite tipo C no bairro X poderá ocupar indefinidamente o estágio de *maturidade*, ou seja, só haverá um acréscimo nas vendas se a população local aumentar. Igualmente os serviços de digitação, porque permanecerá no estágio *de maturidade*, enquanto não surgirem no mercado novas tecnologias para substituí-los, conforme o padrão CVP/S, figura A9.

Introdução: período de baixo crescimento nas vendas, uma vez que o produto está sendo introduzido no mercado. Não há lucros, devido às despesas com a introdução do item em oferta.

Crescimento: período de rápida aceitação do mercado e melhoria substancial dos lucros, com relação ao produto ou serviço em oferta.

Maturidade: período de baixa no crescimento das vendas, porque o produto ou serviço em oferta já conquistou a aceitação da maioria dos compradores potenciais. Os lucros podem se estabilizar ou declinar, conforme a intensidade da concorrência.

Declínio: período em que as vendas mostram uma queda vertiginosa e os lucros cessam.

Continua

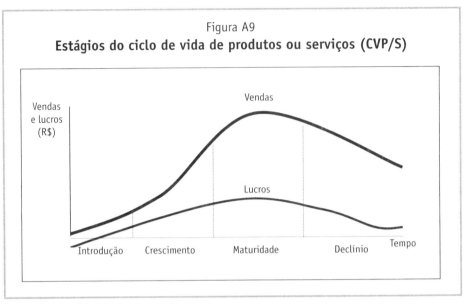

Fonte: Adaptado de Crúzio (2003a) e Kotler (2000).

Como vimos, o conceito de ciclo de vida do produto ou serviço possibilita ao empreendedor não só interpretar a dinâmica de suas ofertas nos mercados-alvo, mas também detectar os principais problemas de mercado em cada estágio. Uma vez identificadas as dificuldades do produto ou serviço nos mercados-alvo, o empreendedor poderá desenvolver novas estratégias, como veremos a seguir.

Estratégias de marketing para o estágio de introdução

Exemplo

Skimming rápido: lançamento de um novo produto ou serviço com preço alto e muita promoção. É indicado quando grande parte do mercado potencial do empreendimento não conhece o item ofertado e os que passam a conhecê-lo estão dispostos a pagar o preço pedido; o empreendimento lida com uma concorrência potencial e quer construir a preferência de marca.

Skimming lento: lançamento de um novo produto ou serviço com preço alto e pouca promoção. É indicado quando o mercado do empreendimento é de tamanho limitado; grande parte do mercado conhece o item ofertado e os compradores estão dispostos a pagar um alto preço; a concorrência potencial do empreendimento ainda não representa uma marca.

Continua

Plano de negócios para decidir sobre crédito e profissionalizar a gestão dos empreendimentos   165

> *Penetração rápida*: lançamento de um produto ou serviço com preço baixo e pesados investimentos em promoção. É indicada quando o mercado do empreendimento é grande e não conhece o item ofertado, sendo a maioria dos compradores sensível ao preço; existe forte concorrência potencial e possibilidade de obter economias de escala; o empreendimento tem experiência acumulada no setor onde atua.
>
> *Baixa penetração*: lançamento de um produto ou serviço com preço baixo e pouca promoção. É indicada quando o mercado do empreendimento é grande e conhece muito bem o item ofertado, sendo os compradores sensíveis ao preço; existe alguma concorrência potencial.

Fonte: Adaptado de Crúzio (2003a) e Kotler (2000).

Estratégias de marketing para o estágio de crescimento

> ### Exemplo
>
> Aprimorar a qualidade do produto ou serviço mediante o acréscimo de novas características.
>
> Introduzir novos modelos de produtos ou novos métodos para os serviços, com a utilização de novos materiais etc.
>
> Tentar ingressar em novos segmentos de mercado.
>
> Procurar aumentar a cobertura de distribuição e utilizar novos canais de distribuição.
>
> Passar das campanhas de conscientização do produto ou serviço para as campanhas de preferência do item ofertado.
>
> Baixar os preços para atrair os potenciais compradores sensíveis aos preços.

Fonte: Adaptado de Crúzio (2003a) e Kotler (2000).

Estratégias de marketing para o estágio de maturidade

> ### Exemplo
>
> *Quanto à modificação do mercado*: promover o produto ou serviço para os clientes utilizarem com mais frequência ou em maior quantidade. Descobrir novas utilizações para o produto ou serviço em questão e tentar convencer os consumidores a experimentá-las.

Continua

> *Quanto à modificação do produto ou serviço*: melhorar a qualidade do produto ou serviço para elevar o seu desempenho. Aprimorar as características do produto ou serviço. Melhorar o estilo do produto ou serviço em questão, nas variações de textura, cor etc.
>
> *Quanto à modificação do mix de marketing*: estimular preços, reduzir preços para atrair novos compradores ou aumentar preços para sinalizar melhor qualidade. Rever a distribuição, a propaganda, as promoções de vendas e os serviços de pós-vendas, atendimento ao consumidor etc.

Fonte: Adaptado de Crúzio (2003a) e Kotler (2000).

Estratégias de marketing para o estágio de declínio

> ### Exemplo
>
> Aumentar o investimento do empreendimento, a fim de dominar o mercado em questão.
>
> Manter o nível de investimento do empreendimento até que se desfaçam as incertezas.
>
> Diminuir o nível de investimento do empreendimento seletivamente, abrindo mão de grupos de clientes não lucrativos e priorizando os investimentos em nichos menores, porém mais lucrativos.
>
> Desfazer-se do negócio rapidamente, dispondo de seus ativos da maneira mais vantajosa possível para os acionistas e possibilitando a permanência do empreendimento em outros setores.

Fonte: Adaptado de Crúzio (2003a) e Kotler (2000).

5.4 Decisões estratégicas sobre a marca do produto ou serviço

Nesta subseção o empreendedor apresenta aspectos da marca dos produtos ou serviços almejados, levando em conta construir a própria marca, ter patrocínio da marca ou marca do distribuidor. Tais decisões devem tomar como base a relação custo *versus* benefício envolvido na criação e manutenção da marca.

> ### Exemplo
>
> Com relação ao *patrocínio da marca* — um empreendimento voltado para costuras e bordados poderia estabelecer parceria com alguma marca famosa para

Continua

> produzir itens sob encomenda, conforme solicitações dos estilistas. Tais itens seriam utilizados na confecção de roupas despojadas, como jeans etc.
>
> No tocante à *marca do distribuidor* — empreendedores hortifrutigranjeiros poderiam estabelecer parceria com uma marca famosa de rede de varejo local para fornecimento exclusivo de leguminosas de produção orgânica.

Fonte: Adaptado de Crúzio (2003a) e Kotler (2000).

5.5 Decisões estratégicas sobre a embalagem e rotulagem

Nesta subseção o empreendedor apresenta aspectos da embalagem e rotulagem do(s) produto(s) almejado, considerando o autosserviço, a segurança ou resistência da embalagem. Ademais, a imagem da marca ou do próprio empreendimento e a oportunidade de inovação. Tudo isso deve levar em conta a projeção da marca que se busca, o grau de informações sobre o produto etc.

5.6 Decisões estratégicas sobre os preços do produto ou serviço

Nesta subseção o empreendedor apresenta o piso de preço para o produto ou serviço naquele mercado-alvo, a fim de cobrir os custos de produção, distribuição e vendas. Para tanto, é necessário estimar os custos que podem assumir duas formas: os custos fixos, também conhecidos como custos indiretos, são aqueles que não variam em função do volume de produção ou da receita de vendas. Já os custos variáveis oscilam em função do nível de produção.

Exemplo

Novamente o caso do empreendimento de confecções. O empreendedor poderia estimar seus custos mediante os procedimentos a seguir.

Passo 1 — *calcular os custos fixos e variáveis, os custos totais e os custos médios.*

Energia + juros diversos + salário do segurança + aluguel da loja = *custos fixos* ou *custos indiretos* (pagamento mensal, independentemente do nível de produção ou vendas).

Tecido + agulha + horas trabalhadas pelas costureiras = *custos variáveis* (o pagamento depende do nível de produção e tende a ser constante por unidades de peças produzidas).

Custos fixos + custos variáveis = custos totais (é a soma para qualquer nível de peças produzidas).

Portanto: *custos totais/unidades produzidas = custo médio* (é igual aos custos totais divididos pelas unidades de peças produzidas num dado nível de produção).

Continua

Passo 2 — *examinar como os custos variam em diferentes níveis de produção.*

Suponha que o empreendedor tenha adquirido certo número de máquinas de costura para produzir mil peças/dia. Nesse caso, conforme a simulação gráfica da situação *A* (figura A10), o custo por unidade seria alto se o empreendedor produzisse apenas 500 unidades/dia. À medida que a produção se aproxima de mil unidades, o custo médio tende a cair porque os custos fixos serão diluídos por mais unidades produzidas e cada peça absorve parcela menor do custo fixo.

Já para uma produção acima de mil peças, o custo médio tende a aumentar, conforme demonstrado na curva de custo médio em curto prazo. Esse acréscimo ocorreria porque a unidade fabril seria ineficiente, devido à sobrecarga das máquinas e às constantes quebras. Assim, o empreendedor poderia empatar o capital com a acumulação de matérias-primas e deixar de cumprir os contratos ou novas encomendas. Por outro lado, se o empreendedor acredita que pode vender 2 mil unidades por dia, deve considerar a possibilidade de expandir suas instalações. Poderia adquirir mais máquinas e dispô-las em série, conforme cada etapa do processo de confecção e as especialidades das costureiras envolvidas no processo. Assim, poderia reduzir os custos unitários para uma produção de 2 mil peças/dia, conforme a curva de custo médio em longo prazo simulada na situação *B* (figura A10). E aumentaria a eficiência ainda mais ao produzir 3 mil peças. No entanto, a produção de 4 mil peças/dia seria menos eficiente, devido ao crescimento negativo das economias de escala. Portanto, nesse caso, a capacidade ideal de produção é de 3 mil peças/dia, desde que haja demanda suficiente para sustentar esse nível.

Figura A10
Simulação gráfica de estimativa de custos

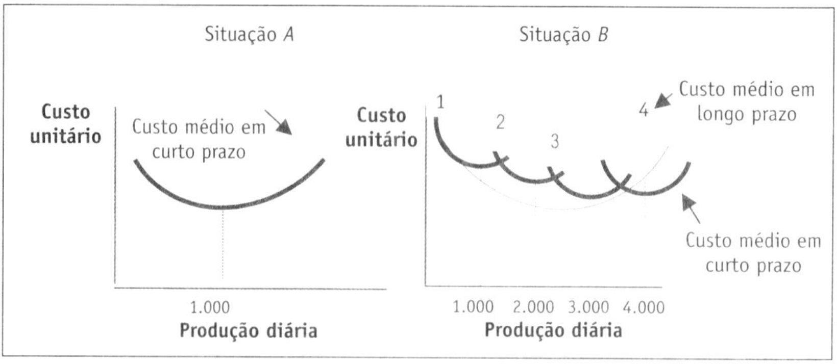

Fonte: Adaptado de Crúzio (2003a) e Kotler (2000).

Uma vez programada a demanda dos clientes, determinada a função custo e examinados os preços dos concorrentes, o empreendedor estará pronto para selecionar um preço final do produto ou serviço oferecido naquele mercado-alvo.

Exemplo

Novamente o caso do empreendimento das confecções. O empreendedor poderia determinar os preços de suas ofertas mediante a projeção de custos e a expectativa de vendas.

Custo variável unitário = 10, custos fixos = 300 mil e vendas esperada em unidades = 50 mil.

Com esses dados, o custo unitário da peça em questão pode ser determinado pela fórmula:

$$\text{Custo unitário} = \text{custo variável} + \frac{\text{custos fixos}}{\text{unidades vendidas}} = 10 + \frac{300.000}{50.000} = 16$$

Suponha que o empreendedor tenha decidido realizar um *markup* de 20% sobre as vendas da peça em questão. Poder-se-ia fazer a seguinte projeção:

$$\text{Preço do } markup = \frac{\text{custo unitário}}{1 - \text{retorno sobre as vendas}} = \frac{16}{1 - 0,20} = 20$$

Assim, o empreendedor poderia cobrar dos revendedores R$ 20 por peça e obter um lucro de R$ 4 por unidade. De acordo com as fórmulas acima, tanto o empreendedor quanto os revendedores poderiam fazer outras simulações numéricas para testar outros preços e margens de lucro. Por exemplo, uma projeção de 50% sobre o preço de venda faria aumentar o preço da peça para R$ 40, equivalendo assim a um *markup* de 100% sobre o custo da produção de peças.

Fonte: Adaptado de Crúzio (2003a) e Kotler (2000).

5.7 Decisões estratégicas sobre o ponto de venda do produto ou serviço

Nesta subseção o empreendedor apresenta o tipo de canal de distribuição para os produtos ou serviços almejados, naquele mercado-alvo, levando em conta tanto a função e o fluxo do canal de marketing quanto os níveis do canal de marketing, já que a transferência de algumas funções a terceiros permite reduzir os pesados investimentos em distribuição. Sem contar que essas possíveis reduções ou economias possibilitam baixar os preços das mercadorias ofertadas no mercado.

Por exemplo, com relação à função e ao fluxo do canal de marketing, nos exemplos a seguir adaptados de Crúzio (2003a) e Kotler (2000), considera-se *fluxo para a frente*, uma operação de determinado empreendimento para seus clientes. Outras funções, como quitar a fatura dos bens de produção adquiridos, constituem um *fluxo para trás*, ou seja, uma operação dos clientes para o empreendimento em questão.

Fluxo para frente, envolvendo o empreendimento (produtor) e o cliente (comprador).

Fluxo para frente, envolvendo o empreendimento (produtor), o distribuidor (revendedor) e o cliente (comprador).

Fluxos para frente e para trás, envolvendo o empreendimento (produtor), o distribuidor (revendedor), o banco (cobrador) e o cliente (comprador).

Fluxos para frente e para trás, envolvendo o empreendimento (produtor), o distribuidor (revendedor), o banco (cobrador), o divulgador (anunciador) e o cliente (comprador).

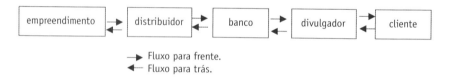

No que diz respeito aos níveis do canal de marketing, empreendedores, varejistas, atacadistas, consumidores finais etc., todos fazem parte de uma cadeia de canais de marketing, sendo cada qual um nível de canal, conforme demonstrado no exemplo a seguir.

Exemplo

Suponha um empreendimento voltado para a produção de leguminosas cujo objetivo comercial seja a venda diretamente no *mercado consumidor*. O empreendedor poderia instalar um entreposto de vendas ao consumidor na entrada de determinada capital.

Continua

Esse tipo de canal de marketing denomina-se *canal de distribuição de nível zero* ou *canal de marketing direto*, conforme a simulação gráfica abaixo. É muito usado em vendas de porta em porta, reuniões de vendas de demonstrações, mala direta, telemarketing etc.

Suponha que o mesmo empreendimento prefira vender a produção das leguminosas diretamente no *mercado varejista*. Nesse caso, o empreendedor poderia estabelecer uma parceria com determinada rede de varejo (um supermercado) para garantir-lhe a produção. Em troca, a rede de varejo assumiria as funções de acondicionamento, transporte e embalagem de marca própria.

Esse tipo de canal de marketing denomina-se *canal de distribuição de um nível*, pois conta com um único intermediário nas vendas, conforme a simulação gráfica abaixo. É muito comum nos mercados de bens de consumo.

Suponha um empreendimento agropecuário cujo objetivo comercial seja a produção do leite *in natura* e sua venda diretamente no *mercado atacadista*. Nesse caso, o atacadista assumiria as funções de processamento, embalagem e venda do leite beneficiado (tipo C) nas redes varejistas que, por sua vez, o repassaria aos consumidores.

Esse tipo de canal de marketing denomina-se canal de distribuição de dois níveis, conforme a simulação gráfica abaixo.

Suponha um empreendimento agropecuário cujo objetivo comercial seja a produção do gado de corte e sua venda no mercado atacadista. Nesse caso, o atacadista assumiria o transporte da carne da fazenda do empreendedor até as lojas especializadas no corte, conservação e revenda de carne para determinada rede de varejo que, por sua vez, a acondicionaria em embalagem de marca própria e a distribuiria aos consumidores.

Esse tipo de canal de marketing denomina-se *canal de distribuição de três níveis*, conforme a simulação gráfica a seguir.

Fonte: Adaptado de Crúzio (2003a) e Kotler (2000).

Antes de escolher o canal de marketing, o empreendedor precisa ainda avaliar cada opção disponível, levando em conta os critérios econômicos, controle e adaptação.

Exemplo

Suponha um empreendimento de produtos de construção. Pelo *critério econômico*, caberia determinar o que geraria mais vendas: constituir uma força de vendas própria ou contratar canais intermediários.

A vantagem da primeira é a possibilidade de priorizar a própria produção, ministrar treinamento especial para cada item da linha de produtos. Além disso, os vendedores podem demonstrar maior agressividade porque seu futuro depende do desempenho das vendas. Por outro lado, os canais intermediários têm maior número de vendedores, e os clientes preferem lidar com representantes porque eles oferecem itens de várias empresas e dispõem de mais informações sobre o mercado.

Pelo *critério de controle*, a decisão deve considerar a possibilidade de perder o controle sobre as vendas ao escolher o canal de terceiros. Ou seja, por ser independente, o representante pode deixar de informar melhor sobre o produto.

Pelo *critério de adaptação*, a decisão deve considerar em sua escolha de canal algumas políticas flexíveis de vendas, permitindo ao distribuidor, durante um período de adaptação, promover apenas alterações nos preços e nas condições de pagamento, levando-se em conta as particularidades de cada território de vendas.

Fonte: Adaptado de Crúzio (2003a) e Kotler (2000).

Uma vez escolhido o canal de marketing, o empreendedor deve selecionar, treinar, motivar e avaliar os membros constituintes do canal selecionado, bem como criar programas para aprimorar o canal, a fim de adequá-lo às mudanças ou às novas exigências do mercado-alvo.

Exemplo

Suponha um empreendimento hortifrutigranjeiro que tenha por objetivo comercial a produção de leguminosas e hortaliças e o abate de aves e sua venda diretamente no mercado dos varejistas. Nesse caso, caberia ao empreendedor:

❑ para a *seleção* dos canais externos, levantar as características de cada canal de vendas, tais como tempo de experiência no negócio, outras linhas de produtos, histórico de crescimento e lucro, capacidade de cooperação e reputação no mercado;

Continua

- para o *treinamento* dos membros do canal, desenvolver programas de capacitação específicos, tanto para a força de vendas quanto para os membros dos canais intermediários;
- para *motivar* os membros do canal, levantar os pontos fortes e fracos dos canais intermediários, visando corrigir falhas e tentar agregar valor às relações de troca com os consumidores finais. Para tanto caberia fazer pesquisa de mercado e criar programas visando capacitar os intermediários ou melhorar seu desempenho;
- para *avaliar* os membros do canal, desenvolver um programa para avaliar periódica e sistematicamente o desempenho tanto da força de vendas interna quanto dos intermediários, estabelecendo índices ou padrões de quotas de vendas, nível médio de estoques, tempo de entrega ao cliente, zelo com as mercadorias etc.
- para *aprimorar o* canal, promover periodicamente melhorias tanto nos próprios canais quanto nos canais intermediários, levando em conta o desempenho esperado e o desempenho efetivo das vendas.

Fonte: Adaptado de Crúzio (2003a) e Kotler (2000).

5.8 Decisões estratégicas sobre a propaganda do produto ou serviço

Nesta subseção, o empreendedor, após desenvolver o produto ou serviço, determinar o preço e escolher o canal de distribuição, apresenta a mensagem da propaganda, bem como a mídia para divulgá-los no mercado-alvo, assim como as promoções para estimular a compra mais rápida. Com relação à mensagem, é preciso levar em conta o impacto, por exemplo, a responsabilidade social da mensagem diante do público-alvo em questão.

Exemplo

Suponha um empreendimento de costura artesanal. Nesse caso, a mensagem poderia conter algum apelo racional ou emocional: "A cada 100 peças adquiridas, um menor abandonado vai para a escola", ou "Menor na escola, menor livre da delinquência" etc.

Suponha um empreendimento da produção de leguminosas de manejo orgânico. Nesse caso, a mensagem poderia ser incutir o senso de responsabilidade social. Por exemplo: destacar os benefícios que o consumo desses produtos pode trazer tanto para a saúde quanto para a preservação da natureza.

Fonte: Adaptado de Crúzio (2003a) e Kotler (2000).

O quadro A6 mostra as principais mídias que o empreendedor pode decidir para divulgação dos produtos ou serviços, conforme as vantagens e desvantagens de cada tipo, bem como a disponibilidade de recursos.

Quadro A6
Principais tipos de mídia

Meio	Vantagens	Limitações
Jornais	Flexibilidade, oportunidade, boa cobertura de mercado local, ampla aceitação e alta credibilidade	Vida curta, baixo nível de qualidade de reprodução, circulação limitada a pequeno número de públicos
Televisão	Combina visão, som e movimento; apela para os sentidos; alta repetição e cobertura	Custo elevado, alta saturação de comunicação, transitória, menor grau de seletividade
Mala direta	Seletividade de público, flexibilidade, ausência de concorrência dentro do mesmo veículo e personalização	Custo relativamente alto, imagem de correspondência inútil, pouca oportunidade de interação
Rádio	Cobertura de massa; alto grau de seletividade geográfica e demográfica; baixo custo	Apresentação sonora apenas, menor grau de atenção do que na televisão, tarifas não tabeladas e transitórias
Revistas	Alto grau de seletividade geográfica e demográfica, credibilidade e prestígio, alta qualidade de reprodução, longa vida e boa circulação de leitores	O espaço precisa ser comprado com muita antecedência; pequena circulação
Outdoor	Flexibilidade, alta repetição, baixo custo e menor concorrência	Criatividade limitada na concepção de anúncios
Páginas amarelas	Excelente cobertura local, alta credibilidade, ampla cobertura e baixo custo	Alta concorrência; o espaço precisa ser comprado com muita antecedência, criatividade limitada
Informativos	Controle total, oportunidades interativas e custos relativos baixos	Os custos podem fugir ao controle
Brochura ou folder	Flexibilidade, controle total e mensagens de maior impacto	A produção excessiva pode levar ao descontrole dos custos
Telefone	Muitos usuários e oportunidade de dar um toque pessoal	Custo relativamente alto, a não ser que conte com voluntários
Internet	Alta seletividade, possibilidades interativas e custo baixo.	Relativamente novo e ainda com pequeno número de usuários no Brasil

Fonte: Adaptado de Crúzio (2003a) e Kotler (2000).

Antes de tomar a decisão final sobre o tipo de mídia, o empreendedor precisa levantar a sua eficácia, isto é, comparar e compensar cobertura, frequência e impacto, conforme os diferentes tipos de mídia apresentados no quadro A6.

Exemplo

Suponha que um grupo de pequenos empreendedores, reunidos em determinado centro empresarial, disponha de R$ 1 milhão para divulgar seus produtos e serviços cobrindo todos os bairros de uma região de determinada metrópole brasileira.

Para alcançar esse objetivo seria necessário calcular a *frequência média* das exposições, em função do número de pessoas a serem atingidas com as mensagens. Supondo que mil exposições de qualidade média custem R$ 5; com R$ 1 milhão os empreendedores poderiam comprar 200 mil exposições, conforme o cálculo abaixo:

$$\text{Valor total de compra das exposições ou anúncios} = \frac{1.000.000,00}{5,00} = 200.000$$

Caso os empreendedores pretendessem obter uma frequência média de 10 exposições, então poderiam atingir 20 mil pessoas, conforme o cálculo:

$$\text{Número de pessoas a alcançar} = \frac{200.000,00}{10} = 20.000$$

Caso quisessem melhorar essa média, a um custo de R$ 10 por mil exposições, conforme o orçamento, atingiriam apenas 10 mil pessoas:

$$\text{Valor total de compra das exposições ou anúncios} = \frac{1.000.000,00}{10,00} = 100.000,00$$

A menos que façam uma compensação, reduzindo a frequência média de exposição de 10 para cinco, conforme o cálculo:

$$\text{Número de pessoas a atingir} = \frac{100.000,00}{5} = 20.000$$

Fonte: Adaptado de Crúzio (2003a) e Kotler (2000).

5.9 Decisões estratégicas sobre a promoção do produto ou serviço

Nesta subseção o empreendedor apresenta o tipo de promoção para o(s) produto(s) ou serviço(s) oferecidos naquele mercado-alvo. Pode decidir a promoção levando em conta o aspecto mercadológico: enquanto a propaganda pode oferecer uma razão para a compra, a promoção de vendas pode oferecer um incentivo à compra. Por exemplo:

❑ *promoção de consumo* — são amostras, cupons, reembolso, descontos, brindes, prêmios, recompensas, testes gratuitos, garantias, promoções combinadas, *displays* de ponto de venda e demonstrações;

❏ *promoção de comércio* — são descontos, concessões de propaganda, bonificações de exposição e amostras grátis;
❏ *promoção setorial e para equipe de vendas* — são feiras comerciais e convenções, concursos para vendedores e propagandas dirigidas.

6. Planejamento estratégico do empreendimento

Nesta seção o empreendedor indicará a situação atual da carteira de negócios, relativa ao(s) produto(s) ou serviço(s) do empreendimento, levando em conta a perspectiva de crescimento naquele mercado-alvo. Para tanto, poderá utilizar a matriz de crescimento/participação no mercado, do Boston Consulting Group (BCG).

Por exemplo, na figura A11 há uma simulação gráfica do tamanho e da posição atual de oito unidades de negócio (UENs). O volume de cada negócio em moeda é proporcional à área do círculo. Assim, os dois maiores negócios estão representados pelos círculos 5 e 6, isto é, as carteiras de negócios UEN A e UEN B. A posição de cada unidade de negócio indica a taxa de crescimento do mercado e a participação relativa do negócio no mercado.

Figura A11
Simulação gráfica para avaliar crescimento/participação no mercado

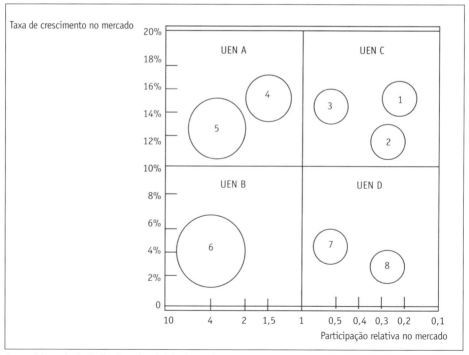

Fonte: Adaptado de Kotler (2000) e Crúzio (2003a).

O eixo vertical da figura representa a taxa de crescimento anual do mercado em que a UEN opera, que pode variar de zero a 20%. Do ponto de vista mercadológico, uma taxa de crescimento de mercado acima de 10% é considerada alta. O eixo horizontal representa a participação da UEN no mercado em que o empreendimento opera, em relação à participação de seu maior concorrente no mesmo segmento. Assim, o exame do eixo horizontal permite avaliar a força do negócio no segmento de mercado em questão.

Uma participação relativa no mercado de 0,1 indica que o volume de vendas do empreendimento é de apenas 10% das vendas do líder no mercado. Já uma participação relativa de 10 significa que a UEN é líder e tem um volume de vendas 10 vezes maior que o do concorrente mais próximo naquele mercado. Vale observar que a participação relativa no mercado é dividida em participações altas e baixas, conforme a linha divisória que passa pelo valor 1 da figura A11. Em outras palavras, a participação relativa é representada em escala logarítmica, de modo que distâncias iguais representam o mesmo aumento percentual.

Exemplo

Suponha que um empreendedor do setor agropecuário queira saber a participação atual e as perspectivas de crescimento e lucratividade das carteiras de leite *in natura* e carne bovina, em relação aos concorrentes.

Para tanto poderia utilizar os recursos da matriz BCG, conforme a simulação gráfica da figura A11. Nas células UEN A, UEN B, UEN C e UEN D, os círculos representam as seguintes carteiras de negócios: salsicha industrializada (1), linguiça industrializada (2), salame industrializado (3), leite tipo *C* (4), leite longa vida (5), manteiga (6), doce de leite (7) e iogurte industrializado (8).

Assim, as carteiras de negócios 1, 2 e 3 da UEN C operam em mercados de alto crescimento, mas têm baixas participações relativas. São negócios iniciados com alguma incerteza, porque o empreendedor tenta ingressar num mercado de alto crescimento onde já existe um líder. Portanto, o empreendedor precisa investir em novas fábricas, equipamentos e pessoal qualificado para tentar assumir a posição de líder nesse mercado. Mas como o empreendedor opera com três negócios incertos, ele poderia investir em um ou dois deles.

Por outro lado, se obtiver sucesso, as carteiras de negócios 1, 2 ou 3 da UEN C deverão passar para a UEN A. Os negócios que se encontram nessa célula são considerados líderes num mercado de alto crescimento, mas não produzem necessariamente um fluxo de caixa positivo. Logo, o empreendedor deverá investir recursos substanciais para poder acompanhar a alta taxa de crescimento e repelir os possíveis ataques dos concorrentes. No caso, o empreendedor tem dois negócios líderes, identificados pelos números 4 e 5.

Continua

> Com relação à carteira de negócios da UEN B, se a taxa anual de crescimento do mercado caísse para menos de 10%, o negócio 6 poderia gerar muito caixa para o empreendedor, desde que mantida a maior participação relativa no mercado em questão. Isso dispensaria o empreendedor de financiar expansões da capacidade, visto que a taxa de crescimento do mercado já diminuiu. Além disso, por ser líder, o negócio 6 pode obter economias de escala e maiores margens de lucro. Nesse caso, o empreendedor poderia usar os recursos obtidos com esse negócio para pagar contas e/ou apoiar outros negócios deficitários.
>
> Por outro lado, o empreendedor estaria vulnerável por ter apenas um negócio de sucesso, pois, caso esse venha a perder sua posição relativa no mercado, o empreendedor terá que investir recursos para manter a liderança. Do contrário, esse negócio deixará de ser lucrativo e passará para a UEN D.
>
> Já as carteiras de negócios 7 e 8 da UEN D têm pequena participação no mercado e baixo crescimento, gerando pouco lucro ou, mesmo, prejuízo. Manter esses dois negócios pode ser excessivo. Assim, o empreendedor deve manter apenas um deles, desde que haja a possibilidade de retomar a taxa de crescimento do mercado ou de reconquistar a liderança.
>
> Em suma, o empreendedor teria uma carteira de negócios desequilibrada se optasse por muitos negócios nas UENs D ou C e poucos negócios nas UENs A e B.

Fonte: Adaptado de Crúzio (2003a) e Kotler (2000).

6.1 Decisões estratégicas sobre crescimento/participação no mercado-alvo

Nesta subseção o empreendedor pode avaliar e decidir o crescimento do(s) produto(s) ou serviço(s) em questão e a participação no mercado-alvo, conforme a simulação gráfica da figura A11, levando em conta quatro possibilidades estratégicas:

❑ *estratégias para construir a participação no mercado-alvo* — significa aumentar a participação no mercado, mesmo que o empreendimento tenha de renunciar a lucros de curto prazo. Tal decisão é indicada para as carteiras de negócios 1, 2 e 3 da UEN C, conforme simulado na figura A11. Isso porque o negócio precisaria aumentar sua participação no mercado para atingir a posição da célula UEN A;

❑ *estratégias para manter a participação no mercado-alvo* — essa estratégia é adequada para negócios fortes, de modo que continuem a render grandes fluxos de caixa. É o caso da carteira de negócios 6 da UEN B;

❑ *estratégias para colher a participação no mercado-alvo* — equivale a aumentar o fluxo de caixa de curto prazo, independentemente do efeito de longo prazo. Em outras palavras, o empreendedor decide pela retirada de um determinado negócio ou pela implementação de um programa de redução contínua de custos, podendo eliminar pesquisa e desenvolvimento e diminuir os gastos com pro-paganda, mantendo a unidade física, mesmo com seu desgaste, e o pessoal de vendas. Tal estratégia possibilita reduzir custos a um ritmo mais acelerado que o de uma eventual redução nas vendas, o que pode resultar num aumento do fluxo de caixa do negócio. É a mais adequada para a carteira de negócios 6 da UEN B, uma vez que seu futuro é pouco claro e ela exige maior fluxo de caixa. Mas serve também para as carteiras 1, 2 e 3 da UEN C e para as carteiras 7 e 8 da UEN D;

❑ *estratégias para abandonar a participação no mercado-alvo* — significa vender ou liquidar o negócio, uma vez que os recursos assim obtidos podem ser em-pregados em outras unidades de negócio mais lucrativas do empreendimento. Essa estratégia é adequada para as carteiras de negócios 1, 2 e 3 da UEN C e para as carteiras 7 e 8 da UEN *D*, visto que representam um peso para o negócio.

Conforme os resultados das simulações, o empreendedor precisa decidir se a melhor estratégia para os negócios fracos é colher ou abandonar. A decisão de colher significa reduzir o valor futuro do negócio e, portanto, o preço pelo qual poderia ser vendido. Por outro lado, a decisão de abandonar pode produzir ofertas interessantes, desde que o negócio em questão se encontre em condições relativamente boas e ofereça mais valor para os possíveis compradores.

6.2 Novos negócios versus redução de negócios superados

Nesta subseção o empreendedor pode utilizar as ferramentas do planeja-mento estratégico para simular o desenvolvimento de novos negócios ou então abandonar os negócios cuja manutenção é cara e que não são rentáveis, já que nem sempre as vendas e os lucros de determinadas unidades de negócio corres-pondem às estimativas almejadas.

Exemplo

Voltemos ao estudo das (UENs) do empreendedor do setor agropecuário. Nesse caso, o objetivo industrial com relação à carne bovina é o processamento da salsicha.

A figura A12 mostra uma simulação gráfica de lacuna de planejamento para a carteira de negócios da salsicha. A curva inferior representa as vendas esperadas nos pró-ximos cinco anos. A curva superior descreve as vendas desejadas no mesmo período.

Nesse caso, é provável que o empreendedor queira crescer muito mais rapi-damente do que permite o negócio da atual carteira. Para preencher essa lacuna de planejamento, o empreendedor teria algumas opções estratégicas:

Continua

- *crescimento intensivo* — identificar novas oportunidades e conseguir crescimento adicional dos negócios atuais (por exemplo, salsicha à base de orgânicos);
- *crescimento integrativo* — identificar novas oportunidades para criar ou adquirir negócios relacionados aos atuais (por exemplo, salame industrializado);
- *crescimento por diversificação* — identificar novas oportunidades para criar negócios atraentes não relacionados aos atuais (por exemplo, leite longa vida).

Figura A12
Simulação de lacunas entre vendas desejadas e vendas projetadas

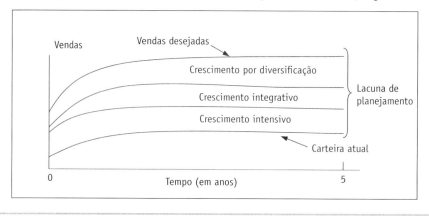

Fonte: Adaptado de Crúzio (2003a e 2006a) e Kotler (2000).

Conforme o exemplo, para promover o crescimento intensivo da carteira de salsichas industrializadas, o empreendedor pode analisar oportunidades para melhorar o desempenho dos negócios existentes, mediante estratégias de marketing produtos/mercados, quadro A7.

Quadro A7
Estratégias para o crescimento intensivo

Mercados	Produtos	
	Atuais	Novos
Atuais	*Estratégia de penetração no mercado*: verificar se é possível aumentar a participação no mercado atual com o produto atual. No caso da carteira de salsichas industrializadas, caberia estimular os clientes às compras, atrair os clientes da concorrência ou incentivar o consumo entre as pessoas avessas ao produto.	*Estratégia de desenvolvimento de produtos*: verificar se é possível desenvolver novos produtos de interesse para os mercados atuais. No caso da carteira das salsichas industrializadas, caberia oferecer produto com baixo teor de gordura e sal. Ou, se não, verificar a possibilidade de *crescimento integrativo* mediante parceria com outro fabricante.

Continua

Mercados	Produtos	
	Atuais	Novos
Novos	*Estratégia de desenvolvimento de mercado*: verificar se é possível desenvolver novos mercados para o produto atual. No caso da salsicha industrializada, caberia procurar novos clientes nas atuais áreas de vendas ou tentar expandir as vendas nos mercados internacionais, sobretudo onde há escassez de carne bovina e derivados.	*Estratégia de diversificação*: verificar se é possível desenvolver novos produtos para novos mercados. No caso da carteira das salsichas industrializadas, caberia promover o crescimento por diversificação horizontal da linha de produtos, mesmo que não tenha relação tecnológica com a salsicha industrializada (por exemplo: salame, manteiga, iogurte etc.).

Fonte: Adaptado de Ansoff (1957) e Crúzio (2003a).

6.3 Planejamento estratégico das unidades de negócio

Nesta subseção o empreendedor deve simular o planejamento estratégico para cada carteira de negócios, que envolve uma sequência de procedimentos mercadológicos, visando definir a missão corporativa, os objetivos, as estratégias, os programas de ação e os meios de controle de uma determinada unidade de negócio do empreendimento.

Exemplo

No caso do empreendimento agropecuário, o empreendedor providenciou o planejamento estratégico da UEN, conforme seu negócio essencial. A seguir, a sequência de procedimentos adotada.

Missão corporativa — suprir as principais redes de supermercados de itens derivados do leite *in natura* de produção totalmente orgânica.

Objetivo — nos próximos dois anos aumentar em 15% a taxa de retorno sobre o investimento da carteira do leite longa vida de produção orgânica.

Estratégia de foco — o empreendimento concentrará seus esforços mercadológicos no segmento do leite longa vida de produção orgânica.

Estratégia de diferenciação — o empreendimento buscará ser líder em qualidade nesse segmento.

Estratégias de alianças promocionais — o empreendimento estabelecerá parceria com uma rede de supermercados para promover e distribuir no mercado o leite longa vida de produção orgânica; em contrapartida, garantirá à rede exclusividade no fornecimento do produto.

Continua

> *Estratégias de aliança de produtos* — o empreendimento firmará parcerias com outros empreendimentos do mesmo setor para criar uma central para a produção de leite *in natura* de manejo orgânico e o processamento de derivados do leite tipo C (manteiga, iogurte etc.).
>
> *Programa de ação para as despesas* — determinar qual é o nível de despesas adequado para atingir os objetivos de mercado do o empreendimento.
>
> *Programa de ação para a alocação de recursos* — elaborar o orçamento total de marketing para a oferta do leite longa vida de produção orgânica.
>
> *Programa de ação para o mix do produto* — especificar a qualidade do leite longa vida e desenvolver design, embalagem e marca.
>
> *Programa de ação para o mix de preço* — determinar faixas de preços, descontos ou compensações no atacado e no varejo, bem como condições de crédito aos revendedores.
>
> *Programa de ação para o mix de distribuição* — selecionar, com base na relação custo/benefício, os canais de distribuição do leite longa vida de produção orgânica (canal distribuidor exclusivo ou canais variados, como panificações).
>
> *Programa de ação para o mix de propaganda* — escolher a mídia para anunciar o produto, levando em conta a cobertura, a frequência e o impacto dos diversos meios.
>
> *Controle por planos anuais* — estabelecer metas de vendas e lucros para cada mês ou trimestre, bem como parâmetros para avaliar o desempenho no mercado.
>
> *Controle de lucratividade* — avaliar a lucratividade real obtida com as vendas do leite longa vida, comparando o desempenho dos diferentes canais de distribuição.
>
> *Controle estratégico* — avaliar a eficácia das estratégias de marketing no tocante à adequação entre produto e mercado, levando em conta as frequentes mudanças no ambiente geral de marketing.

Fonte: Adaptado de Crúzio (2003a, 2006a).

7. Planejamento econômico-financeiro do empreendimento

Nesta seção o empreendedor deverá expressar em números tudo aquilo que foi escrito nas seções anteriores do plano de negócios. Ou melhor, relatar quantitativamente os investimentos, como também as despesas com a compra de materiais e equipamentos, matéria-prima e instalações. As despesas com pessoal, manutenção, segurança, marketing etc. Igualmente, as projeções das vendas e a análise de rentabilidade do negócio. Assim, os principais demonstrativos contábeis a serem apresentados no plano, conforme a estrutura de contas apresentada nos quadros 6, 7 e 8, do capítulo 8 deste livro, são: balanço patrimonial (BP), demonstrativo de resultados do exercício (DRE) e demonstrativo de fluxo de caixa, projetados no mínimo para três anos.

É por meio dos demonstrativos contábeis que o empreendedor poderá analisar a viabilidade econômica do negócio em questão, isto é, checar a liquidez, eficiência operacional, rentabilidade, endividamento e evolução do empreendimento. Verificar o retorno financeiro do mesmo, mediante cálculo da taxa interna de retorno (TIR), valor presente líquido (VPL), prazo do *payback* e ponto de equilíbrio (*break even*) operacional, contábil e econômico. Ademais, pleitear o financiamento diante da cooperativa de crédito ou agentes financeiros.

7.1 Balanço patrimonial do negócio

Nesta subseção o empreendedor apresenta as contas do BP, relativas ao exercício.

Exemplo

Suponha um empreendimento especializado em artefatos artesanais. Nesse caso, as movimentações do exercício X apresentaram os seguintes resultados.

Balanço patrimonial — Negócio dos Artesanatos S/A

	19*1	19*2
Ativo		
Ativo circulante		
Disponível		
Caixa	30	40
Bancos	1.200	1.260
Total	1.230	1.300
Duplicatas a receber		
	2.600	2.800
(–) Duplicatas descontadas	800	600
Total	1.800	2.200
Estoques		
Produtos acabados	400	600
Produtos em elaboração	300	400
Matérias-primas	1.700	1.900
Total	2.400	2.900
Total do ativo circulante	5.430	6.400

Continua

	19*1	19*2
Realizável a longo prazo		
Adiantamento a coligadas	300	400
Adiantamento aos diretores	180	200
Total do realizável a longo prazo	480	600
Ativo permanente		
Investimentos	700	900
Imobilizado	9.800	11.000
Diferido	300	500
Total do ativo permanente	10.800	12.400
Total do ativo	16.710	19.400
Passivo		
Passivo circulante		
Fornecedores	1.800	1.990
Impostos a pagar	180	180
Empréstimos bancários	2.600	2.800
Provisões	620	820
Total do passivo circulante	5.200	5.790
Exigível a longo prazo		
Empréstimos bancários	1.800	2.200
Debêntures	1.200	1.200
Total do exigível a longo prazo	3.000	3.400
Patrimônio líquido		
Capital social	7.610	8.510
Lucros retidos	900	1.700
Total do patrimônio líquido	8.510	10.210
Total do passivo	16.710	19.400

7.2 Demonstrativo de resultado do exercício do negócio

Nesta subseção o empreendedor apresenta as contas do DRE, relativas às receitas e despesas, como também o lucro ou prejuízo do empreendimento do exercício social em questão.

Exemplo

Novamente o caso do empreendimento dos artefatos artesanais. Eis o demonstrativo de resultados do exercício X.

Demonstrativo de resultado do exercício — Negócio dos Artesanatos S/A

	19*1	19*2
Vendas brutas	58.000	67.000
(–) Deduções		
Impostos	7.000	8.000
Abatimentos/devoluções	1.000	2.000

Continua

	19*1	19*2
Vendas líquidas	50.000	57.000
(–) Custo dos produtos vendidos	18.000	20.000
Lucro bruto	32.000	37.000
(–) Despesas operacionais		
Vendas	6.000	8.000
Administrativas	12.000	13.000
Financeiras (despesas – receitas)	8.000	7.000
Lucro operacional	6.000	9.000
(–) Despesas não operacionais		
Venda de imobilizado com prejuízo	3.000	0
Lucro antes do imposto de renda	3.000	9.000
(–) Provisão para imposto de renda	900	2.700
Lucro depois do imposto de renda	2.100	6.300
(–) Participação dos empregados (10%)	210	630
(–) Participação dos administradores (10%)	210	630
Lucro líquido	1.680	5.040

Observações importantes sobre os balanços e demonstrativos

É preciso atualizar os valores informados nos balanços e demonstrativos, a fim de evitar possíveis distorções geradas pela inflação.

Convém analisar os demonstrativos de mais de um exercício social, para se obter uma visão das tendências futuras do empreendimento analisado e, assim, poder minimizar os riscos econômico-financeiros.

Apurar os demonstrativos de resultados com base no regime de competência, isto é, considerar as receitas e as despesas do período independentemente dos seus recebimentos e pagamentos.

7.3 Análise econômico-financeira do negócio

Nesta subseção o empreendedor apresenta as análises econômico-financeiras do negócio em questão, mediante a reorganização das informações financeiras obtidas no BP e DRE, na forma de índices. Ou melhor, relaciona *custos/vendas, lucro/vendas, direitos a receber/dívidas* etc., conforme os principais índices da análise econômico-financeira, apresentados no quadro 4, capítulo 8 deste livro. Para tanto, precisa aplicar as técnicas das análises vertical e horizontal nos demonstrativos contábeis, a partir de dados extraídos do BP e DRE, subseções 7.1 e 7.2.

Análise vertical ou de estrutura do negócio

A análise vertical tem como objetivo mostrar a participação relativa de cada item de uma demonstração financeira em relação a um determinado total.

Exemplo

Novamente o caso do empreendimento especializado nos artefatos artesanais. Conforme as movimentações extraídas do BP e DRE, teremos a seguinte análise estrutural:

Balanço patrimonial

	19*1	%	19*2	%
Ativo circulante				
Disponível	1.230	22,65	1.300	20,31
Duplicatas a receber	1.800	33,15	2.200	34,38
Estoques	2.400	44,20	2.900	45,31
Total	5.430	100,00	6.400	100,00

Demonstrativo de resultado do exercício

	19*1	%	19*2	%
Vendas	58.000	100,00	67.000	100,00
Lucro bruto	32.000	55,17	37.000	55,22
Lucro operacional	6.000	10,34	9.000	13,43

Como se pode observar, a análise vertical possibilita comparar os valores apresentados, tendo em vista a padronização percentual. No exemplo, evidencia-se a participação de cada item do circulante em relação ao seu total, bem como sua evolução no exercício seguinte. Assim, o valor do disponível teve uma diminuição de 2,34% em relação ao ativo circulante, quando comparado com o exercício subsequente, apesar de ter tido um acréscimo em termos de valores reais de 1.230 para 1.300.

Análise horizontal ou de evolução do negócio

A análise horizontal tem como objetivo examinar a evolução histórica dos valores apresentados nos demonstrativos contábeis.

Exemplo

Novamente o caso do empreendimento especializado nos artefatos artesanais. Conforme as movimentações extraídas do BP, teremos a evolução a seguir.

Balanço patrimonial

	19*1	19*2	Evolução
Ativo circulante			
Disponível	1.230	1.300	(+)5,69%
Duplicatas a receber	1.800	2.200	(+)22,22%
Estoques	2.400	2.900	(+)20,83%
Total	5.430	6.400	(+)17,86%

No exemplo, pode-se observar tanto a evolução de cada item dos demonstrativos contábeis no decorrer do tempo, quanto as tendências. Assim, o empreendedor poderá corrigir possíveis desvios no seu empreendimento.

Análise horizontal de evolução do negócio

Os índices financeiros objetivam medir o desempenho de determinado empreendimento, no que diz respeito à liquidez, ciclo operacional, grau de endividamento e rentabilidade do negócio. Os cálculos desses índices são realizados a partir dos dados extraídos tanto do BP quanto do DRE do empreendimento em questão. Os índices mais usados são: índice de liquidez, índice de atividade, índice de endividamento e índice de rentabilidade.

Índices de liquidez — possibilitam apurar a capacidade de um empreendimento cumprir com suas obrigações. São eles: liquidez imediata, liquidez corrente, liquidez seca e liquidez geral.

Exemplo

No caso do empreendimento especializado nos artefatos artesanais, o índice *liquidez imediata* (caixa, crédito e aplicações de curto prazo) mostra a sua disponibilidade em relação ao pagamento do passivo circulante, mediante a seguinte fórmula:

Continua

$$\frac{\text{Disponibilidade}}{\text{Passivo circulante}}$$

Conforme dados extraídos do BP, teremos:

$$19^{*}1 \quad \frac{1.230}{5.200} = 0,24 \qquad\qquad 19^{*}2 \quad \frac{1.300}{5.790} = 0,22$$

Nos cálculos, o empreendimento em análise possuía disponível em 19*1, R$ 0,24 para cada R$ 1,00 devido o seu curto prazo, enquanto, em 19*2, o disponível foi reduzido para R$ 0,22.

O índice *liquidez corrente* mostra a posição do ativo circulante do referido empreendimento para pagar o seu passivo circulante, mediante a fórmula:

$$\frac{\text{Ativo circulante}}{\text{Passivo circulante}}$$

Conforme dados extraídos do BP, teremos:

$$19^{*}1 \quad \frac{5.430}{5.200} = 1,04 \qquad\qquad 19^{*}2 \quad \frac{6.400}{5.790} = 0,60$$

Para cada R$ 1,00 devido em 19*1 no curto prazo (passivo circulante), o empreendimento possuía em disponibilidades, bens e direitos também de curto prazo (ativo circulante) R$ 1,04, e em 19*2, R$ 1,11.

O índice *liquidez seca* confronta o ativo circulante do empreendimento em análise em relação ao seu passivo circulante. Os estoques são excluídos por representarem bens que não têm data definida de realização, conforme a fórmula:

$$\frac{\text{Ativo circulante } (-) \text{ Estoque}}{\text{Passivo circulante}}$$

Conforme dados extraídos do BP, teremos:

$$19^{*}1 \quad \frac{5.430 \ (-) \ 2.400}{5.200} = 0,58 \qquad\qquad 19^{*}2 \quad \frac{6.400 \ (-) \ 2.900}{5.790} = 0,60$$

Considerando apenas os itens do ativo circulante, o empreendimento dispõe, para cada R$ 1,00 devido no curto prazo, de R$ 0,58 em 19*1 e R$ 0,60 em 19*2.

Continua

> O índice *Liquidez Geral* confronta os bens e direitos de curto prazo do empreendimento em questão, mais os direitos de longo prazo com o total das exigibilidades, mediante a fórmula:
>
> $$\frac{\text{Ativo circulante } (+) \text{ Realizável a longo prazo}}{\text{Passivo circulante } (+) \text{ Exigível a longo prazo}}$$
>
> Conforme dados extraídos do BP, teremos:
>
> $19*1 \quad \dfrac{5.430 \ (-) \ 480}{5.200 \ (+) \ 3.000} = 0,72 \qquad\qquad 19*2 \quad \dfrac{6.400 \ (-) \ 600}{5.790 \ (+) \ 3.400} = 0,76$
>
> Para cada R$ 1,00 que o empreendimento deve a terceiros, dispõe no ativo circulante e no realizável a longo prazo de R$ 0,72 em 19*1 e R$ 0,76 em 19*2.

Índices de atividade — os índices de atividade visam medir a velocidade com que várias contas do circulante são convertidas em vendas ou interferem nas disponibilidades. Tais índices são: giro de duplicatas a receber, prazo médio de recebimento de vendas, giro dos estoques, prazo médio dos estoques, giro de duplicatas a receber e prazo médio de pagamento.

> # Exemplo
>
> No caso do empreendimento dos artefatos artesanais, o índice *giro de duplicatas a receber* indica quantas vezes o negócio renova duplicatas a receber, na fórmula:
>
> $$\frac{\text{Vendas}}{\text{Duplicatas a receber (média)}}$$
>
> Conforme dados extraídos do DRE, teremos:
>
> $$19*2 \quad \frac{67.000}{2.600 \ (+) \ 2.800/2} = 24,81$$
>
> O empreendimento renovou suas duplicatas a receber 24,81 vezes no período.

Continua

O índice *prazo médio de recebimento de vendas* mostra quantos dias em média são necessários para que uma duplicata seja recebida pelo referido empreendimento, conforme a fórmula:

$$\frac{360 \text{ (número de dias do ano comercial)}}{\text{Giro de duplicatas a receber}}$$

Conforme dados extraídos do DRE, teremos:

$$19*2 \quad \frac{360}{24,81} = 14,51$$

O empreendimento em análise demora, em média, 14,51 dias para receber uma duplicata.

O índice *giro dos estoques* revela quantas vezes o referido empreendimento renova seus estoques no decorrer do período, na fórmula:

$$\frac{\text{Custos das mercadorias vendidas (CVM)}}{\text{Estoque (média)}}$$

Conforme dados extraídos do BP e DRE, teremos:

$$19*2 \quad \frac{20.000}{2.400 \text{ (+) } 2.900/2} = 7,55$$

O empreendimento renova seus estoques 7,55 vezes no período.

O índice *prazo médio dos estoques* mostra quantos dias, em média, um item fica nos estoques do referido empreendimento, considerando o período em análise, mediante a fórmula:

$$\frac{360 \text{ (número de dias do ano comercial)}}{\text{Giro dos estoques}}$$

Conforme dados extraídos do BP e DRE, teremos:

$$19*2 \quad \frac{360}{7,55} = 47,68$$

O empreendimento em analise mantém um item estocado em média por 47,68 dias.

O índice *giro de duplicatas a pagar* mostra o número de vezes que o empreendimento em análise renova suas duplicatas a pagar durante o período, conforme a fórmula:

Continua

$$\frac{\text{Compras}}{\text{Fornecedores (média)}}$$

Para o cálculo do índice é necessário apurar o valor de compras. Essa conta não está exposta em nenhum dos demonstrativos contábeis exemplificados. Assim, o valor das compras do período pode ser obtido através da seguinte equação:

Compras = CMV (–) Estoque inicial (+) Estoque final

Por exemplo: compras 20.000 (–) 2.400 (+) 2.900 – 20.500.

$$19*2 \quad \frac{20.500}{1.990 \ (+) \ 1.800/2} = 10,82$$

O empreendimento em análise gira suas duplicatas a pagar 10,82 vezes no período.

O índice *prazo médio de pagamento* evidencia quanto tempo, em dias, demora para o referido empreendimento pagar seus fornecedores no período, mediante a fórmula:

$$\frac{360 \ (\text{número de dias do ano comercial})}{\text{Giro de duplicatas a pagar}}$$

Conforme dados extraídos do BP e DRE, teremos:

$$19*2 \quad \frac{360}{10,82} = 33,27$$

O empreendimento em análise demora, em média, 33,27 dias para pagar seus fornecedores.

Índices de endividamento — os índices de endividamento visam determinar o grau de endividamento de determinado empreendimento e sua capacidade de pagar as dívidas. Tais índices são: grau de endividamento e garantia de capital de terceiros.

Exemplo

O índice *grau de endividamento* mostra a parcela dos ativos do referido empreendimento comprometida com endividamento a terceiros, mediante a fórmula:

$$\frac{\text{Passivo exigível total}}{\text{Ativo total}}$$

Continua

Conforme dados extraídos do BP, teremos:

$$19*2 \quad \frac{5.790 \ (+) \ 3.400}{19.400} = 0,47$$

Os resultados indicam que 47% do valor dos ativos do empreendimento em questão estão sendo financiados com capital de terceiros.

O índice *garantia de capital de terceiros* aponta a situação do capital de terceiros com relação ao capital próprio do empreendimento em questão, conforme a fórmula:

$$\frac{\text{Passivo exigível total}}{\text{Patrimônio líquido}}$$

Conforme dados extraídos do BP, teremos:

$$19*2 \quad \frac{5.790 \ (+) \ 3.400}{19.210} = 0,90$$

O empreendimento em análise utiliza capital de terceiros para financiar suas atividades em uma proporção de 90% em relação ao capital próprio. Em outros termos, para cada R$1,00 de capital próprio o negócio teve em 19*2 R$ 0,90 financiados por terceiros.

Índices de rentabilidade — os índices de rentabilidade apuram o retorno que um empreendimento consegue em relação às suas vendas e ao seu investimento em ativos. Tais índices são: rentabilidade das vendas (margem líquida), rentabilidade do patrimônio líquido, giro do ativo e retorno sobre o investimento.

Exemplo

No caso do empreendimento dos artefatos artesanais, o índice *rentabilidade das vendas (margem líquida)* aponta a capacidade do negócio em gerar lucros por meio de suas vendas, mediante a fórmula:

$$\frac{\text{Lucro líquido}}{\text{Vendas líquidas}}$$

Conforme dados extraídos do DRE, teremos:

$$19*2 \quad \frac{5.040}{57.000} = 0,09$$

Continua

Para cada R$ 1,00 de venda o empreendimento em análise teve um lucro líquido de R$ 0,09.

O índice *rentabilidade do patrimônio líquido* determina o percentual de lucro do empreendimento em análise em comparação ao seu patrimônio líquido, na fórmula:

$$\frac{\text{Lucro líquido}}{\text{Patrimônio líquido}}$$

Conforme dados extraídos do DRE e BP, teremos:

$$19{*}2 \quad \frac{5.040}{10.210} = 0{,}49$$

O lucro do empreendimento representou no período 49% do capital. Ou melhor, para cada R$ 1,00 investido pelo(s) proprietário(os), o negócio lucrou R$ 0,49.

O índice *giro do ativo* indica a eficiência do referido empreendimento com que emprega seus ativos para gerar vendas, mediante a fórmula:

$$\frac{\text{Vendas}}{\text{Ativo total}}$$

Conforme dados extraídos do DRE e BP, teremos:

$$19{*}2 \quad \frac{67.000}{19.400} = 3{,}45$$

O empreendimento analisado, através da utilização de seus ativos, gerou, para cada R$ 1,00 de ativo, R$ 3,45 de vendas.

O índice *retorno sobre o investimento* mostra a eficiência do empreendimento em análise em utilizar seus ativos para gerar lucros, na fórmula:

$$\frac{\text{Margem líquida}}{\text{Giro de ativo}}$$

Conforme dados extraídos do DRE e BP, teremos:

$$19{*}2 \quad \frac{0{,}90}{3{,}45} = 0{,}03$$

Para cada R$ 1,00 de ativos, o empreendimento em análise conseguiu gerar R$ 0,03 de lucro.

Vale observar, a análise econômico-financeira dos demonstrativos contábeis de qualquer empreendimento para ter credibilidade, no que diz respeito à tomada de decisões administrativas e operacionais, deve abranger pelo menos os últimos três exercícios, a fim de que se obtenha uma perspectiva histórica do negócio. Ademais, é preciso comparar o resultado das análises com outros estudos setoriais da economia, a fim de que se avalie se o negócio em questão está atuando dentro dos padrões apresentados pelo conjunto de empreendimentos da mesma área.

Exemplo

Suponha a Funilaria XYZ que produz churrasqueiras de folha de flandres. Nesse caso, o negócio se encontra em fase de crescimento, necessita de investimentos e, consequentemente, de novos empréstimos dos agentes financeiros.

No sentido de prestar informações sobre o desempenho da funilaria e poder obter o crédito, o empreendedor providenciou um relatório de desempenho econômico-financeiro da funilaria, quadro A15, a partir das análises dos demonstrativos contábeis dos últimos três anos, isto é, do BP e DRE, quadros A8 e A9, respectivamente. Igualmente das análises vertical e horizontal dos demonstrativos financeiros, quadros A10, A11, A12 e A13, e da apuração dos índices financeiros, quadro A14.

Quadro A8
Demonstrativos contábeis da Funilaria XYZ

Balanço patrimonial (valores em R$ mil)			
	2002	2003	2004
Ativo			
Ativo circulante			
Disponível			
Caixa	81	420	639
Bancos	1.649	3.340	12.599
Total	1.730	3.760	13.238
Realizável a curto prazo			
Duplicatas a receber	24.263	82.585	286.455
(–) Duplicatas descontadas	15.734	38.218	46.135
Total	8.529	44.367	240.320
Estoques			
Produtos acabados	5.241	7.020	10.684
Produtos em elaboração	849	1.285	1.638

Continua

Plano de negócios para decidir sobre crédito e profissionalizar a gestão dos empreendimentos 195

Balanço patrimonial (valores em R$ mil)			
	2002	2003	2004
Matérias-primas	25.566	60.342	108.985
Total	31.656	68.647	121.307
Total do ativo circulante	41.915	116.774	374.865
Realizável a longo prazo			
Adiantamento a coligadas	15.000	29.000	55.000
Adiantamento aos diretores	7.000	3.576	193
Total do realizável a longo prazo	22.000	32.576	62.193
Ativo permanente			
Investimentos	439	1.081	4.470
Imobilizado	47.398	88.034	224.995
Diferido	137	183	212
Total do ativo permanente	47.974	89.298	229.677
Total do ativo	111.889	238.648	666.735
Passivo			
Passivo circulante			
Fornecedores	20.921	5.011	106.907
Impostos a pagar	12.763	24.583	31.395
Empréstimos bancários	14.121	7.985	151.157
Provisões	2.767	4.482	11.790
Total do passivo circulante	50.572	112.061	301.249
Exigível a longo prazo			
Empréstimos bancários	14.089	27.960	105.670
Total do exigível a longo prazo	14.089	27.960	105.670
Patrimônio líquido			
Capital social	13.000	42.000	85.000
Lucros retidos	34.228	56.627	174.816
Total do patrimônio líquido	47.228	98.627	259.816
Total do passivo	111.889	238.648	666.735

Quadro A9

Demonstrativos contábeis da Funilaria XYZ

Demonstrativo de resultados (valores em R$ mil)			
	2002	2003	2004
Vendas brutas	196.868	439.423	1.020.797
(–) Deduções de vendas			
Impostos	29.377	67.279	158.897

Continua

Demonstrativo de resultados (valores em R$ mil)			
	2002	2003	2004
Abatimentos/devoluções	1.093	3.226	1.664
Vendas líquidas	166.398	368.918	860.236
(–) Custo dos produtos vendidos	112.396	236.791	546.223
Lucro bruto	54.002	132.127	314.013
(–) Despesas operacionais			
Despesas de vendas	6.255	6.469	8.160
Despesas administrativas	30.965	80.135	160.626
Despesas financeiras	13.090	32.983	101.612
Lucro operacional	3.692	12.540	43.615
(–) Despesas não operacionais	192	2.859	17.703
Lucro antes do imposto de renda	3.500	9.681	25.912
(–) Provisão para imposto de renda	1.225	3.388	9.069
Lucro líquido	2.275	6.293	16.843

Quadro A10

Análise vertical dos balanços patrimoniais da Funilaria XYZ

	2002 (%)	2003 (%)	2004 (%)
Ativo			
Ativo circulante			
Disponível	1,55	1,58	1,99
Duplicatas a receber	7,62	18,59	36,04
Estoques	28,29	28,76	18,19
Total do ativo circulante	37,46	48,93	56,22
Realizável a longo prazo	19,66	13,65	9,33
Ativo permanente			
Investimentos	0,39	0,45	0,67
Imobilizado	42,36	36,89	33,45
Diferido	0,13	0,08	0,03
Total do ativo permanente	42,88	37,42	39,40
Total do ativo	100,00	100,00	100,00
Passivo			
Passivo circulante	45,20	46,96	45,18
Exigível a longo prazo	12,59	11,72	15,85
Total das exigibilidades	57,79	58,68	61,03
Patrimônio líquido			
Capital social	11,62	17,60	12,75
Lucros retidos	30,59	23,73	26,22
Total do patrimônio líquido	42,21	41,32	38,97
Total do passivo	100,00	100,00	100,00

Continua

Plano de negócios para decidir sobre crédito e profissionalizar a gestão dos empreendimentos 197

Quadro A11
Análise vertical dos demonstrativos de resultado da Funilaria XYZ

	2002 (%)	2003 (%)	2004 (%)
Vendas brutas	100,00	100,00	100,00
(–) Deduções de vendas	15,48	16,04	15,73
Vendas líquidas	84,52	83,96	84,27
(–) Custo das mercadorias vendidas	57,09	53,89	53,21
Lucro bruto	27,43	30,07	30,76
(–) Despesas operacionais	23,56	27,21	26,49
Lucro operacional	1,87	2,86	4,27
(–) Despesas não operacionais	0,10	0,65	1,73
Lucro antes do imposto de renda	1,77	2,21	2,54
(–) Provisão para imposto de renda	0,62	0,77	0,89
Lucro líquido	1,15	1,44	1,65

Quadro A12
Análise horizontal dos balanços patrimoniais da Funilaria XYZ
(ano-base 2002 — 100,00%)

	2002 (%)	2003 (%)	2004 (%)
Ativo			
Ativo circulante			
Disponível	100,00	217,34	765,20
Duplicatas a receber	100,00	520,19	2.817,68
Estoques	100,00	216,85	383,29
Total do ativo circulante	100,00	278,60	894,35
Realizável a longo prazo	100,00	148,07	282,70
Ativo permanente			
Investimentos	100,00	246,24	1.018,22
Imobilizado	100,00	185,73	474,69
Diferido	100,00	133,58	154,74
Total do ativo permanente	100,00	186,14	478,75
Total do ativo	100,00	213,29	595,89
Passivo			
Passivo circulante	100,00	221,59	595,68
Exigível a longo prazo	100,00	198,45	750,02
Total das exigibilidades	100,00	216,55	629,31
Patrimônio líquido			
Capital social	100,00	323,08	653,85
Lucros retidos	100,00	288,15	595,89
Total do patrimônio líquido	100,00	208,83	550,13
Total do passivo	100,00	213,29	595,89

Continua

Quadro A13
Análise horizontal dos demonstrativos de resultado da Funilaria XYZ (ano-base 2002 — 100,00%)

	2002	2003	2004
Vendas brutas	100,00	223,21	518,52
(–) Deduções de vendas	100,00	231,39	526,95
Vendas líquidas	100,00	221,71	516,97
(–) Custo dos produtos vendidos	100,00	210,68	485,98
Lucro bruto	100,00	244,67	581,48
(–) Despesas operacionais	100,00	237,70	537,46
Lucro operacional	100,00	339,65	1.181,34
(–) Despesas não operacionais	100,00	1.489,06	9.220,31
Lucro antes do imposto de renda	100,00	276,60	740,34
(–) Provisão para imposto de renda	100,00	276,57	740,33
Lucro líquido	100,00	276,62	740,35

Quadro A14
Índices financeiros da Funilaria XYZ

	2002	2003	2004
Índice de liquidez			
Liquidez geral	0,99	1,07	1,07
Liquidez corrente	0,83	1,04	1,24
Liquidez seca	0,20	0,43	0,84
Liquidez imediata	0,03	0,03	0,04
Índice de atividade			
Giro de duplicatas a receber	16,61	7,17	
Prazo médio de recebimento de vendas	21,67	50,21	
Giro dos estoques	4,72	5,75	
Prazo médio de estocagem	76,27	62,61	
Giro de duplicatas a pagar	7,21	7,40	
Prazo médio de pagamentos	49,93	48,65	
Índice de endividamento			
Grau de endividamento	0,58	0,59	0,61
Garantia de capital de terceiros	1,37	1,42	1,57
Índice de rentabilidade			
Rentabilidade das vendas	0,01	0,02	0,02
Rentabilidade do patrimônio líquido	0,05	0,06	0,06
Giro do ativo	1,76	1,84	1,53
Retorno sobre o investimento	0,01	0,01	0,01

Continua

Quadro A15
Relatório da análise econômico-financeira da Funilaria XYZ
(Exercícios 2002, 2003 e 2004)

A análise econômico-financeira dos demonstrativos contábeis da Funilaria XYZ reflete as situações e tendências a seguir.

Os investimentos

Os investimentos no período analisado estão concentrados no curto prazo e com tendência crescente, conforme os resultados obtidos nas análises vertical e horizontal dos balanços patrimoniais. Vale destacar o volume investido em duplicatas a receber que no último exercício representou 36,04% do ativo total.

As vendas

A expansão das vendas é outro destaque. Em três anos, período da análise, o empreendimento quintuplicou suas vendas, indicando uma postura agressiva em relação à conquista de mercado.

A liquidez

Os índices de liquidez mostram que o empreendimento possui, no curto prazo, ativos que, realizados, cobrem as obrigações de curto prazo. Vale observar, como grande parte dos investimentos nesses ativos concentra-se em duplicatas a receber, a atenção deve estar concentrada no risco de inadimplência.

A atividade

Quanto à dinâmica e realização dos itens circulantes, estes se mantêm estáveis com exceção do prazo médio de recebimento das vendas que duplicou nos últimos exercícios, o que deve merecer atenção do empreendedor, conforme colocado no item anterior. Pois esse expressivo aumento do prazo de recebimento sinaliza que ou o empreendimento está adotando padrões de crédito mais flexíveis, ou está tendo problemas com devedores incobráveis.

O endividamento

As exigibilidades representam em média 60% do total dos financiamentos utilizados pelo empreendimento e estão aumentando gradativamente no decorrer do período. Tais acréscimos provavelmente decorrem da expansão das vendas apresentada pelo negócio.

A rentabilidade

Conforme os índices referentes à rentabilidade pode-se observar que o crescimento dos lucros não acompanhou o aumento das vendas. Assim, apesar do empreendimento ter apresentado lucro em todos os exercícios sociais analisados, o retorno sobre o investimento foi muito reduzido.

7.4 Planos financeiros do negócio

Nesta subseção o empreendedor apresenta o planejamento financeiro do empreendimento, principalmente a projeção do retorno financeiro, no sentido de elucidar a viabilidade econômica do negócio diante dos agentes financeiros. Assim, os principais planos financeiros que devem constar do plano de negócios são o orçamento de caixa e o orçamento de lucro.

Orçamento de caixa

O orçamento de caixa dá subsídio para o empreendedor planejar e controlar o fluxo de recursos relativo ao seu negócio. Ademais, fornece informações para decidir onde, quando, quanto e como financiar tal negócio. Assim, o orçamento de caixa pode ser operacionalizado sob duas dimensões: o fluxo de caixa integrado e o fluxo de caixa operacional.

Fluxo de caixa integrado — o fluxo de caixa integrado possibilita projetar as receitas, as despesas e, também, os investimentos requeridos no empreendimento em questão, considerando o exercício social (1 ano). Os elementos básicos do fluxo de caixa são: orçamento de vendas, orçamento de produção, orçamento de despesas administrativas, orçamentos de despesas e receitas não operacionais e orçamento de caixa sintético.

Orçamento de vendas — o orçamento de vendas diz respeito à previsão para as vendas em determinado período. A receita de vendas de produtos ou da prestação de serviços é a principal fonte de entradas de recursos, cuja projeção possibilitará elaborar os demais orçamentos.

Exemplo

Novamente o caso da Funilaria XYZ, que poderia projetar suas vendas da seguinte forma:

Orçamento de vendas			
Produto	Quantidades (em unidades)	Preço	Total
X	87.500	R$ 9,00	R$ 787.500,00
Y	105.000	R$ 8,00	R$ 840.000,00
Z	64.000	R$ 7,00	R$ 448.000,00
Total	256.500		R$ 2.075.500,00

Orçamento de produção — o orçamento de produção compreende o orçamento de compra de matéria-prima, de despesas com mão de obra e o de custos indiretos de produção. Para operacionalizar o orçamento de produção, o primeiro passo do empreendedor é fazer o planejamento das quantidades a serem produzidas em seu negócio. Esse procedimento leva em conta o estoque de produtos já existente e, ainda, a quantidade de produtos que deverá ficar disponível no final do período para atender às vendas futuras.

Exemplo

No caso da Funilaria XYZ, a previsão das despesas de produção poderia começar pelo planejamento da produção.

Planejamento da produção				
(Para atender ao início do próximo período, prevê-se estoque final de 10% das vendas)				
Produto	*Quantidades (em unidades)*	*Estoque inicial*	*Estoque final*	*Produção prevista*
X	87.500 (-)	9.750 (+)	8.750 (=)	86.500
Y	105.000 (-)	9.500 (+)	10.500 (=)	106.000
Z	64.000 (-)	8.400 (+)	6.400 (=)	62.000

Para fabricar os produtos, a Funilaria XYZ consome duas matérias-primas (MP) alfa e beta nas seguintes proporções:

Produto X consome 3,0 unidades de MP alfa e 1,5 unidade da MP beta.

Produto Y consome 3,5 unidades da MP alfa e 2,5 unidades da MP beta.

Produto Z consome 1,0 unidade da MP alfa e 2,0 unidades da MP beta.

O preço unitário do produto alfa é R$ 0,75 e do produto beta, R$ 0,60.

Orçamento de compra de matéria-prima		
Produto	*Consumo de alfa por unidade*	*Consumo de beta por unidade*
X	3,0 * 86.500 = 259.500	1,5 * 86.500 = 129.750
Y	3,5 * 106.000 = 371.000	2,5 * 106.000 = 265.000
Z	1,0 * 62.000 = <u>62.000</u>	2,0 * 62.000 = <u>124.000</u>
Total	692.500	518.750

O custo do produto alfa é R$ 0,75 * 692.500 unidades = R$ 519.375,00

O custo do produto beta é R$ 0,60 * 518.750 unidades = <u>R$ 311.250,00</u>

Total   R$ 830.652,00

Continua

Orçamento de despesas com mão de obra (MDO)		
Produto	*Horas/por unidade * remuneração por hora*	*Custo da MDO por unidade*
X	0,3 * R$ 3,50	R$ 1,05
Y	0,5 * R$ 4,50	R$ 2,25
Z	0,4 *R$ 4,00	R$ 1,60
Produto	*Produção * custo de MDO por unidade*	*Custo total*
X	86.500 * R$ 1,05	R$ 90.825,00
Y	106.000 * R$ 2,25	R$ 238.500,00
Z	62.000 * R$ 1,60	R$ 99.200,00
Custo total		R$ 428.525,00

Orçamento de custos indiretos de produção	
Despesa	*Valor previsto*
Mão de obra indireta	R$ 100.000,00
Aluguel	R$ 30.000,00
Seguros	R$ 40.000,00
Energia elétrica	R$ 35.000,00
Manutenção	R$ 65.000,00
Depreciação	R$ 70.000,00
Total	R$ 340.000,00

Orçamento da produção				
Produto	*Matéria-prima*	*Mão de obra*	*Custos indiretos de produção*	*Total*
			340.000 / 254.500 = 1,335953	
X	259.500 * 0,75 + 129.750 * 0,60 = R$ 272.475,00	R$ 90.825,00	1,335953 * 86.500 = R$ 115.559,90	R$ 478.859,90
Y	371.000 * 0,75 + 265.000 * 0,60 = R$ 437.250,00	R$ 238.500,00	1,335953 * 106.000 = R$ 141.611,02	R$ 817.361,02
Z	62.000 * 0,75 + 124.000 * 0,60 = 120.900,00	R$ 99.200,00	1,335953 * 62.000 = R$ 82.829,08	R$ 302.929,08
Total	R$ 830.625,00	R$ 428.525,00	R$ 340.000,00	R$ 1.599.150,00

Obs.: Os custos indiretos de produção foram distribuídos aos produtos em forma de rateio, em função de todos os produtos usarem a mesma matéria-prima.

Orçamento de despesas administrativas — é a previsão de todos os gastos administrativos de vendas, que deverão ocorrer no exercício social (1 ano) em questão.

Exemplo

No caso da Funilaria XYZ, eis a previsão dos gastos administrativos e de vendas, referente ao exercício social (1 ano).

Orçamento de despesas administrativas	
Despesas	*Valor previsto*
Salário do pessoal administrativo	R$ 65.000,00
Encargos sociais	R$ 40.000,00
Comissões sobre vendas	R$ 62.265,00
Publicidade	R$ 35.000,00
Materiais diversos	R$ 15.000,00
Total	R$ 217.265,00

Orçamento de despesas e receitas não operacionais — é a previsão das receitas e despesas não operacionais relativas ao exercício social (1 ano). Refere-se à previsão dos fluxos de recursos provenientes de investimentos em bens de capital, pagamentos ou recebimentos de juros sobre empréstimos etc.

Exemplo

No caso da Funilaria XYZ, eis a previsão dos investimentos e recebimentos, referente ao exercício social (1 ano).

Orçamento de despesas e receitas não operacionais		
Histórico	*Débito*	*Crédito*
Compra de equipamento para setor produtivo	R$ 68.000,00	
Venda de equipamento fora de utilização		R$ 28.000,00
Pagamento de juros sem empréstimo	R$ 32.000,00	
	R$ 100.000,00	R$ 28.000,00
Total das despesas não operacionais previstas para o período		R$ 72.000,00

Orçamento de caixa sintético — compreende o resumo de todos os orçamentos que representam as entradas e saídas de recursos previstos em determinado empreendimento, referente ao exercício social (1 ano) em análise.

Exemplo

No caso da Funilaria XYZ, eis o resumo geral das entradas e saídas de recursos previstos para o exercício social (1 ano) em análise.

Orçamento de caixa sintético		
Vendas previstas		*R$ 2.075.500,00*
(–) Despesas com produção		
Fornecedores de matéria-prima	R$ 830.625,00	
Mão de obra de matéria-prima	R$ 428.525,00	
Custos indiretos de produção	R$ 340.000,00	R$ 1.599.150,00 (77%)
(–) Despesas administrativas e de vendas		R$ 217.265,00 (10,5%)
(–) Despesas não operacionais		R$ 72.000,00 (3,5%)
(=) Saldo final de caixa		R$ 187.085,00 (9%)

Fluxo de caixa operacional — o objetivo é administrar os fluxos diários de recursos de forma que haja disponibilidade de fundos no momento em que se fizer necessário um desembolso de caixa. É importante para orientar as decisões operacionais mensais, quinzenais ou diárias. Com isso, o empreendedor pode evitar uma situação de insolvência ou aplicações financeiras excedentes de caixa e, assim, prevenir-se da existência de fundos ociosos. Ao contrário do fluxo de caixa integrado, o fluxo de caixa operacional baseia-se nas vendas já realizadas.

Exemplo

No caso da Funilaria XYZ, eis como apresentar o seu fluxo de recursos operacionais.

Fluxo de caixa operacional
Saldo inicial de caixa previsto = 30.000

Previsão de recebimento		
Dia	*Valor*	*Histórico*
01	30.000	Duplicatas a receber
03	35.000	Duplicatas a receber
08	28.000	Duplicatas a receber
13	30.000	Duplicatas a receber

Continua

Previsão de recebimento		
Dia	*Valor*	*Histórico*
14	18.000	Venda de imobilizado
17	17.000	Duplicatas a receber
23	26.000	Duplicatas a receber
27	19.000	Duplicatas a receber
30	8.000	Aluguéis
30	32.000	Duplicatas a receber
Total	243.000	
Previsão de pagamentos		
Dia	*Valor*	*Histórico*
02	17.000	Fornecedores
04	13.000	Fornecedores
05	12.000	Aluguel
05	22.000	Salários
05	16.000	Fornecedores
05	11.000	Impostos
08	15.000	Fornecedores
15	28.000	Empréstimo na cooperativa
18	17.000	Fornecedores
20	16.000	Salários
24	13.000	Fornecedores
26	14.000	Fornecedores
30	16.000	Fornecedores
Total	210.000	

Fluxo de caixa operacional

Data	*Entradas*	*Saídas*	*Saldo*
Saldo inicial			30.000
01	30.000		60.000
02		17.000	43.000
03	35.000		78.000
04		13.000	65.000
05		61.000	4.000
08	28.000	15.000	17.000

Continua

Data	Entradas	Saídas	Saldo
Saldo inicial			30.000
13	30.000		47.000
14	18.000		65.000
15		28.000	37.000
17	17.000		54.000
18		17.000	37.000
20		16.000	21.000
23	26.000		47.000
24		13.000	34.000
26		14.000	20.000
27	19.000		39.000
30	40.000	16.000	63.000

Orçamento de lucro

Enquanto o orçamento de caixa objetiva prever a liquidez do empreendimento em um determinado período, o orçamento de lucro projeta as estimativas referentes ao lucro no final do período em análise. É importante porque possibilita checar a viabilidade econômica do empreendimento antes de sua operação, como também fazer possíveis correções, a fim de se obter um resultado aceitável.

Para elaborar a projeção do demonstrativo de resultado o empreendedor pode utilizar a projeção de vendas do negócio, separando os componentes fixos (que se alteram com a mudança no volume das vendas) e variáveis (que se alteram proporcionalmente às variações no volume das vendas).

Exemplo

No caso da Funilaria XYZ, através das informações abaixo, elaborou-se o demonstrativo de resultado, quadro A16, projetado para o período de 2006.

Demonstrativo de resultado — ano de 2005

Vendas		
Produto A (1.000 unidades a 20,00)	20.000	
Produto B (3.000 unidades a 40,00)	120.000	
Produto C (2.000 unidades a 30,00)	60.000	200.000

Continua

(–) Custo das mercadorias vendidas		
Custo fixo	56.000	
Custo variável		
Produto A (40%) das vendas	8.000	
Produto B (50%) das vendas	60.000	
Produto C (60%) das vendas	36.000	160.000
(=) Lucro bruto		*40.000*
(–) Despesas operacionais		
Despesas fixas	12.000	
Despesas variáveis (4% das vendas)	8.000	20.000
(=) Lucro operacional		*20.000*
(–) Despesas financeiras		
Juros (despesa fixa)		2.000
(=) Lucro antes do imposto de renda		*18.000*
(–) Provisão para imposto de renda (30%)		*5.400*
(=) Lucro líquido		*12.600*

Previsão de vendas para 2006:

* aumento de 30% nas vendas;
* desconto de 4% no preço unitário.

Quantidade de venda projetada

* produto A — 1.300 unidades;
* produto B — 3.900 unidades;
* produto C — 2.600 unidades.

Preço de venda projetado:

* produto A — R$ 19,20 por unidade;
* produto B — R$ 38,40 por unidade;
* produto C — R$ 28,80 por unidade.

Quadro A16
Funilaria XYZ

Demonstrativo de resultado projetado para 2006		
	Ano 2005	**Projeção 2006**
Vendas		
Produto A	20.000	24.960

Continua

Demonstrativo de resultado projetado para 2006		
	Ano 2005	Projeção 2006
Produto B	120.000	149.760
Produto C	60.000	74.880
Total	*200.000*	*249.600*
(–) Custo das mercadorias vendidas		
Custo fixo	56.000	56.000
Custo variável		
Produto A	8.000	9.984
Produto B	60.000	74.880
Produto C	36.000	44.928
Total	*160.000*	*185.792*
(=) Lucro bruto	*40.000*	*63.808*
(–) Despesas operacionais		
Despesas fixas	12.000	12.000
Despesas variáveis	8.000	9.984
Total	*20.000*	*21.984*
(=) Lucro operacional	*20.000*	*41.824*
(–) Despesas financeiras		
Juros	2.000	2.000
(=) Lucro antes do imposto de renda	*18.000*	*39.824*
(–) Provisão para imposto de renda	*5.400*	*11.947*
(=) Lucro líquido	*12.600*	*27.877*

7.5 Ponto de equilíbrio (break even) entre os custos e receitas do negócio

Nesta subseção o empreendedor mostra o ponto de equilíbrio entre os custos e as despesas (*break even*) do empreendimento. Ou melhor, o ponto em que as vendas cobrem exatamente os custos totais, conforme as relações entre os custos e as receitas do negócio.

Exemplo

No caso da Funilaria XYZ, verificou-se o ponto em que o total das vendas de churrasqueiras de folha-de-flandres cobre os custos totais, a partir da seguinte estrutura de custos:

- ❏ preço de venda por unidade — R$ 10,00
- ❏ custos fixos operacionais — R$ 2.500,00
- ❏ custo variável unitário — R$ 5,00

Continua

Com esses dados, o empreendedor poderá obter o ponto de equilíbrio em quantidade e em valor, determinado pelas seguintes fórmulas:

Ponto de equilíbrio em quantidade

$$Q = \frac{F}{P-V} \qquad Q = \frac{2.500}{10(-)5} \qquad Q = \frac{2.500}{5} \qquad Q = 500$$

Ponto de equilíbrio em valor

$$RT = \frac{F}{(P-V)/P} \qquad RRT = \frac{2500}{10(-)5/10} \qquad RT = \frac{2.500}{5/10} \qquad RT = 5.000,00$$

Nesse caso a funilaria teria lucro operacional para vendas acima de 500 unidades e prejuízo nas vendas inferiores a 500 unidades, conforme simulação no gráfico do ponto de equilíbrio, figura A13. No eixo horizontal apresenta-se o volume produzido e no eixo vertical os custos e receitas. Os custos fixos são representados por uma reta horizontal, e não apresentam variações qualquer que seja o número de unidades produzidas. Eles permanecem inalterados em R$ 2.500,00 independentemente de qualquer variação nas vendas.

Figura A13
Gráfico do ponto de equilíbrio

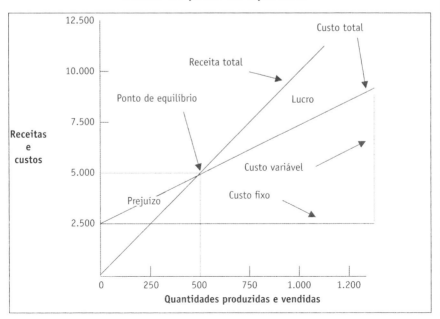

Continua

A receita total é representada pela linha reta com inclinação positiva, partindo do ponto zero. Já os custos variáveis, também representados por uma reta que se inicia a partir da reta dos custos fixos, têm uma inclinação menos acentuada que a reta da receita total. Isso acontece em função de a receita unitária de vendas (R$ 10,00) ser maior que o custo unitário (R$ 5,00).

O ponto de equilíbrio é encontrado através da interseção das retas da receita total e custo total. Até o ponto de equilíbrio, a funilaria teria prejuízo, depois desse ponto começaria a ter lucro. O gráfico indica o ponto de equilíbrio quando o nível de custos e de vendas é igual a R$ 5.000,00 com um nível de produção de 500 unidades.

Fonte: Adaptado de Crúzio (2003a e 2006a) e Kotler (2000).

7.6 Projeto de investimento e retorno financeiro do negócio

Nesta subseção o empreendedor apresenta o retorno econômico-financeiro do negócio. Os métodos mais comuns para checar a viabilidade de investimentos ou financiamentos são o prazo de *payback*, o VPL e a TIR.

Exemplo

Novamente o caso da Funilaria XYZ que apresentou dois projetos de investimentos à cooperativa de crédito X, na tabela A1. A viabilidade econômico-financeira dos referidos projetos pode ser checada mediante os seguintes métodos: prazo de *payback*, VPL e TIR, tabelas A2, A3, A4 e quadro A17.

A avaliação dos projetos *A* e *B* pelo método do prazo de *payback*, tabela A2, possibilita calcular o período necessário para que ambos recuperem os investimentos feitos pelos empreendedores, conforme as projeções dos fluxos de caixa. Nesse caso, a preferência seria pelo projeto *B* porque apresenta o menor período para recuperar os investimentos efetuados. Antes de tomar uma decisão final, é prudente aplicar outros métodos devido às limitações do prazo de *payback*, tais como:

- não levar em consideração o valor do dinheiro no tempo;
- os retornos dos valores têm o mesmo tratamento, embora ocorram em períodos diferentes;
- não considerar os fluxos de caixa que ocorrem após o período do *payback*;
- não levar em conta a vida útil do ativo no qual o empreendimento está investindo.

Suponha novas simulações dos projetos *A* e *B* pelo método do VPL. Através desse método é possível considerar o valor do dinheiro no tempo e traduzir, para valor presente, todos os fluxos de caixa que ocorrem no período, conforme apresentados na tabela A2.

Continua

Vale observar que para operacionalizar o VPL é necessário estipular uma taxa mínima de retorno exigida no projeto em análise, correspondente a seu custo de oportunidade, no sentido de avaliar quanto vale hoje o montante a ser pago ou recebido em uma data futura. Assim, na tabela A3, estipulou-se uma taxa de 10% ao ano, para aplicação na fórmula do VPL. Nesse caso, o projeto *A* apresenta melhor desempenho econômico-financeiro, já que o seu VPL é maior do que o VPL do projeto *B*, conforme demonstrado na tabela A3.

Suponha nova simulação dos projetos *A* e *B* pelo método da TIR. O quadro A17 apresenta o custo de oportunidade de 10%, estipulado para os dois projetos, como também o valor do investimento inicial e o fluxo de caixa, aplicados na fórmula da TIR. Nesse caso, as taxas obtidas nos dois projetos refletem viabilidade econômico-financeira, já que superaram a taxa de desconto correspondente ao custo de oportunidade de 10%.

No entanto, a preferência é pelo projeto *A*, já que a taxa de retorno ($i = 15,24\%$) é maior do que a do projeto *B* ($i = 14,57\%$).

Fonte: Adaptado de Crúzio (2003a, 2006a) e Kotler (2000).

Tabela A1
Projetos de investimentos

	Projeto A	Projeto B
Investimento inicial	500.000	550.000
Entradas de caixa		
Ano 1	150.000	240.000
Ano 2	150.000	240.000
Ano 3	150.000	90.000
Ano 4	150.000	90.000
Ano 5	150.000	90.000
Total	750.000	750.000

Tabela A2
Método do prazo de payback

	Projeto A		Projeto B	
Investimento	500.000			550.000
Fluxo de caixa				
1º ano	150.000		240.000	
2º ano	150.000		240.000	
3º ano	150.000		70.000	550.000
4º ano	50.000	500.000		
Período de *payback*	3 anos e 4 meses		2 anos e 9 meses	

Governança corporativa financeira nas cooperativas de crédito

Tabela A3
Método do VPL

Ano	Projeto *A* Taxa 10% ao ano		Projeto *B* Taxa 10% ao ano	
	Entrada de caixa	*Valor presente*	*Entrada de caixa*	*Valor presente*
Ano 1	150.000,00		240.000,00	218.182,00
Ano 2	150.000,00		240.000,00	198.347,00
Ano 3	150.000,00		90.000,00	67.618,00
Ano 4	150.000,00		90.000,00	61.471,00
Ano 5	150.000,00	568.618,02	90.000,00	<u>55.883,00</u>
				601.501,00
(–) Investimento inicial		(500.000,00)		(550.000,00)
Valor presente líquido		68.618,02		51.501,00

Substituindo valores da tabela A3 na fórmula do VPL, podemos comparar os projetos *A* e *B* na tabela A4.

$$VP = VF \left(\frac{1}{1+i} \right)^n$$

Onde:
VP = valor presente;
VF = valor futuro;
i = taxa de juros por período;
n = número de períodos.

Substituindo valores na fórmula, teremos resultados na tabela A4.

Tabela A4
Cálculo do VPL

Projeto *A*	Projeto *B*
$VP = 150.000 \ (1/1 + 0,10)$	$VP = 240.000 \ (1/1 + 0,10)$
$+ \ 150.000 \ (1/1 + 0,10)^2$	$+ \ 240.000 \ (1/1 + 0,10)^2$
$+ \ 150.000 \ (1/1 + 0,10)^3$	$+ \ 90.000 \ (1/1 + 0,10)^3$
$+ \ 150.000 \ (1/1 + 0,10)^4$	$+ \ 90.000 \ (1/1 + 0,10)^4$
$+ \ 150.000 \ (1/1 + 0,10)^5$	$+ \ 90.000 \ (1/1 + 0,10)^5$
$VP = 568.618,02$	$VP = 601.501,00$
$VPL = 568.618,02 - 500.000,00$	$VPL = 601.501,00 - 550.000,00$
$VPL = 68.618,02$	$VPL = 51.501,00$

Plano de negócios para decidir sobre crédito e profissionalizar a gestão dos empreendimentos   213

Quadro A17
Método da TIR

Projeto A

$$500.000 = \frac{150.000}{(1+i)^1} + \frac{150.000}{(1+i)^2} + \frac{150.000}{(1+i)^3} + \frac{150.000}{(1+i)^4} + \frac{150.000}{(1+i)^5}$$

$$500.000 = \frac{150.000}{(1,1524)^1} + \frac{150.000}{(1,1524)^2} + \frac{150.000}{(1,1524)^3} + \frac{150.000}{(1,1524)^4} + \frac{150.000}{(1,1524)^5}$$

Substituindo os valores do fluxo de caixa da tabela A1 na fórmula, verifica-se a taxa $i = 15,24\%$ que iguala a saída de caixa com a soma das entradas. Esses cálculos podem ser realizados com o auxílio de uma calculadora financeira.

Projeto B

$$500.000 = \frac{240.000}{(1+i)^1} + \frac{240.000}{(1+i)^2} + \frac{240.000}{(1+i)^3} + \frac{240.000}{(1+i)^4} + \frac{240.000}{(1+i)^5}$$

$$500.000 = \frac{240.000}{(1,1457)^1} + \frac{240.000}{(1,1457)^2} + \frac{240.000}{(1,1457)^3} + \frac{240.000}{(1,1457)^4} + \frac{240.000}{(1,1457)^5}$$

Substituindo os valores do fluxo de caixa da tabela A1 na fórmula, obtém-se a taxa $i = 14,57\%$ que iguala a saída de caixa com a soma das entradas.

Apêndice B

Tipos de sociedades e critérios para classificar e abrir micro e pequenas empresas (MPEs) em rede de cooperativas

Abertura e registro de cooperativas ou empresas

As organizações oficialmente reconhecidas podem ser classificadas em:

- ❑ sociedade cooperativa;
- ❑ sociedade civil;
- ❑ sociedade mercantil;
- ❑ firma individual.

Informações básicas sobre uma sociedade cooperativa

A sociedade cooperativa difere da empresa comum porque é considerada uma extensão das atividades do associado e, dessa forma, é isenta do imposto de renda e não recolhe encargos trabalhistas.[177]

Informações básicas para constituir uma sociedade civil

A sociedade civil visa à prestação de serviços e deve ser composta de no mínimo dois sócios. A responsabilidade de cada sócio é limitada à importância do capital social, que é dividido em cotas e distribuído entre os sócios. O contrato

---

[177] Sobre vantagens organizacionais, financeiras e econômicas das cooperativas em relação às empresas comuns, bem como constituição e registro, ver Crúzio (2000). Sobre estratégias e técnicas para organizar MPEs e APLs na forma de cooperativas singulares em rede, ver Crúzio (2006a).

social é o documento que estabelece as normas de relacionamento entre os sócios e a sociedade, e entre a sociedade e terceiros (bancos, fornecedores e credores), além de determinar direitos e obrigações aos sócios-gerentes. Esse documento tem a mesma força vinculadora da lei, por isso sua violação significa a mesma coisa que infringir a lei. Assim, o sócio-gerente deve atuar de acordo com as normas contratuais, cumprindo as suas funções de gestão e representação, na direção das disposições legais e contratuais.[178]

O registro da sociedade civil é feito no Cartório de Registro Civil de Pessoas Jurídicas, compreendendo os seguintes passos:

❑ definir a razão social e solicitar busca de nome nos Cartórios de Registro Civil de Pessoas Jurídicas;
❑ elaborar o contrato social;
❑ encaminhar as vias do contrato social ao posto da Receita Federal ao qual a sociedade estiver subordinada, para a obtenção do Cadastro Nacional da Pessoa Jurídica (CNPJ);
❑ providenciar a inscrição da sociedade junto à prefeitura (obtenção do alvará de funcionamento).

Informações básicas para constituir uma sociedade mercantil

A sociedade mercantil é constituída por duas ou mais pessoas, que visam à exploração de atividades no comércio ou indústria. A sociedade pode ser na forma de sociedade anônima (S/A) ou sociedade por cotas de responsabilidade limitada (Ltda.). O caso de S/A, em que seus sócios ou acionistas têm responsabilidade limitada ao preço de emissão das ações adquiridas, é indicado para grandes empresas, em que o capital social é superior a algumas centenas de milhares de reais. Já o modelo Ltda., em que cada sócio tem uma única cota, que pode ser maior ou menor que a do outro, dependendo do percentual do capital social investido por cada sócio. Nesse caso, a responsabilidade de cada sócio é limitada à importância do capital social, que é dividido em cotas e distribuído entre os sócios. Seu registro é feito na Junta Comercial, compreendendo os seguintes passos:

❑ escolhido o nome e o tipo de empresa, providencia-se o registro na Junta Comercial do estado no qual será instalada;
❑ elabora-se o contrato social;
❑ providencia-se a inscrição no Cadastro Nacional de Pessoa Jurídica (CNPJ), na Receita Federal;

---

[178] Disponível em: <www.sebrae.com.br>.

- providencia-se a Inscrição Estadual na Secretaria da Fazenda (necessária ao contribuinte do ICMS e deve ser feita no posto fiscal da jurisdição do estabelecimento);
- providencia-se a inscrição da empresa junto à prefeitura (obtenção do alvará de funcionamento).

Informações básicas para constituir uma firma individual

A pessoa interessada na obtenção de personalidade jurídica como firma individual deverá seguir os mesmos passos do caso da constituição da sociedade comercial, com a seguinte ressalva: não há necessidade de se elaborar um contrato social, mas deve ser providenciada uma declaração de firma individual.

Para que a empresa comece a funcionar legalmente, é necessário que se adquiram ainda os livros fiscais básicos, assim discriminados: livro de prestação de serviços, livro de registro de inspeção de trabalho, livro de registro de empregados e de emissão de notas fiscais. Acessar o site do Sebrae para outros documentos e informações adicionais (<www.sebrae.com.br>).

Classificação das empresas e impostos

A classificação das micro e pequenas empresas varia entre regiões, estados ou municípios, e depende de seu porte econômico-financeiro, do ramo de negócios e da forma jurídica. De acordo com a legislação federal, a micro e a pequena empresa, também conhecida como empresa de pequeno porte, são classificadas pela Lei nº 9.317, de 5 de dezembro de 1996, que institui o tributo federal Simples. O Simples é uma forma menos complicada de recolhimento de tributos e contribuições federais, para microempresas e empresas de pequeno porte, por meio de um único documento, com base em percentuais calculados sobre o faturamento bruto do mês anterior.

Conforme a referida lei, as micro e pequenas empresas enquadram-se pelo porte de faturamento. Por exemplo, considera-se microempresa quando se alcança faturamento anual bruto de até R$ 240.000,00. Na tabela A5, apresenta-se a classificação de imposto Simples para as micro e pequenas empresas.

Tabela B1
Classificação do imposto Simples

Receita bruta acumulada em R$	Alíquota
Microempresa	
Até 60.000,00	3%
60.000,01 a 90.000,00	4%

Continua

Receita bruta acumulada em R$	Alíquota
90.000,01 a 120.000,00	5%
120.000,01 a 240.000,00	5,4%
Empresa de pequeno porte	
Até 240.000,00	5,4%
240.000,01 a 360.000,00	5,8%
360.000,01 a 480.000,00	6,2%
480.000,01 a 600.000,00	6,6%
600.000,01 a 720.000,00	7,0%
720.000,01 a 840.000,00	7,4%
840.000,01 a 960.000,00	7,8%
960.000,01 a 1.080.000,00	8,2%
1.080.000,01 a 1.200.000,00	8,6%
1.200.000,01 a 2.400.000,00	12,6%

Fonte: <www.sebrae.com.br>.

Na tabela B1, os percentuais são incidentes sobre a receita bruta mensal. Empresas contribuintes do IPI terão um acréscimo de 0,5% na alíquota, com vencimento até dia 10 do mês seguinte. Mais informações sobre os impostos e as contribuições federais estão disponíveis na assessoria contábil e jurídica do Sebrae local.

Tipos de encargos trabalhistas e previdenciários

Com exceção da sociedade cooperativa, todas as empresas devem pagar encargos trabalhistas e previdenciários. No entanto, a empresa que optar pelo Simples tem algumas vantagens. No quadro B1 apresentamos a relação desses encargos e os respectivos percentuais relativos às micro e pequenas empresas.

Quadro B1
Encargos trabalhistas e previdenciários

INSS	INSS
Empresário: alíquota variável, com máximo de 28,8% sobre o total da folha de pagamento. Não é cobrado para empresas que aderirem ao Simples.	Empregados: desconto progressivo de acordo com o salário: 7,65% até 376,00 8,86% até 408,00 9,00% até 627,66 11,0% até 1.255,32

Continua

FGTS	PIS
Alíquota de 8% sobre a remuneração mensal paga ao empregado.	Alíquota de 0,65% sobre a receita bruta. Não é cobrado para empresas que aderirem ao Simples.
Contribuição sindical	Aviso prévio
Descontada dos empregados, anualmente, relativa a um dia de salário. Descontada dos patrões (patronal) cuja alíquota dependerá da tabela progressiva na qual o mesmo é sindicalizado.	Valor correspondente a um mês de salário.
Férias vencidas	Férias proporcionais
Salário do mês em que o empregado gozar férias, a ser pago adiantado e acrescido de 1/3 do seu valor.	1/12 sobre o salário do empregado, para cada mês ou fração superior a 15 dias trabalhados, contados a partir do dia de admissão até se completar um ano, e assim sucessivamente.
13º salário	13º salário proporcional
Valor correspondente a um mês de salário, a ser pago 50% até o dia 20 de setembro de cada ano e 50% até o dia 20 de dezembro do mesmo ano.	1/12 sobre o salário do empregado, para cada mês ou fração superior a 15 dias trabalhados, contados a partir de 1º de janeiro do ano correspondente até 31 de dezembro do mesmo ano.

Fonte: <www.sebrae.com.br>.

Este livro foi impresso nas oficinas gráficas da Editora Vozes Ltda.,
Rua Frei Luís, 100 – Petrópolis, RJ,